Deng Ming-Dao
Das heilige Buch der Sieben Bambustafeln

W0229929

Deng Ming-Dao

Das heilige Buch
der Sieben Bambustafeln

Reisen, Abenteuer und Kämpfe
des Taoisten von Huashan

Ansata-Verlag
Rosenstraße 24
CH–3800 Interlaken
Schweiz
1994

Aus dem Amerikanischen von Annemarie Döring
Lektorat: Wolfgang Höhn und Urte Knefeli

Titel der Originalausgabe:
SEVEN BAMBOO TABLETS OF THE CLOUDY SATCHEL
Erschienen bei HarperCollins Publishers, New York
Text and Illustrations Copyright © 1987 by Deng Ming-Dao

Deutsche Ausgabe:
Copyright © 1994 by Ansata-Verlag, Interlaken
Alle Rechte vorbehalten
Umschlagbild: Robert Wicki
Porträtzeichnungen: Kwan Saihung
Satz: Jung Satzcentrum GmbH, Lahnau
Druck: Kösel GmbH & Co., Kempten/Allgäu
ISBN 3-7157-0178-1

Inhalt

Hinweise zur Schreibung und Aussprache des Chinesischen

Bei der Transkription des Chinesischen, das heißt der möglichst lautgetreuen Wiedergabe chinesischer Schriftzeichen in lateinischen Buchstaben, herrscht in der westlichen Literatur immer noch viel Verwirrung. Um den Lesern das Verständnis zu erleichtern, haben wir uns bei dieser deutschen Übersetzung durchgehend für eine möglichst einheitliche Umschrift nach dem Wade-Giles-System entschieden, auch wenn das amerikanische Original weitgehend das offizielle *pinyin*-System der Volksrepublik China benutzt.

Für die Bevorzugung des Wade-Giles-Systems sprechen vor allem zwei Gründe: Erstens ist diese Schreibweise im deutschsprachigen Raum in der allgemeinen China-Literatur wesentlich weiter verbreitet, und zweitens läßt sich diese Schreibart sehr viel einfacher lesen und aussprechen.

Beim Wade-Giles-System genügen im großen und ganzen zwei Faustregeln für die Aussprache:

a. Konsonanten und ihre Verbindungen (meist) wie im Englischen;
b. Vokale (meist) wie im Deutschen.

Der Apostroph hinter Konsonanten zeigt die Behauchung (Aspiration) an: zum Beispiel chinesisch *'t 'ai'* wird wie deutsch *'Tai(l)'* ausgesprochen.

Ausnahmen bilden lediglich Orts- und Personennamen, deren von Wade-Giles abweichende Schreibweise international gebräuchlich ist (wie *Peking* und *Nanking*). Selbstverständlich haben wir die Anrede und den Namen der Hauptperson in ihrer selbstgewählten Schreibweise beibehalten: *Sifu Kwan Saihung*, was nach Wade-Giles Shihfu (Meister) Kuan Sai-hung ergäbe. In China steht der Nachname (*Kuan*) stets vor dem Vornamen. Vornamen bestehen meist aus zwei Schriftzeichen (*Sai-hung*), die bei Wade-Giles durch einen Bindestrich getrennt werden.

Einführung

Ehe China gegen seinen Willen ins zwanzigste Jahrhundert gezerrt wurde, bildete es ein eigenes Universum. Seine Galaxien waren die konzentrischen Kreise Hunderter von Generationen. Die Welt Chinas bestand aus nebelumhüllten Gipfeln, lackverzierten Pavillons mit Ziegeldächern und Hütten aus Lehm und Flechtwerk. Eine endlose Kette immer neuer Sinneseindrücke zog sich durch das chinesische Universum. Es vervielfältigte sich unablässig, bot ständig neue Dimensionen und vereinigte alle Widersprüche in sich. Prunk, Luxus und Überfluß gingen Hand in Hand mit Grausamkeit, Verzweiflung und Elend. Mythologie und die Welt der nüchternen Tatsachen existierten nebeneinander. Die Legende wurde zur Realität. In China – so groß, so weit, so unendlich – gab es alles, und alles bis zum Extrem.

Universen existieren in der Zeit; und die Zeit hatte das kunstvoll verflochtene Gefüge Chinas gehegt und gepflegt und seine Zweige weit auseinandergezogen. Die Zeit hatte die Extreme Chinas überhaupt erst möglich gemacht. Denn alles maß sich an der Wiederholung; und durch die Wiederholung dehnte sich das Universum Chinas immer weiter aus. Das war Zeit: Wiederholung, Wiederholung, Wiederholung. So lange, bis aus der Wiederholung Beständigkeit und aus der Beständigkeit Dauerhaftigkeit erwuchs.

Über fünftausend Jahre lang entwickelte China sich zu einem brodelnden, vielschichtigen Land, in dem das Außergewöhnliche nichts Besonderes mehr war. Es machte Entwicklungen durch, die selbst ein Verrückter sich nicht hätte träumen lassen. Doch all sein Glanz, sein Reichtum und seine Institutionen konnten weder das menschliche Leiden noch das *tao* überwinden. Selbst die höchsten Elemente der chinesischen Kultur folgten nicht der Wahrheit, die die Weisen in den entlegenen Einsiedeleien in den Bergen wußten: Entsage der Welt! Folge dem *tao*!

Aber ach – die Welt war ja so verführerisch, so faszinierend, so voller Freuden! Und doch konnte es dann geschehen, daß man scheinbar durch Zufall einem Taoisten begegnete, der einen mit einem Schlag in Reiche hineinversetzte, die selbst angesichts des Zaubers der chinesischen Alltagswelt noch etwas Übernatürliches waren. Das passierte vor vielen Jahrhunderten einmal Lü Tung-pin, der auf dem Weg zum Kaiserhof, wo er seine Prüfungen ablegen wollte, in einem Gasthof einem geheimnisvollen Mann begegnete. Der Mann gab Lü ein Kopfkissen, auf dem er sich zur Ruhe betten sollte. Auf diesem Kopfkissen träumte Lü sein ganzes Leben voraus: ein Leben, in dem er es zu großen Leistungen und Erfolgen bringen sollte, um dann aber in Unglück und Mord zu enden. Als Lü Tung-pin am nächsten Morgen aufwachte, erkannte er die Eitelkeit der Welt, schloß sich dem wandernden Taoisten Han Chung-li an und wurde schließlich ein Unsterblicher.

Die taoistischen Mystiker folgten diesem Beispiel, entsagten der Welt und zogen sich ins geheimnisvolle Reich der Götter, der Unsterblichen, der Geister und Dämonen zurück. Sie folgten dem *tao* und durchwanderten Himmel und Erde – bis zu dem Augenblick, in dem sie über die Ebene des Sterblichen hinauswachsen konnten. Aber sie verließen die Erde erst, nachdem sie ihre Lehren an andere weitergegeben hatten. Kwan Saihung war einer dieser Männer, die die heilige Lehre empfingen, als er als kleiner Junge in die Einsiedelei auf dem Huashan eintrat. In den Geschichten, die er sechzig Jahre später in einem anderen Land erzählte, hallt immer noch ein Echo des Lebens auf jenem fernen Gipfel nach.

Kwan Saihung ist ein taoistischer Asket – das einzige Mitglied der *Cheng-i*-Huashan-Schule außerhalb Chinas. Außerdem betrieb er Kampfsport, arbeitete als Zirkusakrobat, spielte in der Peking-Oper mit, war Soldat, Dozent für politische Wissenschaften und Staatssekretär von Tchou En-lai. Inzwischen ist er über siebzig Jahre alt. Seit er China vor zwanzig Jahren verließ, ist er durch die ganze Welt gereist und hat sich seinen Lebensunterhalt als Masseur, Kellner, Koch, Rausschmeißer in Bars und Kampfkunstlehrer verdient.

Nach außen hin entspricht er nicht dem Klischee des alten chinesischen Weisen aus Filmen und Büchern. Er sieht nicht älter aus als ein Mann in den Vierzigern, kleidet sich westlich und wirkt mit seinem muskulösen Körper sehr athletisch. Er spricht erstaunlich gut englisch und beherrscht auch die amerikanische Umgangssprache. Aber das ist alles nur Fassade. In seinem Inneren trägt er die Überlieferungen seiner Schule. Seine Hauptbeschäftigung besteht in täglichen asketischen Übungen, mit denen er seinen Körper reinigt, und tiefer Meditation. Er hat sogar seine Tätigkeit als Kampfkunstlehrer aufgegeben, um ein Leben in Abgeschiedenheit und Kontemplation führen zu können.

Er trägt die Saat des Taoismus in sich, wandelt aber auf fremdem Boden. Vielleicht könnte diese Saat hier keimen. Aber sie kann erst in den Boden gelegt werden, wenn die Menschen dieses Landes den Baum, der sie hervorgebracht hat, verstehen und akzeptieren. Und dazu müssen wir erst einmal die Zeitverschiebung rückgängig machen, die Entfernung überbrücken und in das China zu Anfang des zwanzigsten Jahrhunderts zurückkehren – ein Land, das uns auf den ersten Blick so fremd erscheinen wird wie die moderne amerikanische Gesellschaft für Kwan.

Kwan Saihung kam vor 1920 in einem aristokratischen Kriegerclan zur Welt in einer brisanten Zeit politischer Instabilität und kulturellen Verfalls. Der Untergang der Ch'ing-Dynastie (1644–1911) war noch nicht einmal ein Jahrzehnt her. Kriegsherren, Europäer, Amerikaner, Japaner, Nationalisten und Kommunisten kämpften erbittert um die Teile des zerbrochenen Kaiserreichs. Die chinesische Zivilisation, die jahrhundertelang so sehr auf ihre nationale Stärke vertraut hatte, daß sie sich stolz als «Reich der Mitte» bezeichnete, war von innen wie von außen zusammengebrochen, und die ständigen Konflikte und Kriege zermürbten China.

Kulturell steckte das Land ebenfalls in Schwierigkeiten. Die politische Geschichte mag mit Riesenschritten vorwärtsschreiten; aber die gesellschaftliche Entwicklung geht oft nur langsam vonstatten. Die Alltagsrealität hatte nach wie vor einen ausgeprägt feudalen Charakter; und diese sozialen Strukturen überlebten das Ende des Kaiserreichs (1911), obwohl sie im Niedergang begriffen waren. China war ein Agrarland. Die Architektur in den Städten und Dörfern blieb unverändert. Das Verkehrssystem war vorsintflutlich, der Anblick eines Zuges eine Sensation. Außerhalb der Städte gab es kaum Elektrizität. Die Leute trugen ihre traditionellen Gewänder, in denen sich das strenge Klassensystem widerspiegelte.

China war ganz anders als alle anderen Länder der Welt. Es war keine Industriegesellschaft, doch hatte es seine Kultur auf einzigartig chinesische Weise zu einem unerreichten Höhepunkt gebracht. Da China sich durch die Isolation seine alte Lebensweise bewahrt hatte, erinnerte es damals mehr an eine hochentwickelte mittelalterliche Gesellschaft. China war immer noch nach den alten konfuzianischen Beziehungen zwischen Kaiser und Untertan, Herr und Bauer, Ehemann und Ehefrau, Eltern und Kindern strukturiert. Die Gesellschaft war streng in Schichten unterteilt: Kaiserfamilie, Aristokratie, Beamte, Offiziere, Krieger, Priester, Gelehrte, Kaufleute und Bauern.

In Kwan Saihungs familiärer Situation spiegelte sich der Konflikt zwischen dem alten und dem neuen China wider. Sein Großvater – Oberhaupt der Sippe, kaiserlicher Beamter, Gelehrter, Meister der Kampfkunst und anerkannter Vorsteher von fünf Provinzen – befand sich ständig im Konflikt mit Kwans Vater, einem Militaristen und Modernisten. Vor diesem Hintergrund sozialer und familiärer Veränderungen geschah es, daß der junge Kwan in eine Einsiedelei auf dem Berge Huashan geschickt wurde. Der Berg, auf halbem Wege zwischen den zwei alten Hauptstädten Hsian und Loyang gelegen, im eigentlichen Kernland der chinesischen Zivilisation, war ein heiliges Zentrum taoistischer Traditionen. Dort trat Kwan seiner taoistischen Schule bei.

Ehe ich erklären kann, was Taoismus bedeutet, muß ich erst einmal das Wort *tao* definieren. Wörtlich übersetzt, bedeutet *tao* ‹der Weg›. Doch dieses Wort ist keine angemessene Beschreibung für all das, was in diesem vollkommenen Ausdruck der höchsten Realität liegt. Doch im Gegensatz zu den westlichen Sprachen, wo ein Wort einer relativ genau definierten Vorstellung entspricht, handelt es sich bei den chinesischen Wörtern um Bildzeichen, um Symbole. Und so hat das Wort *tao* oder ‹Weg› nur eine hinweisende Funktion. Das *tao* ist grenzenlos. Es ist alles, was wir uns vorstellen können, und alles, was wir uns nicht vorstellen können. Das *tao* läßt sich nicht durch Worte umschreiben. Man kann es nicht erörtern, man muß es *wahrnehmen*.

Dadurch, daß man das Absolute als einen Weg definierte, sah man das Leben als etwas, das ständig im Fluß und ständig in Veränderung begriffen ist. Der Weg war nicht geradlinig, sondern zyklisch: Die alten Chinesen stellten fest, daß *Wandlung* im Universum das allem zugrundeliegende Prinzip war und daß dieser Wandel in Zyklen der Wiederholung, der Ausdehnung und der Zusammenziehung verlief.

Das *tao* kann man am besten in der Natur wahrnehmen; nicht, weil die Natur das *tao* ist, sondern weil es sich auf zwei grundlegende Arten in der Natur widerspiegelt. Das *tao* zeigt sich nur in Bewegung, und obwohl es sich dauernd verändert, bleibt es ständig im Gleichgewicht.

In der langen Zeit, ehe die Geschichte der Menschheit schriftlich aufgezeichnet wurde, waren die Menschen Teil des Gleichgewichts der Natur und lebten im Einklang mit dem kosmischen Strom. Damals gab es keinen Taoismus. Da Mensch und *tao* nicht voneinander getrennt waren, brauchte es auch keine Lehre zu geben. Doch in dem Augenblick, als die Menschen in ihrer Eitelkeit sich vom *tao* trennten, entfernten sie sich von dem Weg. Unterscheidungsvermögen und Bewußtsein entstanden. Da mußten die Weisen Methoden erfinden, um die Menschheit wieder zu integrieren, um das Bewußtsein vom Menschen als einer getrennten Wesenheit auszulöschen und zum Gleichgewicht des Weges zurückzukehren. Die Zivilisation war die Manifestation der menschlichen Eitelkeit. Deshalb gibt es den Taoismus seit dem Beginn der Zivilisation.

Die frühesten bekannten taoistischen Weisen waren drei legendäre chinesische Kaiser. Der erste war Fu Hsi, der die Menschen die Jagd, die Viehzucht und die Prinzipien der Wahrsagekunst gelehrt hat. Der zweite war Shen Nung, der den Ackerbau und die Kräuterheilkunde begründete; er probierte die Kräuter an sich selbst aus und erforschte so ihre Wirkungen. Der dritte war Huang Ti, der Gelbe Kaiser, in dessen Werk ‹*Der Klassiker des Gelben Kaisers zur Inneren Medizin*» die Grundsätze der chinesischen Medizin, einschließlich der Chirurgie und der Akupunktur, dargestellt werden. Die Werke dieser drei Weisen sind eindeutig Wege der Rückkehr zum *tao*.

In späteren Jahrhunderten lehrten erleuchtete Weise oder Unsterbliche allmählich auch andere Aspekte des *tao*. Dazu gehörten Naturkontemplation, Wetterkunde, Astronomie, Wahrsagekunst, Geomantie, Astrologie, Magie, militärische Strategie, Medizin, Philosophie, Kampfkunst, asketische Praktiken, Alchimie, Malerei, Dichtung, Musik, Kalligraphie, Ritual und Meditation. Die Weisen hinterließen auch eine große Sammlung an Schriften; bald umfaßte der taoistische Kanon Hunderte von Bänden. Die bedeutendsten der Schriften, die in westliche Sprachen übersetzt wurden, sind das *I Ching*, das *Tao Te Ching* und die Werke des *Chuang Tzu*.

In den vierzig Jahrhunderten seit seinen legendären Anfängen hat sich der Taoismus zu einem komplexen und vielfältigen System entwickelt. Er befaßt sich mit vier Hauptbereichen: dem philosophischen, dem rituellen, dem magischen und dem asketischen. Das ist freilich nur eine grobe Einteilung; die meisten taoistischen Schulen verbinden alle vier Bereiche mit unterschiedlichem Schwergewicht miteinander. Zum Beispiel unterhielten fast alle Schulen öffentliche Tempel, die ihren zugehörigen Gemeinden dienten und finanzielle Unterstützung für esoterische Praktiken einbrachten.

Das Streben nach Unsterblichkeit wurde schon früh zu einer wichtigen Beschäftigung der Taoisten. Warum ihnen das so sehr am Herzen lag, dafür gibt es keine einfache Erklärung. Vielleicht war es nur der primitive Wunsch, den Tod zu umgehen, eine logische Fortführung der taoistischen Gesundheitspraktiken, ein Teil der Lehre von der Wiedergeburt oder, wie manche Taoisten behaupten, ein Versuch, die Menschheit zu jener Vorzeit zurückzuführen, in der alle Menschen unsterblich waren. Die Taoisten haben auf ihrer Suche nach Unsterblichkeit viele Methoden ausprobiert, um das Leben zu verlängern. Sie experimentierten mit alchimistischen Elixieren, Kräutern, Meditation und zahlreichen anderen Methoden.

Das Streben nach Unsterblichkeit verlangte äußerste Hingabe

und trug zu dem zurückgezogenen Leben bei, das die Taoisten führten. Manche wurden Einsiedler; andere wanderten durch die Welt und folgten dem *tao*. Bald unterschied man zwischen den umherziehenden Taoisten und denen, die im Tempel blieben. Diejenigen, die einem Tempel angegliedert waren, nannte man *tao shih*. Die anderen, die durch die Lande reisten und nur an spirituellen Zielen interessiert waren, nannte man *tao yin*.

Im Laufe der langen Entwicklung des Taoismus ist natürlich eine Fülle von Schulen entstanden. Die chinesische Kultur spaltete sich in einen nördlichen und einen südlichen Bereich auf. Der Taoismus stellte in dieser Hinsicht keine Ausnahme dar. Schließlich entstanden fünf große Zweige des Taoismus; die ersten drei im Norden, die letzten beiden im Süden:

Jadehauptstadt: auf dem Berg *Maoshan*/mit dem Schwerpunkt auf Magie
Himmelsachse: *Lungmen* und *Huashan*/Askese und Innere Alchimie
Polarstern: *Wutangshan*/Kampfkunst und Exorzismus
Jadegemeinde: *Lunghushan*/Priestertum
Geisterwolke: *Lushan*/Priestertum (unter buddhistischem Einfluß)

Obwohl der Huashan offiziell zum nördlichen Bereich der ‹Himmelsachse› gehört, hat er sich von den meisten Lehren der nördlichen und südlichen Schulen ferngehalten. Er nannte sich *Westliche Schule* (der Huashan war der westliche Gipfel der Fünf Heiligen Berge Chinas), distanzierte sich von dem Konkurrenzkampf zwischen Norden und Süden und praktizierte statt dessen innere Alchimie.

Kurz gesagt: Die Taoisten von Huashan glaubten daran, daß man nur durch Reinigung von Körper und Geist mittels Diät, Übungen, Einnahme von Kräutern, *ch'ikung* (Atemübungen) und Meditation Erleuchtung und spirituelle Befreiung erlangen, der Wiedergeburt entgehen und unsterblich werden kann. Wer diese Form des Taoismus praktizierte, mußte gleichzeitig ein Meister der Gelehrsamkeit, der Kampfkunst und der Rituale sein.

Wenn man Kwan Saihung heute begegnet, ist man auf Anhieb beeindruckt von seiner äußeren Erscheinung. Bei seinem kräftigen Körperbau, seiner glatten Haut, seiner gesunden Gesichtsfarbe, seinen strahlenden Augen und seinen lebhaften Bewegungen fällt es einem schwer zu glauben, daß er schon fast siebzig Jahre alt ist. Er kleidet sich modern, bewegt sich unbefangen in Gesellschaft und scheint sich gut ans westliche Leben angepaßt zu haben. Doch in Wirklichkeit ist seine Gesundheit nur äußeres Zeichen lebenslanger Übung, und seine Persönlichkeit wurde größtenteils vom vorrevolutionären China und dem Leben in einem taoistischen Kloster geprägt.

Herr Kwan stammt aus einer aristokratischen Kriegerfamilie, einem kaisertreuen Clan. Obwohl in China schon in seiner Kindheit die Demokratie ausgerufen worden war, blieb seine Familie der Ch'ing-Dynastie (1644–1911) treu. So wuchs er in großem Prunk und fürstlichem Reichtum auf und wurde so erzogen, wie es sich für einen chinesischen Jungen von hoher Geburt geziemte. Man erwartete, daß er den Namen der Familie fortführen und eine hohe Position bekleiden würde. Er sollte Gelehrter, Regierungsbeamter oder General werden. Er durfte sich weder Individualismus noch Mittelmäßigkeit erlauben. Seine Familie erzog und drängte ihn unnachgiebig dazu, zum Ruhm und zur Ehre ihres Clans beizutragen.

Wie damals üblich, gingen Saihung, seine sieben Brüder und seine drei Schwestern bei verschiedenen spirituellen Meistern in die Lehre. Auf diese Weise erhielten sie nicht nur eine religiöse und moralische Ausbildung, sondern profitierten gleichzeitig von der Weisheit und der geistigen Strenge ihrer Meister. Doch die Eltern wollten ihre Kinder damit keineswegs auf ein heiliges Leben vorbereiten. Die Geschwister sollten innerlich gestärkt aus der klösterlichen Disziplin zu ihrem Clan zurückkehren und dann miteinander um die Führerschaft kämpfen. So etwas wie Zuneigung zwischen Familienangehörigen gab es kaum, nur Konkurrenzkampf um Macht und Ehre.

Als einziges der Kinder entsagte Saihung im Alter von sechzehn Jahren der Welt und trat ins Kloster ein. Wie zu erwarten gewesen war, galt er daraufhin als Schandfleck für die Familie. Noch heute erinnert er sich an die Zeiten seiner jugendlichen

Zweifel. Aber seine Sehnsucht nach Wissen und spiritueller Erkenntnis gab ihm die Kraft durchzuhalten.

Die Lehre, die ihn so tief inspirierte, war der Taoismus, die einzige Religion, die auf chinesischem Boden entstanden ist. Er trat der *Westlichen Schule* des Huashan bei und gehört der *cheng-i*-Richtung an. Jede der zahlreichen taoistischen Schulen gibt etwas andere Antworten auf die Frage nach der Unsterblichkeit, dem Geheimnis eines langen Lebens, der Alchimie, den Ritualen und dem Weg des *tao*. Bei der Huashan-Schule liegt das Schwergewicht auf physischer Reinigung, Askese, sexueller Enthaltsamkeit und einem Leben der Meditation.

Zur Erreichung dieser Ziele mußte täglich unter der strengen Aufsicht älterer Priester geübt werden. Das System der Selbst-Kultivierung basierte zunächst einmal auf der Übung verschiedener Körperhaltungen und Bewegungsfolgen, die spezielle körperliche und geistige Veränderungen bewirken sollten. Diese Methoden waren aus jahrhundertelangen Beobachtungen und Experimenten hervorgegangen und mußten mit großer Willenskraft und Entschlossenheit ständig wiederholt werden. Wie ein Bauer immer wieder seinen Acker pflügt oder ein Schüler Verse auswendig rezitiert, mußte der taoistische Novize sich so lange seinen Übungen und Meditationen widmen, bis die Erleuchtung kam.

Der junge Saihung litt unter dieser ständigen Wiederholung. Er verabscheute sie, bis er begriff, daß sie der Maßstab war, an dem er seine Fortschritte ablesen konnte. So wie ein Gewichtheber plötzlich ein schwereres Gewicht bewältigen kann als vorher oder einem Tänzer plötzlich der ersehnte höhere Sprung gelingt, wurde Saihung nach und nach klar, daß er für unmöglich gehaltene Dinge erreichen konnte, wenn er ganz langsam und Schritt für Schritt vorwärtsging.

Solche Bemühungen erfordern einen unerschütterlichen Glauben. Herr Kwan räumt ein, daß es keine Garantie für den Erfolg gibt, selbst wenn man ein Leben lang übt. Er hat schon ziemlich alte Priester kennengelernt, die ihr Ziel immer noch nicht erreicht hatten, aber trotzdem mit unverminderter Aufrichtigkeit weitermachten. Sie ließen sich nicht abbringen von ihrem Streben nach Wissen und Erkenntnis und der Sehnsucht, den Tod zumindest zu begreifen, wenn sie ihn schon nicht überwinden konnten. Sie standen mit beiden Füßen im Leben, so wie ihre allumfassende, welterprobte Lehre es vorschreibt, und versuchten dabei doch im Einklang mit dem *tao,* dem Weg, zu leben.

Das *tao* ist der Weg des Lebens, der Natur und des Kosmos. Es ist der Strom der Existenz, aber es hat kein Muster, kein System und kein fixiertes Bewußtsein. Es ist mehr als nur der Ablauf der Zeit, mehr als bloße Übergänge und wechselnde Dimensionen. Es ist das Geheimnis, das man durchdringen, das Unergründliche, das man ausloten, das Irrationale, das man erfassen muß. Letzten Endes gibt es nur eine einzige Hoffnung, das *tao* zu begreifen: durch Meditation und indem man seinem mächtigen Lauf folgt. Alle Beschreibungen des *tao* sind unvollkommen und darüber hinaus auch noch in der paradoxen Sprache der Mystiker abgefaßt. Nur die Selbsterfahrung ist das rechte Instrument.

Die Meister haben Saihung erklärt, daß jeder Mensch ein Mikrokosmos des Universums ist. Insofern liegen der Weg und die Möglichkeit, ihn zu verstehen, in uns. Unser Körper ist der wahre Tempel. In ihm wohnt das Göttliche, und unser Selbst, unsterblich und rein, ist der wahre Gott. Wenn ein Mensch den Himmel erkennen oder mit dem Weg eins werden möchte, braucht er nur nach innen zu schauen.

Da der strahlende Geist unsere sterbliche Hülle durchdringt, begann Kwan Saihungs taoistische Ausbildung beim Physischen und setzte sich dann über das Mentale bis hin zum Spirituellen fort. Die ersten Techniken konzentrierten sich auf den Atem – das Tor vom Physischen zum Geistigen – und auf körperliche Übungen. Die Taoisten von Huashan trainierten ihren Körper am liebsten mit Hilfe der Kampfkunst und des Waffenkampfes.

Die Kampfkünste sind mehr als bloße Methoden des Tötens. Sie verbessern die Gesundheit, öffnen die Energiebahnen des Körpers, bauen ein inneres Kraftreservoir auf und fördern Mut und Disziplin. Beim Kampf und bei der Meditation wurden dieselben inneren Kräfte eingesetzt, nur auf verschiedene Art und Weise. Die Menschen, die spirituelle Ziele verfolgten, machten

Anleihen bei den Kampfkunstmethoden. Die Krieger wiederum entwickelten einen Sinn für Gerechtigkeit und entdeckten eine Lebensweise für die Zeit ihres Ruhestandes. Viele Meister der Kampfkunst wurden im Alter heilige Männer, da sie die elementare Kraft bereits in sich entwickelt hatten. Auch das förderte den Austausch zwischen der Welt der Kampfkunst und der Welt des Spirituellen.

Die Priester räumten zwar ein, daß jemand, der ein heiliges Leben führt, nicht töten darf, doch in der damaligen Zeit war China vom Krieg zerrissen und gesetzlos. Überall herrschte Gewalt, und die Tempel als Hüter kostbarer Reliquien und Besitzer großer Ländereien waren ein beliebtes Angriffsziel für Räuber und Banditen. Ein Mönch, der nicht in der Lage gewesen wäre, sich zu verteidigen, hätte seine Pflichten nicht erfüllen können, und die vielen Jahre, die er der Pflege des *tao* gewidmet hatte, wären durch einen vorzeitigen Tod zunichte gemacht worden.

Eine wichtige Tugend verband Krieger und Asketen miteinander: Bewußtheit. Der Asket brauchte die ständige Aktionsbereitschaft des Kriegers, und der Kämpfer brauchte die geschärfte Wahrnehmung des Meditierenden. Irgendwo in der Mitte zwischen Krieger und Meditierendem suchte der junge Kwan Saihung seinen Weg. Auch dieser Mann, der heute in einzigartiger Weise das Bewußtsein eines Kriegers und eines Priesters in sich vereinigt, hat einmal darum kämpfen müssen, ein Gleichgewicht zwischen diesen beiden verschiedenen Wertmaßstäben zu finden. Er mußte seinen individuellen Willen und seine spirituelle Suche miteinander in Einklang bringen. In der Geschichte dieser Kämpfe offenbart sich uns ein einmaliges Leben voller Kraft und Vitalität, das uns inspirieren kann, den Herausforderungen unseres eigenen Lebens ins Auge zu sehen.

EINS
Meister und Schüler

Von allen jungen Männern in den Tempeln des Huashan hätte man es Saihung am wenigsten zugetraut, daß einmal ein heiliger Mann aus ihm werden würde. Er war widersprüchlich, ruhelos und mutwillig. Seine Stimmung konnte ganz plötzlich von Melancholie in Euphorie, von Frechheit in Schüchternheit oder von Zorn in Ehrerbietung umschlagen. Seine angeborene Begeisterung für die Kampfkunst ließ sich nicht so ohne weiteres mit den Anforderungen vereinbaren, die man an einen taoistischen Novizen stellte. Doch sein Meister schulte ihn trotzdem weiter in der Hoffnung, daß er eines Tages zur Vollkommenheit gelangen würde. Für ihn wohnten das Göttliche und das Böse in jedem Menschen und kämpften ständig um die menschliche Seele; ihm genügte es schon zu wissen, daß das Göttliche meistens siegte. Wer Saihung kannte, mußte zugeben, daß es bei ihm beide Seiten schwerhatten, den Sieg davonzutragen. Bei ihm wendete sich das Blatt von Minute zu Minute. Man konnte nie wissen, ob im nächsten Augenblick das Gute oder das Böse an der Reihe sein würde. Doch momentan schien das Gute die Oberhand zu behalten.

Noch ehe das blaßviolette Morgengrauen den Nachthimmel zu erhellen begann, griff Saihung nach einem Holzeimer und hielt ihn über den Brunnen. Bald würde die Welt erwachen. Bald würden die Tempel von Huashan in der Provinz Shensi, wo er als Mönch lebte, vom geschäftigen Treiben der Priester und Schüler erfüllt sein. Das vom Bürgerkrieg zerrissene China zu Beginn des Jahres 1941, das bald in den Weltkrieg hineingezogen werden sollte, würde wieder einen Tag voller Wirren und Konflikte erleben. Doch hier in der Dunkelheit war alles still und friedlich, und Saihung konzentrierte sich ganz auf seine Aufgabe.

Er ließ den Eimer in die pechschwarze Tiefe des Brunnens fallen und hörte ein scharfes, klirrendes Geräusch. In dem hohen Gebirge waren die Nächte so kalt, daß sich das reine Wasser in den Brunnen nachts mit einer dünnen Eisdecke überzog. Saihung zog den Eimer wieder hinauf und ließ ihn dann erneut hinunter. Diesmal füllte er sich mit Wasser. Wieder zog Saihung ihn hinauf und betrachtete einen Augenblick lang sein eigenes Spiegelbild, als das blasse gelbe Licht seiner Papierlaterne auf das Wasser in dem Eimer fiel. Das Bild war verschwommen, aber er erkannte den breiten Unterkiefer, die glatte Haut, die großen, glänzenden Augen und das lange, oben zu einem Knoten aufgerollte Haar. Nachdenklich hielt Saihung inne. Er hätte alles mögliche sein können: ein Fürst, ein hoher Beamter, ein Gelehrter, ein General, ja sogar der Anführer einer Räuberbande. Jede dieser Lebensformen hätte er als sein Geburtsrecht in Anspruch nehmen können, denn er war Sohn eines Generals, Enkel eines kaiserlichen Ministers und Sproß einer adligen Familie, die schon seit vielen Dynastien zur Aristokratie gehörte. Statt dessen war er seit seinem neunten Lebensjahr ein taoistischer Schüler, und jetzt, Mitte Zwanzig, diente er immer noch dem Großmeister von Huashan. Rasch füllte er eine große braune Kürbisflasche mit dem klaren, kalten Wasser.

Seine Hände waren immer noch ganz taub von dem eisigen Wasser, das über sie geflossen war, als er sich nun die Kürbisflasche um den Leib band und den Korb mit Feuerholz und frischer Kleidung für seinen Meister hochhob. Er holte die Laterne, die er lässig an den niedrigen Dachvorsprung des Brunnenpavillons gehängt hatte, und machte sich auf den Weg zum Tempel seines Meisters. Das Kerzenlicht flackerte in der Papierkugel: ein tanzender Fleck an der Spitze eines schmalen Bambusstabs.

Sein Weg führte an einem der vielen Abgründe des Huashan entlang. Die Landschaft um ihn herum verlor sich im Dunkel, zwischen den knorrigen Silhouetten der alten Kiefern waren die fernen Gebirgsketten kaum zu erkennen. Nur einzelne Gipfel ragten aus der Schwärze der Nacht auf. Nichts als wildzerklüftetes Land und ein Himmel, an dem immer noch Sterne und Mondsichel funkelten, waren zu unterscheiden. Saihung lebte nun schon seit vielen Jahren in diesem hohen Gebirge, und doch hatte er es immer noch nicht völlig erkundet. Er kannte nicht einmal alle Berge. Irgendwie entsprach dieses unvollkommene Wissen dem Stand seiner Erfahrungen mit dem Taoismus, einer spirituellen Disziplin, die noch viel unermeßlicher ist als die unzähligen Berge dieser Erde. Im Taoismus ging es um Himmel und Erde, um die Dimensionen von Zeit und Raum und um alles, was jenseits davon liegt. Es ging um einfache menschliche Moral und um die Natur, die frei von Moral ist. Der Taoismus konnte sich zu Aberglaube, Magie und Ritual versteigen, aber auch in die erhabenen Höhen der Askese und der Astralreise aufschwingen. Er konnte sich in abstruser Metaphysik verlieren, aber ebenso selbstverständlich ein unbehauener Klotz sein. Wenn man die Hand danach ausstreckte, dehnte er sich aus bis in alle Unendlichkeit. Drückte man ihn zusammen, wurde er kleiner als ein Atomteilchen. Schob man ihn beiseite, türmte er sich zu einem riesigen Ungeheuer auf. Und wenn man über ihn nachdachte, veränderte er sich unablässig. Das *tao* war alles und überall. Es war identisch mit allem, was das Universum war, und auch mit allem, was es nicht war, und es konnte beides gleichzeitig sein. Man konnte ihm nicht entrinnen, und doch war es das Unfaßbarste, was man sich vorstellen konnte.

Mit raschen Schritten stieg Saihung den steilen, steinigen Weg hinauf. Sein Atem bildete kleine weiße Wölkchen vor seinem Gesicht. Er mußte sich beeilen. Bald würde der Meister mit seiner nächtlichen Meditation fertig sein. Saihung rannte die Steintreppe hoch, die zu einem kleinen Tempel führte, und trat zwischen zwei bronzenen Kranichen hindurch. Über dem Tempeltor waren die Worte ‹Halle der Unsterblichen› eingeschnitzt. Die schweren Tempeltüren überragten ihn um ungefähr anderthalb Meter. Die oberen Türhälften bestanden aus Gitterwerk, die unteren waren mit Blumenmusterintarsien verziert. Es kostete Saihung Kraft, die Türen aufzudrücken. Leise ging er durch den gekachelten Korridor zu den Gemächern seines Meisters. An der schweren Holztür blieb er stehen.

«Meister! Meister! Meister!» rief er laut, um auf sich aufmerksam zu machen. Wie immer kam keine Antwort. Langsam öffnete Saihung die Tür.

An der Schwelle blieb er stehen. Seine Laterne erhellte den

Raum kaum. In den Backsteinwänden und dem steinernen Fußboden speicherte sich die Kälte der Nacht. Das Feuer in dem
großen bronzenen Kohlenbecken war schon fast ausgegangen,
und der Morgendunst war durch die Mauern des einfach mö-
blierten Zimmers gedrungen, in dem nur ein Schreibtisch, ein
Bücherregal, ein Bett und ein Meditationspodest vor einem
Schrein standen. Dort saß sein weißhaariger Meister aufrecht
auf einem prächtigen Tigerfell und rührte sich nicht. In dem ge-
dämpften Licht und den Nebelschwaden wirkte er wie ein ural-
tes, geheimnisvolles Votivobjekt in einer steinernen Kammer.
Saihung wartete.

Allmählich begann die Morgendämmerung das geöffnete
Dachfenster zu erhellen. Die schlanke Gestalt des Großmeisters
regte sich, und bald hörte Saihung Atemzüge, die nicht seine
eigenen waren. Sein Meister war bereit, den Tag zu beginnen.
Saihung breitete frische Kleidung vor ihm aus und ging rasch an
seine tägliche Arbeit. Behutsam öffnete er die Fenster aus Gitterwerk und Papier und stützte sie mit Holzstäben ab. Dann
schichtete er Holzspäne und Kohle im Bronzebecken auf und
fächelte so lange, bis eine kleine, aber kräftige Flamme daraus
emporzüngelte. Leise ging er durchs Zimmer und zog ehrerbietig die Vorhänge vor dem mit kunstvollen Schnitzereien ver-
zierten Schrein beiseite, in dem drei schöne Statuen standen. Die
mittlere stellte einen taoistischen Heiligen dar, eine persönliche
Schutzgottheit des Großmeisters. Links und rechts von ihm
standen seine Schüler. Der eine trug ein Schwert, der andere ein
Siegel. Die sorgfältig bemalten Statuen wurden von einer Öllampe beleuchtet, die ständig brannte.

Saihung prüfte, ob alle Blumen und Früchte noch frisch und
die Tee- und Reisweinschalen gefüllt waren und ob sich auf dem
Altar kein Staub angesammelt hatte. Dann band er die Vorhänge an den Seiten fest und entzündete den Weihrauch. Ein süßer Sandelholzduft breitete sich im Zimmer aus, und in dem
blauen Licht kräuselte sich Rauch empor wie winzige Wolken-
drachen, die hintereinander herjagen.

«Altäre sind für die Schwachen», flüsterte der Großmeister
hinter ihm. Bei diesen Begegnungen am frühen Morgen richtete
er nur selten das Wort an Saihung, und wenn, dann sprach er nur

Der Großmeister von Huashan

ein paar kurze Sätze. Manchmal befahl er ihm, einen besonderen Tee oder ein bestimmtes Buch zu bringen oder Vorkehrungen für eine Reise zu treffen. Manchmal las er auch laut vor oder machte einfach nur ein paar philosophische Bemerkungen. Doch heute sprach er weiter.

«Nur Menschen, die nicht genügend an sich selbst glauben, brauchen ein äußeres Bild, auf das sie ihre Aufmerksamkeit richten können. In Wirklichkeit sind Himmel und Hölle hier auf der Erde, in jedem von uns.»

Saihung drehte sich um, aber die Lippen seines Meisters bewegten sich nicht mehr. Wieder herrschte Grabesstille. Der Großmeister hob den rechten Ellbogen und legte ihn mit einer sanften, langsamen Bewegung auf die Armstütze aus Teakholz. Er nickte. Das war das Zeichen für Saihung, hinter ihn zu treten und ihm das Haar zu lösen.

Die dichten weißen Haarsträhnen ergossen sich über das Podest. Behutsam und vorsichtig kämmte Saihung seinem Meister das Haar und dachte daran, wie sich die Rollen seit seiner Einweihung im Alter von zwölf Jahren vertauscht hatten. Damals war er vor dem Altar niedergekniet, und sein Meister hatte ihm das Haar gekämmt, als Symbol der Reinigung von allen weltlichen Bindungen. Dann hatte er ihm zum erstenmal den taoistischen Haarknoten auf dem Kopf festgesteckt. Seither hatte Saihung seinem Meister viele Male das Haar gekämmt, und jedesmal war seine Bindung an diesen Mann, der sein Leben lenkte, ein wenig stärker geworden.

Man erzählte sich, daß der Großmeister in seiner Jugend ein gutaussehender, schneidiger Mann gewesen war. Er hatte die Kunst des Krieges und der militärischen Strategie erlernt und war gleichzeitig ein bedeutender Gelehrter gewesen. Er war an den Kaiserhof in Peking gegangen und hatte sogar die Verbotene Stadt betreten, um sich den Kaiserlichen Prüfungen zu unterziehen. In den von hohen, roten Mauern umgebenen luftigen Hallen des Palastes war sein Wissen immer wieder auf die Probe gestellt worden. Er hatte Aufsätze geschrieben und Prüfungen in Geschichte, Mathematik, Literatur, Astronomie, Staatslehre und Dutzenden anderer Fächer abgelegt. Er hatte seine Fähigkeiten auf dem Gebiet der Dichtung, der Kalligra-

phie, der Reitkunst, des Bogenschießens und des Zweikampfs
unter Beweis stellen müssen. Nach tagelangen Prüfungen in der
Großen Regierungshalle hatte man ihm den Titel ‹Ziviles und
militärisches Doppeltalent› verliehen, einer der höchsten Beam-
tenränge, die es im alten China gab. Dann war er als kaiserlicher
Privatlehrer angestellt worden.

So hatte der Großmeister Zutritt zu den Hallen des kaiserlichen
Palastes erlangt. Er hatte sich die höfische Etikette angeeignet
und war für die geistigen Fortschritte von Prinzen verantwortlich gewesen. Bald nach seiner Aufnahme in das kaiserliche Haus
hatte er eine schöne Dame adliger Abstammung geheiratet und
damit seine erfolgreiche Karriere gekrönt.

Doch durch ein tragisches Ereignis hatte er alles verloren. Bis
zum heutigen Tag hatte Saihung nichts über dieses Schlüssel-
ereignis im Leben seines Meisters in Erfahrung bringen können.
Niemand wußte, was damals passiert war. War es eine Hofintrige
gewesen, ein Manöver boshafter Eunuchen? War er in Ungnade
gefallen, weil er eine unpopuläre Meinung vertrat? Oder hatten
Rivalen seine Familie ermordet? Jedenfalls war es ein so traumati-
sches Erlebnis für den Großmeister gewesen, daß er von da an die
Welt floh. Er hatte Trost in einem Leben fern von der menschlichen Gesellschaft gesucht. Er war Taoist geworden, hatte bei
zwei Meistern gelernt und war dann in den Priesterstand einge-
treten. Zwei Wege des religiösen Lebens hatten ihm offengestan-
den: als Priester in einem Tempel zu leben und alle öffentlichen
Aufgaben dort zu übernehmen, von den Ritualen über die Wahrsagekunst bis hin zu Eheschließungen und Beerdigungen, oder
der Welt zu entsagen und der Tradition der klösterlichen Eremiten zu folgen. Er hatte den zweiten Weg gewählt.

Allmählich war er in der taoistischen Hierarchie bis zu seiner
jetzigen Position aufgestiegen. Er war nicht nur das Oberhaupt
einer besonderen Schule, sondern hatte als Abt die Aufsicht über
alle Tempel auf dem Huashan. Sein Titel bedeutete also nicht
nur, daß er die taoistische Lehre und die asketischen Praktiken
vollkommen beherrschte, er stand auch für eine hohe weltliche
Macht. Der Großmeister hatte Jahrzehnte gebraucht, um sich
diese Macht zu erwerben. Den Gerüchten nach war er über hundert Jahre alt.

Die Welten, die den geistigen Hintergrund des Großmeisters bildeten, waren einmalige soziale Strukturen, zu denen es in der Geschichte kaum Parallelen gibt. Man stelle sich eine Kombination aus mittelalterlichem Europa, wo Schwert, Magie, Kirche, Thron und Alchimie nebeneinander existierten, und klassischem Griechenland vor, wo ein Pantheon von Göttern das Universum beherrschte, Philosophen ihre Schulen leiteten und die Spartaner die Maßstäbe für das Kriegertum setzten. Dann bekommt man vielleicht eine leise Ahnung von der Kultur, die das Leben des Großmeisters geprägt hat. Nichts in ihr fiel je wirklich der Zerstörung anheim; für die Menschen gab es keinen Unterschied zwischen Altem und Modernem. Von den ältesten Methoden der Landwirtschaft bis hin zur neuesten technischen Erfindung hatte alles seinen Platz in dieser Welt.

Der Großmeister verkörperte eine unermeßliche Tradition, Geschichte, Kultur und Religion. Er war ein strenger, puristischer Theologe, der die Tempel mit fester Hand verwaltete, dabei aber doch tolerant und großzügig war und seinen Schülern die Weisheit und das ausgeprägte Gefühl für Sinn und Ordnung zu vermitteln suchte, das er im Laufe vieler Jahre entwickelt hatte.

Der Großmeister war eine imposante Erscheinung: hochgewachsen, schlank und doch voller Kraft und Anmut. Sein seidiger Bart floß herab wie ein Gebirgswasserfall. Seine großen, klaren Augen glänzten. Eine Narbe an der rechten Seite seiner Oberlippe war die einzige Erinnerung daran, daß dieser Mann, der wie eine Märchengestalt aussah, eine sehr bewegte weltliche Vergangenheit hinter sich hatte.

Oft verglich Saihung sich im stillen mit seinem Meister. Auch er war schlank und wirkte ernst. Aber seine Muskeln waren vom vielen Kämpfen und Gewichtheben prall und hart geworden, sein schwarzes Haar war dicht und fest, und seine Haut hatte durch die vielen Jahre an der Sonne eine dunkle Farbe angenommen. Saihung mußte einsehen, daß er ganz anders war als sein Meister. Er war temperamentvoll und impulsiv und besaß nichts von der ruhigen Gelassenheit des Großmeisters. Er stieß einen leisen Seufzer aus. Für ihn war der Meister eine erhabene Gestalt, eine Inspiration, aber vielleicht auch ein lebendes Ideal, dessen Vollkommenheit er nie erreichen würde.

Wortlos griff Saihung nach seinem Korb und den abgelegten Kleidern seines Meisters, die gewaschen werden mußten. Mit Befriedigung stellte er fest, daß es in dem Zimmer allmählich wärmer wurde und der Dunst verschwunden war. Er stellte die Kürbisflasche mit dem Brunnenwasser neben seinen Meister, damit er seinen Durst stillen konnte, denn während der Meditation staute sich viel Hitze in seinem Körper an. An der Tür blieb er noch einmal stehen und warf einen Blick zurück. Sein Meister hatte die Beine gekreuzt, die Hände ineinander gelegt und die Augen geschlossen. Binnen Sekunden saß er wieder so regungslos da wie eine Statue. Endlich wurde es Tag, und Saihung sah, wie der erste Strahl der Morgensonne durch die Wolken brach und das Gesicht seines Meisters traf.

Saihung verließ den Tempel, um sich zu waschen, zur Morgenandacht zu gehen und zusammen mit den anderen Mönchen ein einfaches vegetarisches Mahl einzunehmen. Danach holte er das Frühstück für seinen Meister. Dabei dachte er die ganze Zeit über die Worte nach, die der Meister ihm zugeflüstert hatte. Wenn Himmel und Hölle hier auf Erden waren, dann gab es vielleicht weder Strafe noch Belohnung. Und wenn das stimmte, dann existierten womöglich auch weder Gut noch Böse. Und warum sollte er dann die Götter anbeten und zu langweiligen Ritualen gehen? Auf dem Weg in die Küche beschloß er, seinen Meister noch genauer danach zu fragen.

In der Küche war es höllisch heiß. Riesige Töpfe, in denen man ein Kind hätte baden können, standen auf holzgefeuerten, gemauerten Herden. Junge Mönche schoben Holzscheite in die unersättlichen, prasselnden Flammen, während andere den kochenden Reis umrührten. Wieder andere hackten Gemüse klein oder bereiteten es zum Einlegen vor. Alle unterstanden der Leitung eines älteren Priesters, den man nur unter dem Namen der Alte Koch kannte.

Der Alte Koch war ein eigenwilliger Mann, dessen Rückgrat mit den Schultern verwachsen zu sein schien, dick und vierschrötig wie die steinerne Stele im Tempelhof. Er hatte einen großen Kopf, dicke Backen und dunkle, runde Augen, die für einen Mann mit einem so eberähnlichen Gesicht erstaunlich wach dreinblickten.

Er war sehr ungeduldig mit seinen Untergebenen. Die Äbte hatten lange versucht, ihm seine Wutausbrüche abzugewöhnen, weil sie diese für frevelhaft hielten und fanden, daß er damit ein schlechtes Beispiel abgab. Aber auch der Taoismus konnte keine Wunder bewirken.

«Du kommst zu spät», schimpfte der Alte Koch und machte ein unfreundliches Gesicht. «Das Gemüse ist kalt. Dein Meister ist sicher schon halb verhungert.»

«Der unwürdige Schüler bekennt sein Vergehen», entschuldigte sich Saihung. Er griff nach dem Rattantablett, unter dessen Deckel das Geschirr klirrte, und eilte zu den Gemächern seines Meisters. Keiner der hohen Priester aß in den Speisesälen. Sie bekamen das Essen von ihren Schülern gebracht.

«Meister! Meister! Meister!» rief Saihung an der Tür.

Schweigen.

Er trat ein, und der Meister lächelte ihm zu. Saihung verneigte sich und setzte das Tablett ab. Er nahm den Deckel ab und stellte die Porzellanschalen auf den Tisch. Sie enthielten ein Gericht aus Tofu und Weizenpaste, frisch sautiertes Gemüse mit Pilzen, Erdnüssen und sauer Eingelegtem, dazu Reis und dampfgegartes Brot. Der Duft stieg von den Schalen auf wie eine Wolke: rein, frisch und köstlich. Saihung konnte seinen Appetit kaum bezähmen. Ihm lief das Wasser im Munde zusammen, als er seinem Meister den Tee einschenkte und die Stäbchen fein säuberlich auf ihren Porzellanständer legte.

«Wie kommst du mit deinen Studien voran?» fragte der Großmeister, während er zu essen begann. Saihung stellte sich rasch auf die unerwartete Situation ein. Manchmal redete sein Meister tagelang kein Wort mit ihm. War er dann doch einmal zum Sprechen aufgelegt, mußte man diese Gelegenheit unbedingt nutzen.

«Es ist schwierig, sich zu vervollkommnen», antwortete Saihung bescheiden.

«Es gibt einen Spruch: ‹Der Geist eines Heiligen ist wie ein Spiegel. Er greift nach nichts, aber weist auch nichts zurück. Er empfängt und gibt wieder. Deshalb kann der Weise die ganze

Welt umfassen, ohne Schaden zu nehmen.› Danach mußt du
streben. Du mußt dich reinigen. Du darfst dich nicht mit Be-
langlosigkeiten aufhalten.»

«Gibt es eigentlich so etwas wie Gut und Böse, richtig und
falsch, *Ta Shih?*»

«Warum fragst du?»

«Du hast doch gesagt: ‹Alles, was wir tun, tun wir selbst› und
‹Himmel und Hölle sind hier auf Erden›. Bedeutet das, daß es
keine äußere Autorität gibt? Und wenn das so ist, wer bestimmt
dann eigentlich, was richtig und falsch ist?»

«Ich will dir das an einer Geschichte erläutern», sagte der
Großmeister. «Es kam einmal eine schöne und prachtvoll ge-
kleidete Dame zu einem Haus. Der Besitzer, geblendet von ihrer
ätherischen Schönheit, hieß sie freudig willkommen.

‹Darf ich fragen, wer Ihr seid?› erkundigte er sich.

‹Ich bin die Glücksgöttin›, antwortete sie. ‹Ich bringe unglücklichen Kindern Glück, heile die Kranken, schenke den Un-
fruchtbaren Nachwuchs, bringe unermeßliche Reichtümer und
erfülle jeden Wunsch und jede Bitte.› Als der Hausherr das
hörte, strich er seine Gewänder glatt, verneigte sich tief vor der
Frau und bot ihr einen Ehrenplatz in seinem Hause an.

Bald darauf kam eine andere Frau. Sie ging gebückt und hum-
pelte. Ihr Gesicht war runzelig und entstellt und ihre Haut wie
ausgetrocknet. Ihr Haar war zerzaust wie trockenes Reisstroh.
Sie stank. Der Hausbesitzer war angewidert. In grobem Ton
fragte er sie, was sie bei ihm zu suchen habe.

‹Man nennt mich die Schwarze Frau. Wo ich hinkomme,
gehen die Reichen bankrott, hohe Beamte fallen in Ungnade, die
Schwachen sterben, die Starken verlieren ihre Macht. Männer
trauern, und Frauen vergießen Tränen ohne Ende.›

Als der Mann das hörte, griff er nach seinem Stock und wollte
sie vertreiben.

Aber die Glücksgöttin hielt ihn zurück. ‹Wer mich ehrt›, sagte
sie, ‹der muß auch sie ehren, denn wo immer ich hingehe, folgt
mir die Schwarze Frau auf dem Fuß. Wir sind so unzertrennlich
wie ein Körper und sein Schatten. Wir können keine getrennten
Wege gehen.›

Da begriff der Mann und flehte beide Göttinnen an, sein Haus

zu verlassen, weil er große Angst hatte, daß alle beide dablei-
ben könnten. So verhalten sich die Weisen.»

Der Großmeister warf Saihung einen Blick zu, um zu prüfen, ob dieser das Gleichnis verstanden hatte. Aber er sah nur
einen Schüler mit fragendem Blick vor sich stehen. Da griff er
nach seinen Stäbchen und begann schweigend zu essen. Nach
langem Nachdenken fuhr er fort:

«Gut und Böse existieren. Es gibt das helle *tao* und das
dunkle *tao*. Und es gibt auch Dämonen und Götter, gute Menschen und böse Menschen. Aber in der Natur, in den Sternbil-
dern und bei den Tieren gibt es nichts Böses. Sie sind eng mit
dem *tao* verbunden und haben keinen eigenen Willen. Sie folgen dem *tao* widerstandslos. Das ist mit dem Spiegel gemeint,
der nichts festhält, aber auch nichts von sich stößt, der wahr-
nimmt und gleichzeitig wiedergibt. Aber Menschen und Götter unterscheiden sich von den Sternen, Pflanzen und Tieren
in einem entscheidenden Punkt: Sie besitzen Intelligenz. Sie
haben einen Verstand, der überlegt und abwägt. Und sie besitzen auch einen freien Willen. Durch ihre Pläne und Machenschaften entstehen Gut und Böse. Menschen haben die Fähigkeit, Entscheidungen zu treffen, aber ohne Gut und Böse gäbe
es nichts zu entscheiden.

Du weißt, daß *yin* und *yang,* die grundlegende Polarität des
Universums, untrennbar miteinander verbunden sind. Ohne
Licht könnte die Dunkelheit nicht existieren. Der Tag kann nur
anbrechen, wenn es vorher Nacht war. Wenn es etwas Richti-
ges gibt, dann muß es auch etwas Falsches geben. Das ist die
Hauptbedeutung dieses Gleichnisses.

Das Menschengeschlecht ist aus *yin* und *yang* entstanden.
Wir sind beides. Ohne Spannung, ohne Wechselspiel zwischen
den Gegensätzen gäbe es keine Bewegung in uns und im Universum, sondern nur noch Stillstand: die totale Stagnation.
Und die einzige Wirklichkeit wäre die Sterilität. Deshalb müssen wir uns damit abfinden, daß alles relativ ist. Wir müssen
Gut und Böse akzeptieren, denn sie gehören zum elementa-
ren Prozeß der Schöpfung. Wenn du das verstanden hast, dann
mußt du auch das Gute und das Böse in dir selber annehmen.»

«*Ta Shih*», unterbrach Saihung, «ich bin Taoist. Ich strebe danach, ein anständiges Leben zu führen. Ich habe nur einen Wunsch: mich zu bessern und für das Gute zu kämpfen.»

Da lachte der Großmeister sarkastisch. «Wie fromm du bist! Es gibt nichts Widerwärtigeres als fromme Leute.»

«Das verstehe ich nicht. Schließlich wurde mir das doch seit meiner Kindheit beigebracht! Was ist denn an einem moralischen Leben auszusetzen? Warum sollte ich mich nicht danach sehnen, ein Held zu sein, der für die Gerechtigkeit kämpft?»

«Ethik und Moral sind für die Dummen, die nicht nachdenken. Auch wenn solchen Leuten das Urteilsvermögen fehlt, können sie trotzdem durchtrieben und voller Ränke sein. Die Weisen haben die Moral nur erfunden, um solche Narren unter Kontrolle zu halten. Aber wer das *tao* begriffen hat, der sollte sich um solche Fragen nicht kümmern.»

Saihung zögerte. Er konnte das, was der Großmeister da sagte, einfach nicht akzeptieren. Hieß das etwa, daß es zwischen Moral und Unmoral gar keinen Unterschied gab? «Deine Worte haben mich völlig verwirrt. Bitte belehre mich! Du willst damit doch nicht sagen, daß schlechte Menschen genauso wertvoll sind wie gute?»

«Ich habe nur gesagt, daß Moral für Menschen mit Unterscheidungsvermögen kein Thema ist», erwiderte der Großmeister gereizt. «Der fromme, moralische Mensch lebt ständig in der Angst, etwas Falsches zu tun. Immer, wenn er eine Sünde begangen hat, rennt er zum Tempel und bittet die Götter, ihm zu verzeihen und ihm innere Kraft zu schenken. Er sieht im Geiste schon vor sich, wie er in der Hölle büßen muß, und zittert bei dem Gedanken, so tief gesunken zu sein. Er liest in den Schriften, gibt Almosen und ist immer darauf bedacht, Gutes zu tun. Aber all die Gebete, die er vor sich hinmurmelt, sind sinnlos. Er bleibt sein Leben lang ein dummer, Gebete lallender Sklave seines eigenen Aberglaubens. Die Götter fühlen sich überhaupt nicht zu solchen Leuten hingezogen, die bei jeder Gelegenheit gleich auf die Knie fallen.»

«Dann brauche ich also nicht mehr an den Zeremonien im Tempel teilzunehmen?» fragte Saihung mit schelmischem Lächeln.

«Das wäre Auflehnung!» donnerte der Meister. Erschrocken

wich Saihung zurück. «Du bist Mönch. Du mußt das tun. Die Etikette zwingt dich dazu, ja, es ist sogar deine Pflicht. Aber du solltest durchschauen, was du da tust. Für die Öffentlichkeit leistest du damit einen wichtigen Dienst. Und dir selber hilft es, dich zu bezähmen und zu disziplinieren. So stärkst du das Gute und tust nichts, um das Böse zu unterstützen. Es ist deine Bestimmung, nach dem Heiligen zu streben.

Wer ein bißchen weise ist, der findet sich mit seiner eigenen Widersprüchlichkeit ab. Selbst wenn er am Guten festhält, weiß er doch, daß er unweigerlich immer wieder Böses tun wird. Aber er bringt dabei Verständnis für sich auf. Man sollte niemals absichtlich Böses tun. Man sollte sich nicht sagen: ‹Heute muß ich ein bestimmtes Pensum an bösen Taten erledigen, um meine Bestimmung zu erfüllen.› Das wäre völlig falsch. Du mußt dich immer bemühen, eine Situation einzuschätzen, ehe du handelst. Du mußt erkennen, was von dir gefordert wird, und dann dementsprechend handeln, unabhängig davon, ob diese Handlung der kleinlichen Moral entspricht oder nicht. *So* verhält sich ein Weiser. Deshalb hat der Hausherr die beiden Göttinnen weggeschickt. Er hat erkannt, daß alles relativ ist, daß alle Gegensätze untrennbar miteinander verbunden sind. Er hat den Weg des Weisen gewählt: Er entschied sich weder für das Gute noch für das Böse, sondern für einen Weg, der über beides hinausgeht. Wenn irgend so ein Klugschwätzer hört, daß er sowohl Gutes als auch Böses in sich trägt, denkt er vielleicht, das sei ein Freibrief für ihn, zu tun, was er will. Er begreift nicht, daß er ewig zwischen diesen beiden Polen hin und her springen wird, wenn er so handelt. Nehmen wir zum Beispiel dich selber. Du machst so viel Unsinn wie hundert Dämonen. Ich akzeptiere das als etwas Natürliches. Aber glaube nur ja nicht, daß du das mit dem Taoismus rechtfertigen kannst. Gerade weil du dich immer wieder vorsätzlich in irgendeinen unbedachten Leichtsinn stürzt, bist du dem Dualismus noch nicht entgangen. Der Weise strebt danach, über den Dualismus hinauszuwachsen.»

Saihung war vor Verlegenheit knallrot geworden. Der Großmeister hatte recht. Er steckte wirklich voller dummer Streiche. Rasch stellte er dem Meister eine neue Frage, um das Gespräch von sich abzulenken.

«Du hast bestätigt, daß Gut und Böse im Menschen existieren und daß sogar die Götter diesem Dualismus unterworfen sein können. Aber gibt es das Gute und das Böse auch im metaphysischen Sinn? Wenn wir alles selber tun, wie du gesagt hast, und wenn Gut und Böse nur solchen Lebewesen innewohnen, die einen eigenen Willen haben, dann kann es Gut und Böse im metaphysischen Sinn doch eigentlich gar nicht geben. Und dann gibt es auch keine Vergeltung, keine höhere Autorität, die uns beurteilt.»

«Du stellst wirklich raffinierte Fragen», meinte der Großmeister. «Aber mit solchen Spitzfindigkeiten kommst du nicht weit. Ich will es dir erklären. Die Sache mit Gut und Böse ist nicht so einfach wie bei den Helden und den Bösewichten in der Oper. Im metaphysischen Sinn existieren Gut und Böse in Form von Bestimmung und Schicksal.»

«Bestimmung und Schicksal?» entgegnete Saihung verblüfft. «Ist das denn nicht dasselbe?»

«Nein. Deine Bestimmung ist das, was du in dieser Existenz erfüllen mußt. Du kommst mit einer bestimmten Aufgabe auf die Welt. Und während deines ganzen Lebens mußt du danach streben, diese Aufgabe zu erkennen und bis ins letzte zu erfüllen. Das ist weiß Gott nicht einfach. Es ist für jeden Menschen ein kompliziertes, in Dunkel gehülltes Rätsel, das langsam und allmählich gelöst werden muß. Dabei geht es um nichts Geringeres, als die Folgen unserer früheren Existenzen zu überwinden, mit dem Ziel, in einen höheren Zustand hineingeboren zu werden oder, was noch besser wäre, allem zu entgehen. Das ist Bestimmung.

Schicksal dagegen ist etwas Aktives und existiert nur, um uns von der Erfüllung unserer Bestimmung abzuhalten. Es kämpft gegen uns und behindert uns bei unseren Fortschritten. Dabei bedient es sich der Illusion. Es erzeugt die Trugbilder, die dich auf Abwege leiten. Das Schicksal ist die Versuchung. Es führt dich an der Nase herum, gibt dir großartige Ideen und hochfliegende Gedanken ein. Dem Schicksal wäre nichts lieber, als dich von deinem Ziel abzubringen. Immer wenn du mit dem Gedanken spielst, etwas Unrechtes zu tun oder jemandem einen Streich zu spielen, und dir das bewußt wird, hast du das Schicksal auf frischer Tat ertappt. Gibst du diesem Impuls nach, dann hat das Schicksal gewonnen. Wenn du ihm widerstehst, hat es verloren. Aber es ist immer da und wartet geduldig auf die nächste Gelegenheit, dich von deiner Bestimmung abzulenken.

Das habe ich gemeint, als ich sagte: ‹Himmel und Hölle sind hier auf Erden.› Suche die himmlischen und höllischen Wesen nicht draußen in der Welt, sondern in dir selber, in deinem eigenen Inneren. Folgst du deiner Bestimmung, kommst du dem Himmel näher. Gibst du dem Schicksal nach, geht es abwärts in Richtung Hölle. Erfüllst du schließlich deine Bestimmung voll und ganz, überwindest du die menschliche Existenz. Wenn du dem Schicksal nachgibst, landest du im Morast der Illusion und Unwissenheit und leidest.

Du darfst nicht so naiv sein zu denken, daß die Götter und Teufel dich und den Kosmos lenken. Auch das ist nichts als ein verbreiteter Aberglaube. Die Götter existieren zwar, aber sie sehen nicht so aus wie die Figuren auf dem Altar. Und außerdem haben sie wenig Interesse an uns Menschen. Wir können nichts tun, um die Götter zu einem Besuch bei uns zu bewegen, denn sie ertragen den Gestank der Menschen nicht. Nein, verlaß dich nicht auf Götter und hab keine Angst vor Teufeln! Beide haben ihre eigenen Probleme, denn selbst sie müssen mit ihrem Schicksal und ihrer Bestimmung kämpfen.

Das ist der Sinn des Satzes: ‹Alles, was wir tun, tun wir selbst.› Sobald du begriffen hast, daß das Gute unsere Bestimmung ist und das Böse unser Schicksal, wirst du auch verstehen, daß nur deine Handlungen dich zum einen oder zum anderen hintreiben. Das sind die einzigen Faktoren in der Gleichung deines Lebens. Wenn du einen kleinen Teil deiner Bestimmung erkennst und erfüllst, ist das ein Sieg für dich. Und wenn du dich auch nur ein bißchen von der Illusion in die Irre leiten läßt, wird sich deine Sicht immer mehr trüben. Du hast meinen Satz vorhin als Argument dafür angeführt, daß es keine metaphysische Autorität gibt. Aber in Wirklichkeit ist das Gegenteil der Fall.

Es gibt keinen Dämon, der dich bestraft, wenn du etwas Böses tust. Die Hölle nach dem Tode existiert nur, wenn du daran glaubst. Dein Geist ist stark genug, um genau den Ort zu erschaffen, den du dir vorstellst, und dein ganzes Sein für alle

Ewigkeit in dieser Dimension einzusperren. Vergeltung existiert nur innerhalb des Mechanismus der Folgen, die deine Taten nach sich ziehen. Diese Folgen sind keine Wesen. Sie haben keinen Geist. Und sie sind auch keine Gegenstände, sondern eine Kraft.

Alles, was du tust, hat Konsequenzen. Wenn du einen Wasserkessel über das Feuer stellst, fängt das Wasser an zu kochen. Wenn du in die Luft springst, landest du wieder auf dem Boden. Aktion und Reaktion. So führen alle deine Taten eine Reaktion herbei. Die Fäden dieser Folgen können sich im Leben eines Menschen hoffnungslos verwirren und ihn in ein so dichtes Netz verstricken, daß er sich nicht mehr rühren kann. So ein Mensch wird tausendmal wiedergeboren. Aber mit einem Netz kann man auch Fische fangen. Man kann die Fäden zu einem Netz des Guten verknüpfen. Das sind die Folgen, die der Fromme herbeiführt: Das Netz seiner früheren guten Taten wächst immer weiter und erzeugt immer mehr Gutes. Aber auch er muß wieder auf die Welt kommen. Die höchste Ebene, die man erreichen kann, besteht darin, über Gut und Böse hinauszugelangen und alle Folgen seines Daseins auszulöschen. Dann scheidet man aus dem Rad des Lebens aus. Es gibt also tatsächlich so etwas wie göttliche Vergeltung. Aber das ist nicht die Strafe, die der Jadekaiser oder der Herr der Hölle verhängt. Göttliche Vergeltung ist nichts anderes als das Wechselspiel von Bestimmung, Schicksal und den Folgen unserer Taten. Das ist alles.»

Saihung gab sich Mühe, die Worte seines Meisters zu verstehen und sich einzuprägen.

«Strapaziere dein Gehirn nicht zu sehr», bemerkte der Großmeister trocken. «Dein Leben der Torheiten und dummen Streiche ist noch lange nicht zu Ende.»

«Trotzdem versuche ich zu verstehen», grinste Saihung.

«Gut, gut», lachte der Großmeister. «Versuch es nur weiter!»

Wie üblich probierte er nur ein bißchen von dem Reis, und auch von den anderen Gerichten aß er nur wie ein Spatz. Saihung drängte ihn zuzugreifen.

«Ich nehme nur Nahrung zu mir, damit das Band, das mich an diese irdische Ebene bindet, nicht abreißt», erwiderte der Groß-

meister. «Ich könnte auch von der Luft leben und nur den Tau
von den Bäumen trinken. Aber ich bin noch nicht so weit, meine
Identität als Mensch aufzugeben. Weise, die nicht mehr essen,
verbringen bereits ihr halbes Leben in einem göttlichen Zustand. Ich aber kann nur einen flüchtigen Blick auf das Göttliche
werfen. Ich habe mich damit abgefunden, daß es noch mehr für
mich zu tun gibt, ehe meine Aufgabe auf dieser Erde erfüllt ist.
Deshalb möchte ich nicht, daß mein Körper verfällt. Man muß
seinen Körper in vollkommenem Gleichgewicht halten. Er muß
in einem ausgezeichneten gesundheitlichen Zustand sein, um
dem Geist als Gefäß dienen zu können. Ich esse nur so viel, wie
ich brauche, um die Bedürfnisse meines Körpers zu befriedigen.
Bitte nimm die Schalen wieder mit und beende deine Arbeit in
der Küche!»

«Wie du wünschst, *Ta Shih*», sagte Saihung und verneigte
sich. Er räumte den Tisch ab und verließ das Zimmer.

Kaum war er um die Ecke gebogen, ließ er seine Blicke ver-
stohlen den verlassenen Korridor entlangschweifen. Das weiße
Licht, das durch das Fenster aus Papier und Gitterwerk drang,
tauchte das Rattantablett in einen warmen Glanz. Saihung setzte
es auf dem grauen Fliesenboden ab und öffnete es. Er berührte
den Deckel einer Schale. Seine Hand ertastete das glatte, blauweiße Porzellan. Leise nahm er den Deckel ab, hob die Schale
vom Tablett und führte sie an die Lippen. Im Nu waren die Erd-
nüsse und das eingelegte Gemüse weg. So aß er Bissen für Bissen alle Schalen leer, ehe er das Tablett wieder in die Küche zu-
rückbrachte.

«Hat es dem Großmeister geschmeckt?» fragte der Alte Koch
gespannt. Wie allen Köchen war es ihm wichtig, daß seine
Kochkunst gut ankam. Wortlos nahm Saihung die leeren Schalen vom Tablett und zeigte sie ihm triumphierend. Das glän-
zende Gesicht des Alten Kochs verzog sich zu einem strahlenden
Lächeln.

«Er hat alles aufgegessen», staunte der Koch. «Morgen sollten
wir ihm mehr zu essen schicken. Er ist so dünn! Er darf nicht
hungern.»

«Wie du meinst, Meister», sagte Saihung bescheiden.

Ehrerbietig stieg Saihung die steilen Granitstufen zu einem der herrlichsten Tempel des Huashan empor, der Halle der Drei Reinen. Der Stein war so hart, daß selbst unzählige Prozessionen die Ecken und Kanten nicht abzuschleifen vermocht hatten. Hier und da standen kleine Wasserpfützen, denn die Stufen und der Säulengang waren erst vor einer Stunde gründlich geputzt worden.

Die Fassade des Tempels lag ein wenig zurückgesetzt hinter den mächtigen zinnoberroten Holzsäulen, auf denen die Balkendecke ruhte. Bis zum Dachfirst war die Halle mindestens fünfzehn Meter hoch, und ihre Farben leuchteten in der Sonne. Die Stürze waren mit roten, grünen, goldenen und blauen geometrischen Mustern bemalt, die kleine Bilder heiliger Szenen einrahmten. Über den rotlackierten Türen war eine große schwarze Tafel angebracht, auf der in erhabenen goldenen Schriftzeichen der Name des Tempels prangte. Die schweren Tempeltüren waren so hoch, daß Saihung ohne weiteres mit einem Mann auf seinen Schultern hätte hindurchgehen können. Er legte die Handflächen auf den mittleren Teil der Türen, der nicht mit Gitterwerk und Blumenmusterintarsien verziert war. Mit Mühe drückte er sie auf. Kühle Luft wehte ihm entgegen.

Die riesigen Ausmaße der Halle entsprachen der enormen Höhe der Türen. Wie bei den meisten heiligen Hallen Chinas verlief der Firstbalken parallel zum Vordereingang; die Halle war breiter als tief. Das hinten schräg abfallende Dach und die stützenden Säulen, die dadurch nach hinten immer kürzer wurden, schufen eine eigenartige Perspektive. Zusammen mit dem erhöhten Altarraum und den überlebensgroßen Statuen der Gottheiten verlieh diese Perspektive der Halle eine unwirkliche Atmosphäre.

Den atemberaubenden Dimensionen der Halle entsprach die blendende Vielfalt und Leuchtkraft der Farben. Die Stützbalken waren mit noch kunstvolleren Schnitzereien und Malereien verziert als die Balken der Fassade. Die bunten Muster waren so kompliziert, daß man sie gar nicht alle auf einen Blick erfassen konnte. Sie bildeten kunstvolle Wandschirme und Hintergründe, die sich kaleidoskopartig veränderten.

Drei Altäre standen nebeneinander. Auf jedem befand sich die

Statue eines Gottes, eingerahmt von einer Art hoher, vergolde-
ter Torbögen. Bei näherem Hinsehen erkannte man, daß die fili-
granartigen goldenen Wandschirme aus Tausenden von finger-
großen Figuren bestanden.

Die Götter waren so naturgetreu bemalt, als seien sie aus
Fleisch und Blut. Man hatte das Gefühl, als verberge sich unter den Gewändern tatsächlich ein Körper, als nehme man die
Umrisse eines festen Muskels oder einer schwellenden Brust
wahr. Die Gesichter waren hautfarben bemalt, Augen und Lippen bis ins kleinste Detail genau wiedergegeben. Die Hände
waren nicht verhüllt, aber jede Gottheit hielt sie in einer anderen
Geste. Lao Tzu, der auf dem linken Altar stand, hielt einen Fächer in den Händen. Das Ursprüngliche Wesen auf dem mittleren Altar umfaßte eine Kugel, die das Universum darstellte. Der
Jadekaiser auf der rechten Seite hatte ein Zepter in der Hand.
Ihre Gewänder waren so kunstvoll geschnitzt, daß ihre Falten
wie aus echtem Stoff wirkten. Die Gewänder und Gebetsteppiche waren Nachbildungen edelster Brokatstoffe, und die
leuchtenden Blattgoldborten zogen die Blicke der Betenden aus
allen Richtungen an.

Die Throne, auf denen die Götter mit gekreuzten Beinen saßen, wären eines Kaisers würdig gewesen. Auch sie waren so
kunstvoll verziert, als seien jede Kerbe des Holzschnitzers und
jeder Pinselstrich des Malers eine Geste der Anbetung gewesen.

In einer anderen Umgebung hätten die Drei Reinen als Skulpturen von höchster Vollendung gegolten. Jeder Kunstkenner
hätte nicht nur sofort die Phantasie, Lebendigkeit und künstlerische Meisterschaft erkannt, sondern auch jenes Element der
Offenbarung, das zu jeder großen Kunst gehört. Die drei Gestalten besaßen die geheimnisvolle Gabe, Ehrfurcht und Anbetung im Betrachter zu wecken, ihn zum Nachdenken und zur
Innenschau anzuregen. Sie strahlten ein Leben aus, das über die
physische Realität von Holz und Farbe hinausging. Die Kunst
war die Brücke, welche die Menschheit mit dem Himmel verband. Tempel, Skulpturen, Landschaftsgemälde – sie alle kün-
deten vom Platz des Menschen im allumfassenden Plan der
Dinge, inmitten der überwältigenden Erhabenheit der Natur
und des Himmels. Indem sie Werke schufen, die über das

menschliche Maß hinausgingen, versuchten die Künstler die Distanz zwischen Mensch und Himmel zu überbrücken. Sie schufen riesige Statuen, so groß, daß man sie nicht mit einem Blick wahrnehmen konnte. Sie bemalten Schriftrollen von solcher Länge, daß die Schriftzeichen sich nicht auf einmal erfassen ließen. Sie bauten Türme von solcher Höhe, daß man sie nicht mit ein paar Schritten besteigen konnte. All das waren Versuche, die Menschheit aus ihrer erbärmlichen Realität zu befreien und in die höheren Sphären der Kunst zu erheben. Auch die Halle der Drei Reinen gehörte dazu: ein meisterhaftes Zeugnis der künstlerischen Begabung und frommen Hingabe unzähliger Menschen – der rechte Ort für das Streben nach Höherem und die Verehrung der Götter.

Saihung ging auf den Hochaltar zu, auf dem bereits riesige Vasen mit violetten, gelben und roten Blumen standen und makellose Früchte und Speisen neben duftendem Sandelholz als Opfergaben für die Götter lagen. Auch Öllampen standen bereit. Glocken, Holzklappern, Gongs, ein Jadezepter und andere rituelle Gegenstände lagen da. Ein Teil der roten Kerzen auf dem Altar war bereits angezündet worden. Saihung wußte, daß der Großmeister im Begriff war, sich für das Ritual vor der höchsten Trinität des Taoismus zu reinigen. Bald würden sich in der Halle heilige Männer mit feierlichen Gesichtern drängen, in denen das Feuer der Frömmigkeit genauso hell brannte wie bei den unzähligen Kerzenflammen im Tempel. Saihung wollte keine Sekunde verpassen. Voller Vorfreude auf das große Ereignis, das er für diesen Tag geplant hatte, sah er sich nach einem guten Aussichtspunkt um.

Von den Deckenbalken in sechs Meter Höhe konnte er alle Ecken und Winkel der Halle überblicken. Aber um dort hinaufzukommen, mußte er an den vergoldeten Torbögen hochklettern, welche die Drei Reinen einrahmten. Hastig schob Saihung die Finger zwischen die geschnitzten Holzverzierungen. Auch mit den Zehen fand er Halt, und so kletterte er hinauf und trat dabei dem Gott des langen Lebens, der Göttin der Barmherzigkeit und zahlreichen anderen Unsterblichen, Meeresdrachen und Dämonen völlig ungeniert auf den Kopf.

Vergnügt schwang er sich auf den breiten Balken, der an der

Oberseite nicht einmal bemalt war; statt dessen bildeten Staub
und Weihrauchruß, die sich hier im Laufe von Jahrzehnten angesammelt hatten, eine dicke Schmutzschicht. Schon bald hatte
Saihung schmutzige Hände und dunkelgraue Streifen auf seinen
sauberen blauen Ritualgewändern. Aber das war ihm in seiner
Aufregung völlig gleichgültig.

Er tastete sich bis zur Mitte des Balkens vor und wartete auf
die Prozession. Das gewaltige Echo der bronzenen Tempelglocken hallte in den Bergen wider. Jeder Stein, jede Kiefer, ja
selbst die Bäche erzitterten unter diesen mächtigen Schlägen.
Heute war einer der heiligsten Tage auf dem Huashan. An diesem Morgen entfielen der Unterricht und die üblichen Haus-
arbeiten. Es hatten nur Waschungen und private Andachten
stattgefunden.

Saihung hörte die leisen Klänge der herannahenden Prozession: Gongs, Holzklappern und Gesang. Junge Novizen öffneten die Tempeltore. Zuerst kamen die normalen Ordens-
mönche. Sie trugen alle blaue Gewänder und Hosen, weiße
Gamaschen und Strohsandalen. Nur in der Form ihrer Hüte
unterschieden sie sich voneinander. Die Hüte zeigten den Rang
ihres Trägers an: Manche waren rund, andere viereckig, einige
hatten auch zwei Spitzen. In gemessenem, feierlichem Schritt,
einer hinter dem anderen, betraten die Bewohner des Huashan
den Tempel. Sie falteten die Hände als Symbol der Disziplin und
der Bewahrung der heiligen Energie.

Die höheren Priester waren farbenfreudiger gekleidet, ihre
bestickten Gewänder leuchteten in der gleichen bunten Pracht
wie das Innere des Tempels. Der Großmeister, der die Prozession anführte, trug die schönsten Gewänder. Sein schwarzer
Gazehut hatte neun Spitzen: ein Symbol des höchsten Amtes in
einem taoistischen klösterlichen Orden. Vorn war ein ovaler
grüner Jadestein aufgenäht. Der volle Bart des Großmeisters
leuchtete in der Sonne in blendendem Weiß und wallte wie ein
Wasserfall an seiner Brust herab. Sein Gewand war vorwiegend
in Purpur-, Rot- und Goldtönen gehalten, doch es waren auch
noch viele andere Farben für die Stickereien verwendet worden,
die Kraniche und Fledermäuse, das Schriftzeichen für Langlebigkeit in einigen der Zehntausend Variationen und die Tri-

gramme des *I Ching* darstellten. Die Satingewänder glänzten prächtig, und die Farben waren so leuchtend, wie nur Seide sie hervorzubringen vermag.

Anmutig trat der Großmeister über die hohe Schwelle des Tempels. Mit einer unauffälligen Bewegung krempelte er den Saum seiner langen, herabhängenden Ärmel hoch und näherte sich den Drei Reinen. Er blickte nicht hinunter auf die hölzerne Schwelle und den gesprungenen Fliesenboden, sondern konzentrierte seinen Geist und seine Seele ganz auf den Gegenstand seiner Verehrung. Saihung bemerkte den klaren, unverwandten Ausdruck in den Augen des Großmeisters, das leise Lächeln religiöser Ekstase und den leichtfüßigen, fast schwebenden Gang des heiligen Mannes.

Inzwischen brannten alle Kerzen. Hunderte goldener Flammenpünktchen schimmerten im Inneren des dunklen Tempels. Auf dem mittleren Altar, wo ein glimmender Weihrauchstab aus reinem Sandelholz lag, kräuselte sich Rauch zur Decke empor. Der Großmeister zündete drei lange Weihrauchstäbchen an und warf sich vor jedem der drei Altäre nieder. Dann brachte er den Göttern die brennenden Stäbchen im Namen aller Bewohner des Berges als Opfer dar. Die Priester hinter ihm sangen währenddessen leise weiter. Die langen Anbetungsformeln verschmolzen mit dem Duft des Weihrauchs zu einer Kette, durch welche die Taoisten eine Brücke zwischen Himmel und Erde zu schlagen hofften.

Der Großmeister kehrte zum mittleren Altar zurück und schlug die heiligen Schriften auf. Jede taoistische Gottheit hatte ihre eigenen Schriften; die Taoisten glaubten fest daran, daß man diese Statuen aus Holz und Farbe durch das Rezitieren der entsprechenden Texte zum Leben erwecken konnte. Waren die Gebete nur aufrichtig genug gemeint, die Opfergaben köstlich genug und der Ort rein genug, vermochte man die Götter aus ihrer vollkommenen himmlischen Welt auf die Erde herunterzulocken.

Die näselnde Stimme des Großmeisters erhob sich wie der Klang einer Oboe. Sie war dünn und hoch und hatte doch einen tiefen, zarten Nachhall. Die Zeremonie erinnerte beinahe an eine Oper: Der gleichmäßige Schlag der Gongs und der Holzklappern untermalte die Lesung der heiligen Schriften und schwoll bei den Höhepunkten gebührend an. Als die Stimme des Großmeisters lauter wurde und der Weihrauchstab bis zur Hälfte abgebrannt war, unterbrach plötzlich ein entsetzlicher Lärm die heilige Zeremonie.

Die Priester schreckten aus ihrer Versunkenheit hoch. Obwohl sie sich eigentlich durch nichts auf der Welt ablenken lassen sollten, wenn sie den Göttern gegenüberstanden, drehten sie sich doch unwillkürlich um. Mit lautem Krachen stürzte eine der Teakholztüren schräg auf den harten Fußboden. Aus den tiefen Ritzen des Steinbodens, bis zu denen der Besen nie vorgedrungen war, stoben Staubwolken empor. Durch die Wucht des Aufpralls bekam die Tür einen Sprung, der sie wie ein Blitz der Länge nach spaltete. Auf der Türschwelle standen drei Männer.

Durch die Tempeltore, die nach Süden zeigten, drang das grelle Tageslicht herein und blendete die Priester, deren Augen sich inzwischen auf die Dunkelheit und den Rauch im Inneren des Tempels eingestellt hatten. Die Mönche, die draußen Wache gehalten hatten, kamen hereingestürzt, die anderen wichen in panischer Angst zurück zum Altar. Die drei Männer, die jetzt in den Tempel stürmten, waren eindeutig Kämpfer.

Sie näherten sich mit drohenden Bewegungen. Ihre Muskeln wölbten sich prall wie Melonen unter den Ärmeln ihrer Gewänder aus geripptem Samt, und sie starrten grimmig auf die heiligen Männer. Ihre Zöpfe, die sie wie die meisten Kämpfer immer noch trugen, aber nicht mehr als Symbol der Treue gegenüber der untergegangenen Ch'ing-Dynastie, sondern als Zeichen der Eliteklasse, der sie angehörten, wirbelten durch die Luft wie Schlangen. Drohend stellten sie sich vor dem Altar auf und wikkelten sich alle drei gleichzeitig die Haarflechten um den Nakken. Sie waren zweifellos gekommen, um zu kämpfen.

«Wer von euch ist der Großmeister?» donnerte der Größte von den dreien.

«Ich», meldete der Großmeister sich mit sanfter Stimme und trat mit einer höflichen Verneigung vor. «Haben wir die edlen Herren beleidigt?»

«Verdammt! Kommt das nicht von dir?» Einer der Kämpfer zog ein dünnes Blatt Maulbeerpapier hervor. Durch das durch-

scheinende Papier waren pechschwarze Schriftzeichen zu erkennen. «Hier steht: Ihr drei wagt es, euch *Himmel, Erde* und *Mensch*
zu nennen. Eine solche Überheblichkeit kann ich nicht dulden.
In all den Jahren, die ich durch den roten Staub dieser Erde
gewandert bin, habe ich keine erbärmlicheren Karikaturen
menschlicher Wesen zu sehen bekommen als euch. Und die Ver-
messenheit, mit der ihr euch als Meister der Kampfkunst bezeichnet, obwohl ihr nichts weiter vorzuweisen habt als ein paar
unbedeutende Schlägereien mit Halbstarken, ist noch lächerlicher. Wenn ihr auch nur ein Fünkchen echten Mut habt, dann
stellt euch meiner Herausforderung an dem unten genannten
Ort und Zeitpunkt. Ich kann diese Welt nur von eurer stinkenden Gegenwart befreien, indem ich euch ins Jenseits befördere.»

«So etwas habe ich niemals geschrieben, das versichere ich
euch!» sagte der Großmeister hastig. «Ich bin nur ein armer, be-
scheidener Priester. Ich würde es nicht wagen, es mit solchen
Helden wie euch aufzunehmen. Das muß ein Mißverständnis
sein.»

«Ach, halt den Mund! Ist das etwa nicht deine Unterschrift
mit deinem Siegel?»

Er schleuderte ihm den Brief vor die Füße. Der Großmeister
warf einen Blick darauf. Zum erstenmal in seinem Leben sah
Saihung seinen Meister erschrecken. Die Augen des alten Mannes weiteten sich ungläubig. Mit offenem Mund stand er da. Ja,
das war tatsächlich seine Unterschrift. Und auch das Siegel war
echt.

Der hochgewachsene Mann, der den Himmel darstellte, faßte
das Erstaunen des Großmeisters als Schuldbekenntnis auf und
ging in Kampfstellung. Da wurde dem Großmeister klar, daß es
keinen Zweck hatte, mit den Männern zu reden. Sein Gesicht
nahm mit einem Mal einen entschlossenen Ausdruck an, und
sein Körper begann sich in wachsamer Erwartung zu bewegen.
Selbst seine Gewänder schienen plötzlich mit elektrischer Energie geladen zu sein.

Himmel, der dunkelblaue Kordsamthosen und ein dazu pas-
sendes Obergewand trug, führte mit der Energie eines Panthers
die Grußform des Goldenen-Arhat-Stils aus. Er würde nicht mit
Fäusten und Fußstößen, sondern nur mit den Handflächen

kämpfen. Sein dunkelhäutiges Gesicht war von Falten und Furchen durchzogen und wirkte etwas schief. Er mußte sich in der
Jugend einmal die Nase gebrochen haben.

«Heute ist der Tag deiner Beerdigung, Alter», knurrte er.

«Leben und Tod sind uns von den Göttern vorherbestimmt»,
erwiderte der Großmeister grimmig. «Wenn ich heute sterben
soll, dann freue ich mich, es im Angesicht der Götter zu tun.
Aber du wirst nicht derjenige sein, der mich zu König Yama
(Herr der Unterwelt) schickt.»

«Na los, rühr dich schon, du alter Narr! Ich will nicht, daß
man mir nachsagt, ich hätte einen wehrlosen Mann umgebracht.»

«Warum liegt dir so viel an einer Ehre, die du gar nicht besitzt?» entgegnete der Großmeister, ohne die Arme zu heben.
«Greif mich an, wenn du willst. Wenn es mich mehr als drei
Bewegungen kostet, dich zu besiegen, will ich mich als entehrt
betrachten.»

«Dann stirb!»

Mit einem kehligen Knurren stürzte *Himmel* sich auf den
Großmeister. Aber diesem Mann, der schon Hunderte von
Kämpfen als Sieger bestanden hatte, gelang nur ein einziger
Hieb, den der Großmeister sofort abwehrte, um ihm gleich
darauf mit derselben Hand einen gewaltigen Schlag ins Gesicht
zu versetzen, der ihm den Kopf nach hinten drehte. Bewußtlos
stürzte der Mann zu Boden.

Da konnte Saihung sich nicht mehr beherrschen und fing an
zu kichern. Der Großmeister blickte nach oben, und sein Gesicht, soeben noch voll kriegerischer Entschlossenheit, wurde
rot vor Zorn. Doch ehe er etwas sagen konnte, griff *Erde* ihn
an.

Erde war ein sehr dicker, pockennarbiger, grobschlächtiger
Mann. Seine vom Shaolin-Stil abgeleiteten Bewegungen
waren einfach und plump. Bisher hatte er seine Gegner immer
mit seiner puren Kraft und seinem Gewicht besiegt, das sechzig
Pfund über dem Durchschnitt lag. Er wirkte häßlich, vierschrötig und bedrohlich.

Brutal drang er auf den Großmeister ein. Der schmächtige
alte Mann wich seinem Angriff mit einem Seitenschritt aus.

Wieder griff *Erde* an. Da flackerte ein Ausdruck des Bedauerns auf dem Gesicht des Großmeisters auf. Diesen Mann zu besiegen war für ihn so einfach wie das Schlachten eines Schweins für den Metzger, aber der kriegerische Ehrenkodex mußte eingehalten werden. Der Großmeister wich dem Angreifer aus und trat einen Schritt vor. Der Ärmel seines Gewandes flatterte wie eine Fahne im Orkan. Er versetzte dem Mann mit der Hand einen Nierenschlag und renkte ihm dann mit einem Fußstoß das Kniegelenk aus.

Mensch war dünn und drahtig. Eine häßliche Narbe entstellte die rechte Seite seines rechteckigen Gesichts. Seine besondere Grußform machte ihn als Wutang-Kämpfer kenntlich. Wieder ließ der Großmeister seinen Gegner zuerst angreifen. Nach einem Scheinangriff auf den Bauch stach der Mann mit einer raschen Handbewegung nach den Augen des Großmeisters. Da glitt die Hand des Großmeisters aus dem Ärmel, umklammerte das Handgelenk des Mannes, drehte es um und warf ihn zu Boden. Mit einem schnellen Schnapptritt schlug er ihn bewußtlos.

Der Großmeister trat einen Schritt zurück und befahl, die Männer hinauszutragen. Priesterärzte eilten hinterher, um sie wieder zu Bewußtsein zu bringen und ihre ausgerenkten Gliedmaßen einzurichten. Der Großmeister hatte die drei absichtlich nur vorübergehend außer Gefecht gesetzt. Er wußte, daß sie durch eine List zu dem Angriff verleitet worden waren.

«Du Ungeheuer!» schrie er zu Saihung hinauf. «Komm da herunter!»

Schweigend ließ Saihung sich an einer Säule hinabgleiten.

«Geh in dein Zimmer und bleib dort, bis du gerufen wirst!»

Drei Stunden später geleiteten Nebel-im-Hain und Klang-klaren-Wassers Saihung in die Gemächer ihres Meisters. Der Großmeister hatte immer noch sein zeremonielles Gewand an. Langsam stand er auf und ging um seinen Schreibtisch, bis er Saihung von Angesicht zu Angesicht gegenüberstand. Saihung spürte, wie ein Ruck durch den Körper seines Meisters ging. Dann bekam er eine schallende Ohrfeige.

«Knie nieder!» befahl er. «Du ungezogener Lümmel! Kein normaler Mensch hätte es gewagt, die Götter so zu lästern. Als ich dich lachen hörte, wußte ich sofort, daß du meine Unterschrift nachgemacht und mich hereingelegt hast. Nur dir konnte so etwas einfallen. Du hast nichts als Unsinn im Kopf.»

Saihung schwieg. Er wagte nicht zu antworten. Aber innerlich ergötzte er sich immer noch an diesem aufregenden Streich.

«Du hast eine schwere Verfehlung begangen», fuhr der Großmeister fort. «Du hast dich zum Narren gemacht, Schande über mich gebracht und heiligen Boden entehrt. Das ist ein schlimmes Vergehen.»

«Aber sie haben es doch verdient», sagte Saihung und konnte sich ein Schmunzeln nicht verkneifen. «Wie hätte man sie besser demütigen können, als sie vor dem Angesicht der Drei Reinen zu besiegen? Schließlich ist die Trinität noch erhabener als Himmel, Erde und Mensch.»

«Du vergißt dich! Halte dein Mundwerk im Zaum!» unterbrach der Großmeister ihn. «Du wirst deine Strafe bekommen. Aber zuerst will ich wissen, wie du auf diesen schändlichen Plan gekommen bist.»

«Ich war unterwegs und bettelte um Almosen», erzählte Saihung, «da kam ich zufällig an ihrer Schule vorbei. Ich ging hinein, um sie zum Kampf herauszufordern. Aber ich sah, daß sie mir überlegen waren. Also kam ich zurück und schickte ihnen diesen Brief. Wer sich so einen hohen Titel anmaßt, verdient doch einen kleinen Dämpfer.»

«Da irrst du dich», schimpfte der Großmeister. «Du bist derjenige, der eine Demütigung verdient hat. Führt ihn hinaus!»

Die beiden Gefährten führten Saihung in eine Höhle tief unten in der Erde. Aus Mitleid hatten sie warme, gefütterte Kleidung für ihn mitgebracht, denn in der Höhle war es kalt und feucht. Alle drei schwiegen – die beiden Freunde wegen des Ernstes der Situation, Saihung, weil er in Gedanken immer noch seinen gelungenen Streich auskostete.

Sie kamen in eine mit Wasser gefüllte Kammer. An dieser Stelle waren einst ein Stalaktit und ein Stalagmit zusammengewachsen, doch schon vor Jahrhunderten wieder auseinandergebrochen. Übriggeblieben war nur ein rundes Felsplateau mit einem Durchmesser von ungefähr anderthalb Metern und einer zackigen Spitze in der Mitte. Dieses Plateau lag mitten in einem großen unterirdischen Teich und ragte ungefähr drei Meter aus dem Wasser heraus. Eine dicke Holzplanke führte von dem Felsvorsprung, auf dem sie standen, über den Teich zu der kleinen Insel. Die beiden Gefährten drückten Saihung die warme Kleidung und eine Kürbisflasche mit Wasser in die Hand und befahlen ihm hinüberzugehen. Als er sich auf der Insel niedergelassen hatte, zogen sie die Planke weg und kehrten Saihung den Rücken zu.

Saihung sah, wie der Lichtschein ihrer Fackeln allmählich in der Dunkelheit verschwand. Der Großmeister hatte ihn dazu verurteilt, neunundvierzig Tage lang hier zu meditieren und über sein Verbrechen nachzudenken. In dieser Zeit würde er nur Reisschleim und Wasser erhalten. Saihung schloß die Augen. Die eisige Luft kratzte ihn im Hals. Das Plätschern des Wassers störte ihn, und von oben hörte er das unheimliche Rascheln der Fledermäuse. Er wußte, daß er unter dieser Verbannung leiden würde, doch jedesmal, wenn er an die Ereignisse des Tages zurückdachte, mußte er wieder lachen. Die Reue würde sich wohl nicht so leicht einstellen, dazu fand er seinen Streich einfach zu köstlich.

Ein paar zerklüftete Öffnungen in der Decke der Höhle warfen kleine, blasse Lichtflecken auf die Wasseroberfläche. Saihung konnte in dem Wasser nur ein verschwommenes Spiegelbild der von der Decke herabhängenden Gesteinsformationen und der skurrilen, in allen Farben schillernden, blumenkohlähnlichen Mineralablagerungen erkennen. Träge strömte das schwarze, tiefe Wasser dahin.

Saihung begann sich unglücklich zu fühlen. Hier gab es keine Fluchtmöglichkeit außer seinen Erinnerungen. Er blickte ins Wasser und erinnerte sich an die funkelnden, aquamarinblauen Teiche in den Kieferwäldern seines Familiensitzes. Ihm fiel wieder ein, wie er als kleiner Junge schwimmen gelernt hatte. Dritter Onkel hatte zwei riesige Kürbisflaschen an ihm festgebunden, damit das Wasser ihn trug. Das war eine seiner glücklichsten Kindheitserinnerungen.

Aber auch schmerzliche Erinnerungen stiegen in ihm auf. Als man ihn mit sieben Jahren zusätzlich zum Unterricht seiner

Hauslehrer in die Dorfschule geschickt hatte, war er täglich von seinen Mitschülern verprügelt worden. Er wehrte sich zwar, kam aber nie gegen die Attacken seiner Peiniger an, die über magische Kräfte zu verfügen schienen. Da er sich schämte, jemandem davon zu erzählen, hatte er seine Pein stoisch ertragen, bis Drittem Onkel eines Tages beim Schwimmen seine blauen Flecken auffielen.

«Ich wehre mich ja, aber sie machen so merkwürdige Dinge mit ihren Händen und Beinen, und dagegen komme ich einfach nicht an», hatte Saihung ihm daraufhin sein Leid geklagt.

«Du dummer Junge», hatte Dritter Onkel gescholten. «Das sind Kampfkunsttechniken.»

«Was ist denn das?» hatte Saihung gefragt. Erst daraufhin brachte man ihm Techniken der Selbstverteidigung bei, und er erfuhr außerdem zum ersten Mal, daß seine Familie der Kriegerklasse angehörte, die von den Manchus der Ch'ing-Dynastie und dem Kriegsgott Kuan Kung abstammte. Bis dahin hatte er nichts davon gewußt, denn selbst vor den Kindern des Clans wurden Kampftechniken und Waffen geheimgehalten.

Als Saihung dann begann, die Kampfkunst zu erlernen, stand er plötzlich im Mittelpunkt eines heftigen Familienkonflikts. Seine Mutter, eine Kunst- und Musiklehrerin, hatte sich immer gewünscht, daß Saihung Gelehrter würde. Er sollte nichts vom Leben ihres Mannes, eines schlachtenerprobten Generals, erfahren. Deshalb hatte sie alle kämpferischen Aktivitäten verboten. Aber das änderte sich schlagartig, als Saihung von Drittem Onkel über seine Herkunft aufgeklärt wurde. Jetzt erwachte in seinem Vater und seinem Großvater der Wunsch, ihn auf das Leben eines Kriegers vorzubereiten.

Mit der Zeit lernte Saihung, daß es Krieger in verschiedener Gestalt gab: Es konnten moderne Soldaten sein wie sein Vater, der die Geschicke von Armeen und Flotten lenkte, oder edle Ritter, wie sein Großvater es im neunzehnten Jahrhundert gewesen war. Ihm war die ritterliche Tradition seines Großvaters lieber als die gewalttätige Mentalität seines Vaters. Sein Großvater war ein Ehrenmann, ein Dichter, Kalligraph und Musiker, sein Vater dagegen ein schreiender, saufender, blutrünstiger Barbar. Allmählich entfremdete Saihung sich seinen Eltern und schloß sich immer enger an seinen Großvater an. Seine Mutter litt, weil nun der Kämpfergeist ihres Sohnes geweckt war; sein Vater litt, weil er sich nicht für eine militärische Laufbahn interessierte; und beide litten, weil er nicht nur den Dienern gern Streiche spielte, sondern auch seinen eigenen Angehörigen.

Saihung machte für sein Leben gern Unsinn. Er stahl Essen aus der Küche und warf mit Ziegelsteinen nach Leuten. Für eines seiner aufregendsten Schelmenstücke besorgte er sich ein Pulver, das Blähungen erzeugte. Mit dieser Waffe wollte er sich an einem Onkel rächen, der ihm immer Vorträge über gutes Benehmen hielt. Als der Besuch eines Prinzen erwartet wurde, schüttete Saihung seinem Onkel dieses Pulver in den Tee. Der arme Mann konnte sich nicht bezähmen und wurde für sein ungehöriges Verhalten schwer bestraft. Saihung beobachtete die Demütigung seines Onkels, ohne eine Miene zu verziehen, aber voll innerer Schadenfreude. Anderen Leuten Streiche zu spielen bereitete ihm einen diebischen Spaß. Seine Opfer waren meist seine Verwandten, obwohl sie ihn immer wieder bestraften und ihn mahnten, sich zu bessern. Selbst sein Großvater, der Saihung nie direkt Vorwürfe machte, wenn er sich auch fast täglich danebenbenahm, hielt ihm doch öfter Vorträge über Pflichtgefühl und die Rolle eines vornehmen jungen Herrn in der Gesellschaft.

Aber als Dritter Onkel ihm eines Tages lange Seidengewänder mit einem vorn aufgestickten Karpfen und Wolkenschuhe (bestickte Stoffschuhe mit hohen Sohlen) anzog, eine seltsame Mütze mit einer Pfauenfeder aufsetzte und eine Perlenkette um den Hals hängte, wurde die Sache mit den sozialen Rollen noch komplizierter. Damals wußte Saihung noch nicht, daß man ihn in die Gewänder eines Aristokraten gekleidet hatte, und er begriff auch nicht, warum alle Diener sich zitternd vor ihm niederwarfen, als sie ihn in dieser Kleidung sahen. Jung und alt knieten nieder und berührten seine Schuhe.

«Warum machen die das?» fragte er Dritten Onkel.

«Laß sie nur», hatte der Onkel geantwortet.

Im Jahr 1927 hatte Dritter Onkel ihn zu einem Besuch beim Exilkaiser P'u-i mitgenommen. Zwar gab es in China schon seit 1911 keine Monarchie mehr, aber in Saihungs Familie wurden die Kinder immer noch dem Kaiser vorgestellt. Alle Adligen hielten unverändert an ihren alten Traditionen fest, weil sie auf eine Rückkehr der Monarchie hofften. Dritter Onkel erklärte Saihung, daß auch er sich diese alten Traditionen zu eigen machen müsse.

Als Saihung spürte, wie sehr man ihn zur Anpassung drängte, kam ihm das große Vermächtnis seines Clans noch stärker zum Bewußtsein. Ob Krieger, General oder Edelmann – sie wollten auf jeden Fall einen disziplinierten, hochgebildeten, fähigen jungen Mann aus ihm machen. Saihung war intelligent, daran bestand kein Zweifel, aber er zeigte keinerlei Anzeichen von Reife. Er gestand sich insgeheim ein, daß er seinen Großvater mochte und eine Schwäche für den klassischen Stil des alten Mannes hatte. Aber den Versuchen seiner anderen Angehörigen, ihn zu beherrschen, entzog er sich. Im Alter von neun Jahren trieb er es mit seinen Streichen bereits so wild, daß seine Eltern drauf und dran waren, ihn zu verstoßen. Da tat sein Großvater den entscheidenden Schritt.

Er nahm ihn zu einer Pilgerfahrt auf den T'aishan mit, wo Saihung dem Großmeister zum erstenmal begegnete. Er behielt diese Begegnung als etwas Eigenartiges im Gedächtnis. Sie hatte in geheimnisvollem Schweigen stattgefunden, und doch war dabei eine innere Verbindung zwischen ihm und dem Großmeister entstanden. Sein Großvater spürte, daß zwischen den beiden eine besondere Beziehung bestand, und vereinbarte mit dem Großmeister, daß Saihung sein jüngster Schüler werden sollte. Auf diese Weise rettete er seinen neun Jahre alten Enkelsohn vor dem Druck, den der Clan auf ihn ausübte.

Von da an wuchs Saihung in den Tempeln auf, kehrte aber regelmäßig zu Besuchen nach Hause zurück. Er wurde vom Großmeister und dessen beiden Hauptschülern, Nebel-im-Hain und Klang-klaren-Wassers, erzogen. Der Meister wurde mit der Zeit ein zweiter Vater für ihn, und die beiden Gefährten und die zehn weiteren Mitschüler, die alle mindestens zehn Jahre älter waren als er, liebte er wie Brüder. Erst auf dem Huashan hatte er die Geborgenheit einer intakten, großen Familie kennengelernt. Aber seine übermütigen Streiche gewöhnte er sich auch dort nicht ab.

Das Leben im Tempel konnte ziemlich langweilig sein, und wenn Saihung die Unruhe packte, kamen seine alten Angewohnheiten wieder zum Vorschein. Manchmal ersann er seine Streiche aus purem Übermut. Aber oft waren es auch Reaktionen auf irgendeine Kränkung, ganz gleichgültig, ob sie nun wirklich stattgefunden hatte oder nur in seiner Einbildung existierte. Den Mönchen, die behaupteten, vollkommener zu sein als er, schüttete er das gleiche Blähpulver ins Essen wie damals seinem Onkel. Einen Weisen namens Fledermaus-Unsterblicher brachte er mit einem Kraut zum Einschlafen und rasierte ihm dann das lange Haar und die Augenbrauen ab. Und den Frosch-Unsterblichen klebte er an einen Felsen und verprügelte ihn mit einem Stock. Für all diese Vergehen bestrafte ihn der Meister. Aber Saihung akzeptierte diese Strafen, denn sie gehörten zum Spiel. Im Gegensatz zu seiner Familie verzieh sein Meister ihm hinterher immer wieder und schulte ihn trotzdem weiter.

Allmählich begann diese Ausbildung Früchte zu tragen. Saihung erlernte nicht nur die Kampfkunst, sondern machte auch auf den Gebieten der Gelehrsamkeit und der Spiritualität gute Fortschritte. Er hatte drei Jahre in einer Höhle gelebt und dort extreme Entsagung praktiziert. Ein Jahr lang diente er sogar als Orakel. In dieser Zeit ernährte er sich nur von Kräutern und magerte bis auf neunzig Pfund ab. Er konnte sich kaum noch fortbewegen, seine Mitschüler mußten ihn tragen – und das alles, um ein Gefäß für das Göttliche zu sein. Während der Rituale verließ seine Seele den Körper, und ein Geist trat ein und sprach zu den Priestern. Es war Saihung immer paradox erschienen, daß man körperlich extrem schwach sein mußte, um sich dem Göttlichen zu öffnen, und daß er die Stimmen der Geister, die so oft durch ihn sprachen, nie selber hörte, denn in diesem Zustand war er ohne eigenes Bewußtsein.

Nach dieser Zeit der körperlichen Schwäche und der Zwiesprache mit den Göttern stürzte er sich dann im Jahr 1937, als die Japaner in China einmarschierten, ins andere Extrem. Er verließ den Berg, um für sein Vaterland zu kämpfen und dessen Feinde zu töten. Doch nach zwei Jahren sah er darin keinen Sinn mehr. Keiner der beiden Kriegsgegner trug den Sieg davon, es war nur

ein ewiges Hin und Her. Saihung mußte in dieser Zeit Greueltaten mit ansehen, im Vergleich zu denen die Qualen der Hölle
ihm wie ein Kinderspiel vorkamen. Er erkannte die Sinnlosig-
keit der Politik. Auch sein Clan wurde in den chinesisch-japani-
schen Krieg hineingezogen. Einige seiner Angehörigen kamen
darin um, und das einst so stolze Anwesen wurde verwüstet.

Saihung war wieder in die Gemeinschaft auf dem Huashan
zurückgekehrt und hatte seitdem versucht, mit diesen ernüch-
ternden Erlebnissen fertig zu werden. Meditation und die kühle,
ruhige Gelassenheit der stillen, abgelegenen, von Weihrauch-
duft erfüllten Schreine hatten dazu beigetragen, seine seelischen
Wunden zu heilen. Zumindest hatte er sich mit Hilfe seiner spirituellen Praxis rascher davon erholt als andere Kriegsteilneh-
mer. Aber der Krieg prägt einen Menschen. Auch Saihung war
in dieser Hinsicht keine Ausnahme. Er würde nie vergessen
können, wie der geschwächte Nationalismus auf dem Schlacht-
feld mit dem übermächtigen Gegner Nihilismus gekämpft
hatte. Auch der männliche Kampfgeist, der ihn während des
Krieges am Leben erhalten hatte, sollte ihn nie ganz verlassen.
Durch die hohen Erwartungen seines Clans enttäuscht und
durch die Brutalität des Krieges gezeichnet, war er um so fester
entschlossen, in der taoistischen Lehre den Schlüssel zum Verständnis seiner Erlebnisse zu finden. Nur auf den Spuren dieses
uralten Wissens erfuhr er ein tiefes Gefühl des Friedens.

Er ahnte, daß in der Vergangenheit, zu deren Bewahrung die
Tempel dienten, die Antworten auf seine Fragen lagen. Für ihn
gehörte die Weisheit alter Zeiten nicht in den Bereich der Ar-
chäologie. Hier in der Welt der taoistischen Tempel entdeckte er
Glanz, Inspiration und einen großen Schatz. Er fand Trost in der
Tradition, einen Hauch von Stabilität, eine Atmosphäre, in der
man überleben konnte. Der Anblick dieser alten Gebäude hoch
oben auf den Felsen, dem Himmel so nahe, brachte eine Saite im
Inneren seiner Seele zum Schwingen. Hier konnte er über den
versunkenen Ruhm alter Kulturen, die Vergänglichkeit alles
Sterblichen und die Ewigkeit spirituellen Strebens nachdenken.
Dem Taoismus ging es um Unsterblichkeit, doch Saihung stu-
dierte die taoistischen Lehren eigentlich nicht so sehr, um in den
Genuß eines langen Lebens zu kommen, sondern vielmehr, um

darin die unsterbliche Weisheit zu entdecken, mit deren Hilfe er seine Konflikte, seine Empfindungen des Verfalls und der Vergänglichkeit überwinden konnte.

Doch vorläufig war er dazu verdammt, in dieser Höhle zu bleiben. Er sah ein, daß seine Verfehlungen ihn nicht nur hierher gebracht hatten, sondern ihn auch daran hinderten, seine Ziele zu erreichen.

Irgendwann, als Saihung die Hälfte seines Aufenthalts in der Höhle hinter sich hatte, gab er seine anfänglichen Versuche auf, daraus eine Zeit des Fastens und der Meditation zu machen. Er machte sich nichts mehr vor. Er fror, hatte Hunger, und seine Gedanken waren wirr. Einen großen Teil seiner Zeit verschlief er oder dämmerte einfach dahin. Es berührte ihn seltsam, daß der harte Felsen für ihn inzwischen zu einer akzeptablen Lagerstätte geworden war und daß der Staub und Schmutz auf seinem Gesicht ihm kaum noch etwas ausmachte.

Neunundvierzig Tage später, in einem Zustand eisiger geistiger Erstarrung, sah er plötzlich, wie eine Holzplanke über den Boden seiner kleinen Welt glitt. Die Planke schob ein Häufchen Staub und Schmutz vor sich her und machte ein unangenehmes, kratzendes Geräusch. Saihung versuchte aufzublicken, aber es fiel ihm schwer, beide Augen auf einen Punkt auszurichten. Er sah Flammen aufblitzen, hörte Schritte und spürte den eisernen Griff einer Hand an seinem Arm. Schmerzhaft drückten sich die Finger in sein Fleisch. Die Muskeln, die er einst so stolz hatte spielen lassen, gaben jetzt schlaff jedem Druck nach.

Er hustete, aber aus seinem trockenen Hals kam kein Schleim. Der Geruch nach Rauch verschlimmerte seinen Husten noch. Dann spürte er, wie er über den Holzsteg ging, der sich unter seinen Schritten durchbog. Die schwarze Tinte, die unter ihm dahinströmte, war der zerschmolzene Nachthimmel, und die Lichter der Fackeln, die sich darin widerspiegelten, waren ersterbende Sonnen, die sich in Flüssen aus verbrauchtem Gas und erstickten Flammen auflösten. Er hörte das Stöhnen und Wimmern dieser erlöschenden Sterne. Doch dann stellte sein Bewußtsein sich wieder auf die Realität ein, und ihm wurde klar, daß das nichts weiter war als das Knarren des Holzes. Saihung war immer noch ganz wackelig auf den Beinen. Er befahl seinen

Muskeln, seine Bewegungen besser zu koordinieren, aber sie
gehorchten ihm nicht. Sein Adrenalin war schon lange versiegt.
    Schließlich erkannte Saihung die Gesichter der beiden Ge-
fährten und brachte ein schwaches Lächeln zustande.
    Fürsorglich stützten sie ihn, als er durch den Tunnel nach
draußen taumelte. Auf dem Huashan dämmerte gerade der
Morgen, und es war noch kalt, aber Saihung kam der kühle
Morgenwind wärmer vor als die Luft unter der Erde. Er öffnete
den Mund, um etwas zu sagen, konnte aber die Bewegungen
seiner Kiefer nicht mehr koordinieren und brachte nur eine ver-
zerrte, lächerliche Grimasse zustande. Flüsternd ermahnten ihn
seine beiden Gefährten zu schweigen. Sie brachten ihn in ihre
Zelle, um ihn wieder gesund zu pflegen.
    Das dreckige Haar hing Saihung über die Schultern wie ver-
dorrtes Wurzelwerk. Sein Gesicht war schmutzverschmiert,
sein Bart nur noch ein verfilztes schwarzes Gestrüpp. Er hätte
ein Troll sein können, gerade eben erst der Erde entstiegen. Er
war nichts mehr als eine arme Kreatur, ein jämmerliches, er-
schöpftes, verwahrlostes Tier. Doch immer noch stolz, eigen-
sinnig und rebellisch, dachte Saihung, daß er den Streich, der
ihm diese erniedrigende Strafe eingebracht hatte, eigentlich
kaum bereute.
    Wieder nahm er die Schönheit der Berge des Huashan in sich
auf, die Ausblicke in schwindelnde Tiefen und die azurblaue
Vollkommenheit des Himmels. Wegen der Form des Huashan,
der aussah wie ein riesiger Dreifuß, hieß es in den Legenden, er
diene dem Himmelsgewölbe als Stütze. Als Saihung die reine
Luft einatmete und den bitteren Geschmack des Stärkungsmit-
tels auf der Zunge spürte, das die beiden Gefährten ihm einflöß-
ten, wußte er, daß die herrliche Schönheit der Natur ihm helfen
würde, rasch wieder ins normale Leben zurückzukehren.

ZWEI
Die beiden Schmetterlinge

Von all den malerischen Gipfeln Chinas war der Huashan der schönste, aber in dem rauhen Klima konnten nur die widerstandsfähigsten Pflanzen und Tiere überleben. Der Wind hatte die Kiefern gekrümmt und verkrüppelt, ihre Zweige abgebrochen und ihre Nadeln gestutzt. Die wenigen Äste, die den Stürmen getrotzt hatten, ragten wie schroffe, seltsame Schriftzeichen in den Himmel. Der Regen hatte den Granit zerklüftet, tiefe Furchen hineingegraben und ihn abgeschliffen, bis er fast weiß war und seine feine Maserung zeigte. An klaren Tagen brannte die Sonne grell vom Himmel herab. Manche Pflanzen und Tiere nährte sie mit ihren Strahlen, doch die schwachen, die ihr nicht standhalten konnten, versengte sie erbarmungslos. Und doch verlieh diese Schroffheit dem Berg eine Atmosphäre der Reinheit und Entsagung: die ideale Umgebung für die Eremiten, die dort ihr unauffälliges Leben fristeten.

In dieser schroffen Gebirgsatmosphäre war das taoistische Asketentum entstanden. Eigentlich hätte man annehmen sollen, daß eine so karge Umgebung keine großen menschlichen Errungenschaften hervorbringen konnte, und doch gelangte der Taoismus gerade unter diesen harten Bedingungen zu seiner vollen Blüte.

Der Huashan (der Name bedeutet ‹Erhabene Berge›) war der westlichste Gipfel der Fünf Heiligen Berge Chinas und gehörte zu einer Gebirgskette zwischen den beiden alten Hauptstädten Loyang und Hsian. Er bestand aus fünf ringförmig angeordneten hohen Granitgipfeln, die man nur über einen einzigen, schwer begehbaren Pfad erreichen konnte. Bäche, Seen, Wasserfälle, Wälder, Höhlen und viele fast senkrecht abfallende Felswände machten den Huashan zu einem abgeschiedenen Paradies.

Auf jedem der fünf Gipfel hatten die Taoisten Schulen, Klöster und Tempel errichtet. Alle waren von Hand erbaut worden. Man hatte dazu entweder Holz, Stein und Lehm aus dem
Gebirge verwendet oder das Baumaterial mühselig über zwei-
tausend Meter hoch auf den Berg hinaufschleppen müssen. Bis
auf wenige Ausnahmen, wie beispielsweise die Halle der Drei
Reinen, waren die meisten Gebäude auf dem Huashan schlicht
und unscheinbar: von fern wegen ihrer Erdfarbtöne kaum zu
erkennen, hinter Hügeln und Kiefern verborgen und von er-
schreckender Armseligkeit. Die Fußböden im Inneren waren
abgewetzt, die Wände mit dünner weißer Tünche überzogen,
die hölzernen Fensterrahmen durch Regen und Hitze beschä-
digt. Die meisten Möbel waren aus Massivholz, geheizt wurde
mit Kohle, und die Betten waren harte Backsteinplattformen,
von denen jedes mit einer eigenen kleinen Feuerstelle beheizt
werden konnte. Städtischen Komfort wie Elektrizität, Tele-
graph, Telefon und Dampfkraft gab es auf dem Huashan nicht,
und Nahrungsmittel, im Norden Chinas ohnehin nicht in besonders großer Menge und Vielfalt vorhanden, waren auf dem
Huashan noch rarer. Die Taoisten versuchten, in Gewächshäu-
sern und auf kleinen Feldern Gemüse zu ziehen. Was sie nicht
selbst besaßen, kauften sie in den Dörfern der Umgebung.
Aber es war stets ein Problem, die ganze Gemeinschaft zu ernähren, die immerhin aus fünfhundert Personen bestand. Die
meisten Priester waren erschreckend mager. Die Einnahmen
des Klosters bestanden aus gelegentlichen Geschenken von Pil-
gern und dem kargen Lohn, den die Priester sich als Kalli-
graphen, Hauslehrer, Wahrsager, Maler und Kräutersammler
verdienten.

Die Tempel unterstanden der Aufsicht älterer Priester und
Äbte und der Rechtsprechung eines Ältestenrats unter der Leitung des Großmeisters. Das tägliche Leben ging einen streng
geregelten Gang: Das Schlagen von Holzbrettern oder das
klangvolle Läuten von Bronzeglocken gab die Signale. Eine
aufsteigende Folge von fünf Tönen, drei langsame und zwei
schnelle, weckte die Schüler jeden Morgen um halb sechs.
Dann begaben die jungen Mönche sich an ihre täglichen Arbeiten: Sie holten Brennholz und Wasser, putzten die Hallen, be-

reiteten das Frühstück oder bedienten ihren Meister. Die höheren Priester wuschen sich inzwischen und machten sich für den Tag bereit.

Beim Klang der Glocke um halb sieben begaben die meisten sich zur Morgenandacht in die Tempelhalle. Dort rezitierte der Prior mit hoher, monotoner Stimme aus den Schriften, begleitet von den Klängen einer Glocke und eines hölzernen Fischs. Saihung hatte sich inzwischen wieder an diesen geregelten Tagesablauf gewöhnt, aber die Morgenandacht fand er immer noch tödlich langweilig. Die Worte seines Meisters kamen ihm stets lebendig und bedeutungsvoll vor. Doch dieses Gemurmel fand er schrecklich. Diese Worte waren schon Jahrhunderte alt. Weise Männer hatten sie zu den kunstvoll verschlungenen Wortketten geformt, welche die Frommen in göttliche Höhen emporheben sollten. Doch für Saihung bedeuteten sie nur ein Hindernis, das ihn von seinem Frühstück abhielt.

Es fiel ihm schwer, seine ehrerbietige Haltung beizubehalten, als er beim nächsten Glockenschlag das Refektorium betrat. Hier herrschte absolutes Schweigen. Nicht nur Sprechen war verboten, die Mönche durften einander nicht einmal anschauen, sonst versetzte der Präfekt ihnen einen wohlgezielten Schlag mit dem Stock. Während Saihung und die anderen Mönche andächtig dastanden, füllte der Prior eine Schale und brachte sie am Altar eines taoistischen Heiligen dar. Rechts und links des Altars standen zwei lange, aus schwerem Holz gefertigte Tische auf Böcken.

Saihung löffelte seine Schale Reisbrei aus, die er sich aus dem großen Holztrog genommen hatte, und setzte sich hin. Auf dem Tisch standen Teller mit sauer eingelegtem Kohl, Rüben und Gurken, von denen sich jeweils zwei Mönche eine Portion teilen mußten. Gewissenhaft aß Saihung nur seine Hälfte. Er holte sich noch eine zweite Schale Reisbrei, denn mehr war nicht erlaubt, und spülte sie mit einem Glas abgekochtem Wasser hinunter. «Schade, daß heute kein Feiertag ist», klagte er sich stumm sein Leid. Denn dann hätte er wenigstens noch ein Stück gebratenes Weizenbrot bekommen.

Nach dem Frühstück wusch Saihung sich. Der Pavillon, in dem die Mönche im Freien duschten, war mit einer Reihe riesiger urnenförmiger Keramikgefäße ausgestattet. Das Wasser floß durch Löcher im Boden ab. Über jedem Gefäß waren zwei mit Kupfer ausgekleidete Bambusröhren befestigt. Das Wasser aus dem linken Rohr kam direkt aus einem artesischen Brunnen, aus dem rechten floß heißes Wasser. Auf dem Berg wurden alle Arbeiten manuell erledigt. Zwei junge Mönche erhitzten das Wasser in einem großen Kessel über einem offenen Feuer und leiteten es in das Rohr. Saihung zog sich aus und trat in das Gefäß. Der Boden war kalt und die Luft eisig. Rasch bespritzte er sich mit Wasser und rieb seinen Körper mit Sandelholzseife ab. Befriedigt stellte er fest, daß seine Muskeln immer noch fest waren und deutlich hervortraten. Das mit der Philosophie war ja alles schön und gut, aber körperliche Fitneß war eben doch etwas Greifbareres.

Das warme Wasser war viel zu heiß. Saihung konnte sich nicht entscheiden, was schlimmer war: eisiges Wasser an solch einem kalten Morgen oder die Qual kochend heißen Wassers. Er stieg aus seinem Gefäß, trocknete sich ab, zog sich an und bedankte sich bei den beiden Jungen. An diesem Morgen brauchte er nicht zum normalen Unterricht, sondern ging zum Training mit Stock und Schwert beim Kranken Kranichtaoisten. Saihung machte sich auf den Weg. Er freute sich nicht nur auf das Training, sondern auch auf das Wiedersehen mit seinem Freund.

Von den dreizehn Schülern des Großmeisters war Saihung der jüngste. Der zweitjüngste hieß Schmetterling und war Ende Zwanzig. Saihungs andere Klassenkameraden waren viel älter. Sie hatten alle schon ihre Einweihung und einen großen Teil ihrer Ausbildung hinter sich, als Saihung auf den Huashan kam. Diese Männer hatten naturgemäß wenig Interesse an dem jungen Schüler gezeigt. Sie hatten ihn nur deshalb akzeptiert, weil er zum engsten Kreis des Großmeisters gehörte. Aber Schmetterling war nur sieben Jahre älter als Saihung, und so hatte sich zwischen den beiden im Laufe der Jahre eine Freundschaft entwickelt. Den Großmeister liebte Saihung wie einen Vater und Schmetterling wie einen älteren Bruder.

Schmetterling schenkte Saihung die geschwisterliche Liebe, die er zu Hause nie erlebt hatte. Er war warmherzig, uneigennützig und fürsorglich. Saihungs eigene Brüder dagegen waren von den hohen Anforderungen und Ambitionen ihrer Eltern geprägt und hatten einander immer nur als Konkurrenten gesehen. Sie waren getrennt voneinander bei verschiedenen Lehrern aufgewachsen, denn es sollten sehr erfolgreiche Männer aus ihnen werden. So etwas wie Bruderliebe hatte Saihung nie kennengelernt, sondern immer nur Kritik von seinen Familienangehörigen und unbarmherzige Vergleiche mit seinen Geschwistern. Bei seinen Besuchen zu Hause war er sich stets klein, dumm und häßlich vorgekommen. Seine Brüder waren große Gelehrte und reiche Kaufleute oder hatten Karriere beim Militär gemacht. Saihung dagegen war nur ein Mönch, der seinen Eltern und seinem Clan niemals Ruhm und Ansehen bringen würde. Erst beim Großmeister und seinen dreizehn Schülern hatte er endlich eine Familie gefunden, die ihn als Individuum akzeptierte, und in Schmetterling einen Bruder, zu dem er aufsehen konnte.

Scheinbar zufällig hatte auch Saihung den taoistischen Namen Schmetterling erhalten. Der Großmeister hatte Saihung diesen Titel aus drei Gründen gegeben: erstens, weil ihn alles Schöne faszinierte. Dieser Schönheitssinn war wahrscheinlich vor allem durch seine aristokratische Erziehung geweckt worden. Saihung liebte schöne Kunstgegenstände, malerische Landschaften und exotische Blumen. Zweitens langweilte er sich sehr schnell. Er flatterte von einem Thema zum anderen, von einer Begeisterung zur nächsten, manchmal in jähen Stimmungsumschwüngen. Und drittens schienen die Schmetterlinge Saihung zu mögen. Sie flatterten oft um ihn herum oder setzten sich sogar auf ihn. So war Saihung zu seinem Namen Schmetterlingstaoist gekommen. Genau wie dieses Insekt, das von Blüte zu Blüte flattert, fühlte er sich zu allem Schönen hingezogen, aber er verharrte nie lange bei einem bestimmten Aspekt des Lebens. So besaß der Huashan zwei Schmetterlinge: Saihung, weil er die Schönheit liebte, und Schmetterling, weil er selbst schön war.

Der ältere der beiden Schmetterlinge schien alles zu verkörpern, wonach ein junger Mann streben konnte. Er war intelligent, witzig und wortgewandt. In der Diskussion konnte er es mit jedem aufnehmen, vom größten Gelehrten bis hin zum Staatsminister. Er nahm an Wettbewerben teil, bei denen man aus dem Stegreif Gedichte verfassen mußte. Und das waren nur kleine Kostproben seines ungeheuren Wissens auf dem Gebiet der Literatur, der Geschichte und Philosophie. Außerdem war er berühmt für sein musikalisches Talent. Selbst altergraute Mönche, von denen man meinen könnte, daß sie für irdische Reize nicht mehr empfänglich waren, lächelten, wenn sie sein Lautenspiel hörten.

Er sah gut aus, denn in jahrelangem Kampfkunsttraining hatte er seinen Körper bis zur Vollkommenheit ausgebildet. Die athletische Disziplin hatte seinem glatten Gesicht ein blühendes Aussehen verliehen, und seine Augen blickten stets wachsam drein. Normalerweise schenkte er allen Menschen, die ihm begegneten, ein charmantes Lächeln. Auf der Straße starrten ihn die Leute bewundernd an. Die älteren Mönche schätzten ihn wegen seiner Gutmütigkeit und weil er immer einen vernünftigen Rat wußte. Die jüngeren Bewohner des Huashan verehrten ihn um so mehr, weil er kein Mönch war: Er war als Waisenkind vom Großmeister adoptiert worden und konnte sich somit aus beiden Lebensformen, Tempel und weltliches Leben, das Beste aussuchen.

Als Saihung zu der kleinen Wiese gelangte, sah er, daß Schmetterling und die sieben anderen Schüler bereits da waren. Schmetterling hielt seinen Stock in der Hand und war gerade dabei, eine Kampftechnik zu erklären. Er lernte rasch und gab seine Kenntnisse uneigennützig an seine Freunde weiter.

«Diese Technik werde ich nie lernen», seufzte ein schlanker junger Mann namens Chrysantheme aus der Provinz Shensi.

«Ich auch nicht», klagte ein anderer mit einem ausgeprägten Shantung-Akzent. «Ich hatte sie schon begriffen, aber da hat der Meister wieder ein paar Bewegungen verändert. Wer weiß, vielleicht hat er die alten vergessen.»

«Ja, ja», stimmte Chrysantheme zu. «Der Kranke Kranichtaoist wird allmählich alt. Vielleicht ist er schon ein bißchen senil.»

Schmetterling lachte. «Der Kranke Kranichtaoist ist noch vitaler als wir drei zusammen in der Blüte unserer Jahre. Er gewinnt Dichtkunstwettbewerbe und hat die kaiserlichen Prüfungen bestanden.»

«Ja, ja, das wissen wir alles», sagte Chrysantheme. «Trotzdem

Schmetterling in Kampfkleidung

vergißt er seine Techniken immer wieder. Diese Stock-Form könnten wir schon längst perfekt beherrschen, wenn er nicht dauernd darin herumpfuschen würde.»

«Perfekt beherrschen? Herumpfuschen? Ihr habt keine Ahnung von einer klassischen Erziehung!» rief Schmetterling.

«Klassische Erziehung? Heutzutage?» erwiderte der Schüler aus der Provinz Shantung gereizt. «Wach auf, älterer Bruder! Wir haben das Jahr 1941.»

«Kennt ihr das alte Sprichwort nicht?» fragte Schmetterling geduldig. «‹Wer auf dem Meer des Wissens segelt, kommt nie ans Ufer.› Der Kranke Kranichtaoist kennt viele verschiedene Versionen einer Technik. Er führt euch durch verschiedene Entwicklungsstufen hindurch. Immer wenn ihr eine Technik gelernt habt, verfeinert er sie ein bißchen und macht sie noch komplizierter und schwieriger. Die Form bleibt dieselbe, nur die Bewegungen werden raffinierter. Auf diese Weise bleibt eure Form immer neu, und ihr verliert nie das Interesse am Unterricht. Da ihr nie genau wißt, was als nächstes kommt, bleibt eure Neugier wach, und ihr lauft nicht Gefahr, euch zu langweilen.

Bei jeder Aktivität braucht man Abwechslung. Beim Tanz, beim Schauspiel, bei der Musik, bei der Malerei und natürlich auch bei der Kampfkunst: Immer muß man sich an die Grundthemen halten und dabei doch gleichzeitig die Einmaligkeit und den Gedanken des Augenblicks zum Ausdruck bringen. Der Meister verändert die Übungen eurem Erkenntnisstand entsprechend. Er wartet, bis ihr bereit seid, euch von etwas Altem zu lösen und etwas Neues auszuprobieren. Er merkt es, wenn eine Version für euch zur langweiligen Routine geworden ist, und dann gibt er euch einen Stoß in eine neue Richtung, damit ihr nicht zu lange auf einer Stufe stehenbleibt.»

«Pst!» unterbrach ihn leise einer der Schüler. «Der Meister kommt.»

Hastig stellten die Schüler sich in einer Reihe auf. Saihung warf einen Blick auf die beiden jüngeren Mitschüler und sah, daß Schmetterlings Worte sie nachdenklich gemacht hatten. Doch als er sich umdrehte und den Meister anschaute, rutschte ihm das Herz in die Hose. Man merkte ihm an, daß er schlecht gelaunt war.

Der Kranke Kranichtaoist war Anfang Sechzig und hatte sein schütteres, trockenes, von weißen Strähnen durchzogenes Haar auf dem Kopf zu dem traditionellen Knoten aufgesteckt. Seine Haut besaß einen dunklen Kupferton, zu dem der graue Schnurrbart einen verblüffenden Kontrast bildete. Sein Mund war klein und schmallippig, und man konnte die abgebrochenen Zähne darin erkennen.

Er hatte eine schmale Adlernase und engstehende Augen, die wie zwei Pinselstriche aussahen und in einer schmalen, nach unten gebogenen Spitze ausliefen. Vom Aufenthalt in der Sonne und vom stundenlangen Lesen im Licht einer Öllampe hatte er viele Falten um die Augen.

Den Namen Kranker Kranichtaoist hatte ihm sein Aussehen eingetragen. Er war dünn wie ein Stock, hatte einen leicht gekrümmten Rücken und eine hohle, beinahe eingesunken wirkende Brust. Sein Hals war überdurchschnittlich lang. Eigentlich hatte er ziemliche Ähnlichkeit mit einer Vogelscheuche. Doch einmal hatte man Saihung aufgefordert, den Körper des Meisters zu berühren, um bestimmte Muskelbewegungen zu ertasten, die dieser gerade vorführte. Das Fleisch des Kranichtaoisten hatte sich fest und hart angefühlt. So sehr man auch drückte, man konnte nicht bis zum Knochen vordringen.

Der Kranke Kranichtaoist hielt die Hände immer auf dem Rücken gefaltet. Er trug graue Gewänder mit langen Ärmeln, die an den Seiten herabhingen. Manchmal sah er aus wie ein Mensch ohne Gliedmaßen: so, wie ein regungslos dastehender Kranich nur aus einem Kopf und einem Körper auf spindeldürren Beinen zu bestehen scheint.

Der Meister ging vor seinen Schülern auf und ab und musterte prüfend einen nach dem anderen.

«Guten Morgen, Meister», begrüßten sie ihn im Chor.

«Hmm! Nennt mich nicht euren Lehrer! Ihr kennt keine Disziplin. Ständig plappert ihr drauflos. Ich habe euren Lärm den ganzen Weg über gehört.»

Die Schüler schwiegen betreten. Sprechen war verboten.

Schließlich brach Schmetterling das Schweigen. «Das war meine Schuld, Meister», sagte er.

Die Pinselstrichaugen des Meisters weiteten sich zu zornigen

Kreisen, schwarz wie Onyx. Blitzschnell sauste seine Hand auf Schmetterlings Gesicht herab. Obwohl dieser ziemlich hart im Nehmen war, rötete seine Wange sich unter dem Schlag.

«Wie kannst du es wagen zu sprechen?» herrschte ihn der Kranke Kranichtaoist an.

«Ich bitte um Entschuldigung, großer Lehrer», entgegnete Schmetterling und verneigte sich. «Es ist einzig und allein die Schuld deines unbedeutenden Schülers.»

«Du bist der Älteste. Du bist verantwortlich für die anderen.»

«Ja, ich habe sie in ein Gespräch verwickelt. Ich allein bin schuld. Bitte bestrafe mich!»

Da war der Meister besänftigt.

Saihung beobachtete Schmetterling voller Bewunderung. «Er nimmt die Schuld auf sich, aber er weiß, daß der Alte ihn viel zu gern hat, um ihn wirklich zu bestrafen. Ganz schön raffiniert!» dachte er bei sich.

«Also gut», befahl der Kranke Kranichtaoist. «Achtung, fertig, los!»

Sofort begannen die Schüler gemeinsam die Stock-Form vorzuführen.

Als sie ihre Übung beendet hatten, nickte der Kranke Kranichtaoist nur, ohne ein Wort des Lobes oder des Tadels. Er hatte festgestellt, wie weit sie waren, und setzte seinen Unterricht an diesem Punkt fort.

«So macht man es richtig», erklärte er und nahm einen Stock in die Hand. «Ihr dürft den Stock nicht fest in den Fäusten halten, sondern müßt ihn mit den Handflächen und Fingern dirigieren. Wenn ihr einen Schlag nach unten ausführt, müßt ihr den Druck der vorderen Handfläche verstärken.»

Er gab Saihung ein Zeichen. «Komm nach vorn und zeig mir diesen Teil der Form, Kleiner Schmetterling!»

Saihung legte seine ganze Kraft und Geschicklichkeit in seine Bewegungen. Er traute sich ziemlich viel zu, denn er hatte schon viele Kampfturniere in den Städten gewonnen. Die Stock-Form war eine Abfolge von Stellungen und Kampftechniken, die blitzschnell ausgeführt werden mußten. Sie setzte sich aus den charakteristischsten Techniken dieses Stils zusammen. Stolz beendete Saihung seine Form.

«Kaum akzeptabel», seufzte der Meister. «Sollte es nicht eher so aussehen?»

Mit einem Satz sprang der Kranke Kranichtaoist mitten auf die Wiese. Von seiner eigenartig schiefen Körperhaltung, seinem sonderbaren Gang und seiner Schmächtigkeit war nichts mehr zu spüren. Blitzschnell strafften sich seine Muskeln, und seine Gliedmaßen bewegten sich mit fast greifbarer Lebendigkeit. Wütend pfiff sein Stock durch die Luft. Seine beiden Enden bogen sich unter der Kraft, die ihn lenkte.

Danach nahm der Kranke Kranichtaoist, kein bißchen außer Atem, wieder eine lässige Haltung ein und sah aus wie ein alter Herr, der nur seinen Regenschirm durch die Luft gewirbelt hatte. Die enorme Kraft, die sein Körper soeben entfaltet hatte, hatte er wieder in sich zurückgenommen.

«Nimm die Ausgangsposition ein!» forderte er Saihung auf. Saihung ging in eine tiefe Stellung und spürte, wie der Meister ganz nah an ihn herantrat. Es war ein unheimliches Gefühl. Er führte alle Bewegungen durch, doch mit dem Lehrer im Rücken, der ihn berührte und seine Arme sanft in die richtige Richtung drängte und schob, hatte Saihung plötzlich das Gefühl, sich gar nicht mehr aus eigenem freiem Willen zu bewegen. Die Lebenskraft des Meisters war auf ihn übergesprungen.

«Na, war das nicht besser?» fragte der Meister. Saihung mußte zugeben, daß die leichten Korrekturen des Meisters und das seltsame Gefühl, eine fremde Kraft in sich zu haben, tatsächlich etwas verändert hatten. Er führte die Form jetzt anders aus, sein Verständnis hatte sich vertieft.

Plötzlich hatte er eine ganz neue Einstellung zum Stock gewonnen. Er spürte seine glatte Oberfläche an der Handfläche und den Fingern, fühlte seine Drehbewegungen und die Veränderung des Druckes, wenn er ihn in verschiedene Richtungen lenkte. Der Stock gab seinem Griff nicht nach, er war hart und biegsam zugleich. Kaum merklich vibrierte er unter der Kraft, die Saihung auf ihn ausübte, und reagierte auf sie. In diesem Dialog mit dem Stock, der teils durch sein gehorsames Reagieren auf Saihungs Befehle, teils durch den Widerstand seines Gewichts zustande kam, wurde Saihung sich seines eigenen Körpers viel stärker bewußt. Seltsamerweise schien seine Aufmerksamkeit sich nach innen zu richten, wenn er den schweren Stock bewegte, obwohl er doch ein äußerer Gegenstand war. Saihung spürte die Dehnungen und Kontraktionen seiner Arm- und Schultermuskeln, die Anspannung seiner Brust, die Bewegungen seines Rückens. Er fühlte den raschen, blasebalgartigen Rhythmus seiner Atemzüge und merkte, wie sie sich beschleunigten, um den Anforderungen der Form gewachsen zu sein. Irgendwie war jetzt plötzlich alles ganz anders als vorher. Er fragte sich, ob das wohl daran lag, daß der Kranke Kranichtaoist ihn berührt hatte. Angeblich gab es ja so etwas wie direkte Wissensübertragung. Vielleicht war es das gewesen. Aber Saihung hatte nicht viel Zeit, darüber nachzudenken. Sofort wandte er seine ganze Aufmerksamkeit wieder der Form zu und tauchte in seinem neuentdeckten Bewußtsein unter.

Sie übten noch eine Stunde lang, wiederholten und vervollkommneten die Bewegungen, bis sie ihnen in Fleisch und Blut übergingen. Der Kranke Kranichtaoist beobachtete seine Schüler genau, korrigierte jeden einzelnen und gab ihm Anweisungen. Als er merkte, daß sie allmählich ermüdeten, verkündete er heiter: «Heute will ich euch ein bißchen über Philosophie erzählen. Ist es nicht paradox, daß angehende heilige Männer wie ihr immer noch der Philosophie bedürfen?»

Das sollte ein Witz sein, aber da Lachen während des Unterrichts verboten war, riskierten nur einige besonders mutige Schüler ein Lächeln.

«Ich will euch ein bißchen über den Stock und das Schwert erzählen», fuhr der Kranke Kranichtaoist fort. «Ich möchte euch das innere Wesen des Stocks an einem Bild veranschaulichen.» Der Meister hielt inne. «Man könnte den Stock mit einem Regenschirm vergleichen.»

Saihung war verblüfft. Wie konnte ein Stock Ähnlichkeit mit einem Schirm haben?

«Na los, laßt eurer Phantasie freien Lauf», drängte der Meister. Es machte ihm diebischen Spaß, seine Schüler vor ein Rätsel gestellt zu haben. Selbst Schmetterling, der schon viel erfahrener war, hatte diesen Vergleich noch nie gehört. Da lüftete der Kranke Kranichtaoist das Geheimnis.

«Wenn man richtig mit dem Stock umgehen will, muß man

ihn oft von seinem Körper abwinkeln. Man streckt ihn aus. Er
hat einen gewissen Aktionsradius. Unser Körper ist der Griff
des Schirms, und der Stock entspricht den Bewegungen und der
Reichweite der Schirmspeichen. Ein Schirm ist mal offen, mal
geschlossen; ebenso halten wir auch den Stock manchmal nah an
unserem Körper, dann wieder stoßen wir ihn weit von uns weg.
Aber genau wie beim Regenschirm kommen die Bewegungen
durch die Hebelwirkung unserer Hand zustande. Griff und
Speichen sind deutlich voneinander getrennt. Sie bilden immer
einen Winkel zueinander. Das ist das Prinzip des Stockes.

Und jetzt wollen wir uns mit dem Schwert beschäftigen.
Auch dafür habe ich ein Bild. Das Schwert läßt sich am ehesten
mit einem Drachen vergleichen. Es ist in seinen Eigenschaften
praktisch das Gegenteil des Stocks. Während der Stock sich vom
Körper getrennt zu bewegen scheint, muß das Schwert eine Einheit mit dem Übenden bilden. Hier gibt es keine Trennung zwischen Mensch und Waffe. Gemeinsam müssen sie sich drehen
und wenden, springen und durch die Luft fliegen wie ein himm-
lischer Drache. So, und jetzt nehmt eure Schwerter und geht
damit nicht um wie mit einem Stock. Ihr müßt eine Einheit mit
eurem Schwert bilden. All eure Gliedmaßen sind Teil dieser
Einheit. Eure ganze Konzentration muß sich auf die Spitze des
Schwerts richten. Laßt die Klinge glänzen! Das ist der Drache,
der sich seinen Weg sucht! Fangt an!»

Wie der Meister gesagt hatte, streckte man den Schwertarm
selten ganz aus. Man vollführte in erster Linie rasche, wirbelnde
Bewegungen damit und hielt die Klinge immer nah am Körper.
Man kämpfte aus allernächster Nähe, mit vielen Körper- und
Beindrehungen, um die Klinge in schrägen Schnittbewegungen
zu führen. Wenn man mit dem Schwert zugestoßen hatte, zog
man es nicht einfach in der gleichen Richtung wieder zurück,
sondern winkelte es ab. Die Schwert-Form war von einer Lebendigkeit, die tatsächlich an schlängelnde Drachenbewegun-
gen erinnerte.

Bei diesem Schwertstil wurde meist nur eine Hand gebraucht,
doch die freie Hand durfte nie einfach nur so in der Luft herum-
wedeln. Auch für sie gab es genau festgelegte Bewegungen und
eine vorgeschriebene Haltung: Zeige- und Mittelfinger wurden

ausgestreckt, den Ringfinger und den kleinen Finger verbarg man unter dem gekrümmten Daumen. Mit dieser Geste imitierte man das Schwert, damit die Kampfbewegungen symmetrischer wirkten. Außerdem versprach man sich davon denselben Schutz wie von einem Talisman. Früher glaubten die Schwertkämpfer, daß die magische Kraft dieser Waffe ihre Seele verletzen könnte, wenn die Klinge an ihrem Kopf vorbeisauste oder über ihn hinwegfuhr. Durch die beschriebene Haltung der freien Hand schützten sie sich davor.

Das Schwert hatte im Leben der Menschen in China schon immer eine wichtige Rolle gespielt. Kaiser und hohe Beamte hatten stets schöne, edelsteinbesetzte Schwerter besessen. Auch der Adel zog das Schwert gröberen Waffen wie Keule und Axt vor. Selbst ein Dichter wie Li Po (701–764) war Meister im Schwertkampf. Man schrieb jedem Schwert eine eigene Persönlichkeit, übernatürliche Kräfte, ja sogar ein eigenes Schicksal zu. Schwertern aus Pfirsichbaumholz traute man besondere magische Kräfte zu. Die Taoisten benutzten sie zur Dämonenaustreibung.

Für Saihung war es ein erhebendes Gefühl, ein Schwert in der Hand zu halten. Es bedeutete mehr für ihn als nur ein bloßes Übungsgerät, denn er war sich dessen langer und edler Tradition bewußt. Sein Übungsschwert war auch keine richtige Waffe, denn schließlich hielt er kein echtes Schwert in der Hand, mit dem man einen Menschen töten konnte. Ein echtes Schwert schien ein Eigenleben zu besitzen. Das spürte man sofort, wenn man es in die Hand nahm: Es drängte einen förmlich, es zu benutzen. Es verbreitete eine Aura des Tötens, wie die traditionellen Schwertkämpfer es ausdrücken. Aber das Schwert, das Saihung im Augenblick in der Hand hielt, war eher ein Symbol für Ritual, Kriegskunst, Königtum, Magie und Religion. Es gehörte zum Kriegertum und war ein fundamentaler Bestandteil des Lebens.

Mit vollem Elan stürzte Saihung sich in die Schwert-Form. Er hieb nicht einfach nur drauflos. Das Schwert ist eine kultivierte, edle Waffe, die Anmut und Sensibilität erfordert. Saihung spürte, wie sich verschiedene Muskeln seines Körpers anspannten: nicht die langen Muskeln, auch nicht die großen Muskel-

gruppen wie beim Kampf mit dem Stock. Nein, beim Schwertkampf waren die vielen kleinen Muskeln tief im Inneren seines
Arms und seines Körpers gefordert. Man mußte seine Bewegungen gut koordinieren. Die Übungen mit dem Stock ließen
sich mit dem Streichen einer Wand vergleichen. Der Umgang
mit dem Schwert dagegen war wie das Schreiben eines Auf-
satzes in komplizierten, feinen Schriftzeichen.

Saihung spürte, wie das Schwert sich in seinem Körper ver-
wurzelte und wie seine Energie bis in die Klingenspitze vor-
drang. Er gab sich ganz dem Rhythmus und dem Schwung der
Form hin. Seine Füße gingen wie von selbst, und er erlebte einen
jener seltenen Augenblicke, wo alle Bewegungen mühelos und
spontan zu fließen scheinen.

Dem Kranken Kranichtaoisten fiel Saihungs Leistung auf,
aber er sagte nichts dazu. Lob machte die Menschen nur egoi-
stisch und selbstgefällig. Deshalb sagte er nur: «Nicht schlecht»
und forderte seine Schüler immer wieder zum Üben und Wie-
derholen auf.

Das Training mit Stock und Schwert diente nicht dem
Kampf, sondern der Weiterentwicklung und Förderung der
körperlichen Fähigkeiten. Vor noch nicht allzu langer Zeit, an
die sich die Älteren noch erinnern konnten, war China eine mittelalterliche Kultur gewesen, in der Freizeitsport so gut wie
nicht bekannt war. Ein Bauer, der nicht einmal einen Ochsen
hatte, um seinen Pflug zu ziehen, oder ein Krieger, der tagtäglich
marschieren und Mann an Mann kämpfen mußte, würden wenig Lust verspürt haben, in ihrer Freizeit zusätzlich auch noch
Sport zu treiben. Das tägliche Leben verschaffte den Menschen
damals genügend Bewegung. Als es für die Jugend notwendig
wurde, ihre körperlichen Fähigkeiten zu trainieren, hatte man
zwei vertraute Elemente der chinesischen Kultur aufgegriffen
und diesen Erfordernissen angepaßt.

Die Stock-Form unterschied sich in einigen charakteristi-
schen Merkmalen von der Schwert-Form. Mit Hilfe des Stocks
lernte der Schüler, seine beiden Körperhälften zu koordinieren.
Er mußte den Stock bewegen und in bestimmten Richtungen
abwinkeln, ihn abwechselnd von links nach rechts drehen und
in einer genau festgelegten Entfernung von sich wegstoßen.

Durch den Widerstand, den der schwere Stock den raschen Bewegungen der Übung leistete, die immerhin bis zu einer Viertelstunde dauern konnte, wurden gleichzeitig die Muskeln geformt und gekräftigt.

Das Schwert hingegen lehrte die Schüler Anmut, Gleichgewicht und die richtige Körperhaltung. Die Übungen mit dem Schwert erforderten nicht so viel Kraftaufwand wie die mit dem Stock, weil es von Natur aus eine leichtere, zerbrechlichere Waffe war. Statt dessen lag das Hauptaugenmerk auf intensiver Konzentration, präzisen Hieben und Abwehrbewegungen. Mit einem echten Schwert konnte man den Angriff einer schwereren Waffe nicht abwehren, weil es sonst zerbrach. Diese Eigenschaft des Schwerts hatte die Bewegungen der Übungsform geprägt: Die Schüler drehten und wendeten sich, sprangen in die Höhe oder kauerten sich auf dem Boden zusammen, um den Angriffen auszuweichen und darauf zu lauern, daß der Feind sich eine Blöße gibt.

Die Schüler übten mit verschieden schweren Stöcken und Schwertern. Anfangs waren die Waffen aus Leichtholz. Wenn ein Schüler dann Fortschritte machte, gab man ihm nach und nach immer schwerere Waffen. Die schwersten wogen fünfundzwanzig Pfund oder sogar noch mehr. Sobald die Schüler ein hohes Niveau erreicht hatten, ließ man sie mit einer sehr leichten Waffe üben, die nur ungefähr ein halbes Pfund wog. Das erlaubte ihnen nun, die Form mit mehr Spannung und Dramatik, mit Ausdruck, Kraft und atemberaubender Geschwindigkeit auszuführen.

Nach zwei Stunden beendete der Kranke Kranichtaoist den Unterricht und gönnte seinen Schülern eine Atempause. Aber endgültig ausruhen durften sie sich immer noch nicht. Es folgte noch eine Wanderung durch die Berge.

Die Taoisten untermauerten alles, was sie taten, mit einer ausführlichen Theorie. Auch für das Wandern gab es eine solche Begründung: Es war gesund, denn es förderte das Durchhaltevermögen und die Widerstandskraft gegen Krankheiten. Außerdem regte es den Kreislauf und die Atmung an und kräftigte die Beine. Aber auch das Geistige spielte dabei eine Rolle. Beim raschen Ausschreiten durfte man weder Pflanzen noch Insekten zertreten. Die Schüler durften auch nicht reden, sondern sollten sich ganz der Betrachtung der Schönheit und Bedeutung der Landschaft hingeben. Natur und *tao* waren zwar nicht vollkommen identisch, aber die Natur war ein Beispiel für das *tao*. Ein Schüler, der die Natur intensiv wahrnahm und ihre subtilen inneren Abläufe begriff, wurde sich also auch des *tao* automatisch stärker bewußt.

Viele Eindrücke stürmten auf Saihung ein, als sie sich auf den Weg machten. Er hörte das Knirschen seiner Strohschuhe auf dem Weg aus Erde und Kies. Er spürte die Bewegungen seiner Beinmuskulatur, fühlte, wie die langen Bänder und Sehnen seiner Oberschenkel sich zusammenzogen und wieder ausdehnten, registrierte die Bewegungen seiner Kniesehnen, während er einen Fuß fest vor den anderen setzte. Dann begann der Weg bergauf zu führen. Saihung bemerkte die Veränderungen im Zusammenspiel seiner Muskeln, als nun auch sein Quadriceps in Bewegung kam. Er beschleunigte seinen Schritt, begierig, weiterzuwandern und Neues zu sehen und zu erleben.

Dichtes Unkraut säumte den Wegrand. Gräser, Schlingpflanzen und junge, hellgrüne Schafgarbentriebe schoben sich über das Dickicht aus kleineren Pflanzen, die miteinander um das Sonnenlicht wetteiferten. Kleine rote Fliegen und Mücken, die in der Sonne wie winzige glühende Punkte aussahen, summten um die Wanderer herum. Saihung sog die Luft tief in seine Lungen ein. Zwar wurde es auf dem Huashan selten richtig heiß, und schon gar nicht im Frühjahr, doch heute war es warm, und es wehte ein leichter Wind. Saihung genoß die frische, reine Luft, den Grasduft der Wiesen und die Schönheit all der Gräser, Kräuter und der vielen verschiedenen wilden Blumen. Da gab es dicht am Boden wachsende mit blaugrünen Blättern und kleinen purpurroten Blüten, dann die mit gelben, vielblättrigen Blüten, die sich auf winzigen Stielen im Wind hin und her wiegten, und die stachligen Blütenköpfe der Disteln. Das alles war ebenso großartig wie die Bäume, die Berge und Bäche. Man mußte diese Schönheit nur erkennen und zu schätzen wissen.

Als sie sich dem Gebirgskamm näherten, fielen Schatten in Saihungs Blickfeld. Bäume hielten das Sonnenlicht ab. Manche Schatten legten sich wie ein verschwommenes Spitzenmuster über den Boden, andere waren von einem verschleierten Grau, wieder andere von Flecken intensiven, brennenden Sonnenlichts durchsetzt. Saihung blickte hinauf und sah die ersten Fichten, Tannen, Kiefern und Laubbäume, aus denen der Wald auf dem Huashan bestand. Einige reckten sich stattlich und kerzengerade in die Höhe hinein. Anderen hatten Stürme die Äste verkrüppelt und die Zweige abgebrochen. Sie waren so verformt, daß ein Gärtner sie als häßlich bezeichnet hätte, und doch waren sie schön, denn ihre verkrüppelte Gestalt war etwas ganz Natürliches. Es gab Bäume, die sich in bizarrer Schräge über den Weg neigten. Ihre kahlen weißen Äste, auf denen das Sonnenlicht schimmerte, bildeten einen Kontrast zum Blätterdach des Waldes. Viele Bäume hatten so dicke Stämme, daß Saihung sie nicht mit den Armen hätte umspannen können. Wie sehnige hölzerne Muskeln schoben sie sich aus der Erde. Sie standen schon seit vielen Jahrhunderten da.

Dann hörte er Wasser rauschen. Neben dem Weg plätscherte ein Bach über Steine und Felsen. Das Rauschen eines Baches hatte stets etwas Besonderes für Saihung. Man konnte seine verschiedenen Stimmen kaum auseinanderhalten, und doch klang dieses Geräusch so melodisch. Am lautesten wurde das Rauschen, wenn der Bach umgestürzte Bäume oder Geröllhaufen überwinden mußte. Dann klang es fast wie ein tosendes Orchester.

Die Luft war vom Gesang der Vögel erfüllt. Ihr Chor übertönte das Plätschern des Baches, das Knacken der Zweige im Wind und das rhythmische Rauschen der tausend Blätter. Hin und wieder war auch eine Einzelstimme zu hören: das hohe, leise Surren eines Insekts oder das Summen der Bienen.

Saihung sog den Duft der feuchten Erde ein, in die der Bach sein Bett gegraben hatte. Hier, unter dem Blätterdach der Bäume, war es kühler. Der Geruch von Erde und Fels vermischte sich mit dem Duft der Kiefern, Fichten und Zypressen. Gerüche erregten Saihung. Sie riefen urtümliche Triebe in ihm wach. Von allen Sinneswahrnehmungen, die man kultiviert oder durch soziale Normen unterdrückt hatte, ließ der Geruchssinn sich am schwierigsten disziplinieren. Das Auge erfreute sich an Malerei, Kunst und anderen schönen Dingen. Das Ohr fand seine Unterhaltung in der Musik, dem Geschmackssinn boten sich Nahrungsmittel an, und der Tastsinn fand täglich tausendfache sinnliche Befriedigung. Also erlegten die Asketen und die Prüden all diesen Sinnen ihre Beschränkungen auf. Sie stumpften ihren Blick mit grauen Mauern ab. Sie betäubten ihr Gehör durch Schweigen. Sie erstickten den Tastsinn unter schweren Gewändern. Sie quälten ihren Gaumen mit geschmacklosen Speisen. Nur dem Geruchssinn konnte man keine Fesseln anlegen. Seine Nase konnte man nicht blockieren. Das wäre Selbstmord. Die Nase mußte frei bleiben, und so konnte sie auch ihre Sensibilität ungehindert ausleben. Sie konnte den ganzen Körper vor Abscheu erschauern lassen, wenn sie etwas Fauliges roch, und wenn sie irgendwo einen Geruch nach Moschus oder Gewürzen entdeckte, drängte sie ihn, der Quelle des Duftes nachzugehen. Selbst die Heiligen in ihrem Streben nach Selbstverleugnung hatten den Geruchssinn nicht sublimieren können. Sie hatten ihm nachgeben, ihn mit reiner Bergluft und köstlichem Weihrauch besänftigen müssen. Die Nase war ein sehr mächtiges Sinnesorgan, das in seinen eigenen Freuden und Erinnerungen schwelgte.

Der Geruch nach feuchter Erde und Kiefernnadeln weckte Erinnerungen an frühere Spaziergänge. Saihung dachte daran zurück, wie spannend es gewesen war, die Welt zu erkunden, neue Pflanzen zu entdecken, die possierlichen Bewegungen der Insekten und die Verwüstungen der Stürme zu beobachten. Er wurde dieser Waldspaziergänge nie müde. Stets entdeckte er etwas Neues in den Bergwäldern. Hier herrschte unendliche Abwechslung, und doch gehorchte der Wald dem Zyklus der Jahreszeiten. Das war das Faszinierende an der Natur: Alles war einer genau festgelegten Ordnung unterworfen, und doch war gleichzeitig alles einzigartig. Saihung betrachtete ein paar zarte Zweige, die sich anmutig im Sonnenlicht bogen. Das Holz war homogen. Alle Blatter hatten die gleiche grune Farbe, aber verschieden getönte Ränder. Und jeder Zweig war ein wenig anders gebogen, und auch die Blätter unterschieden sich im Muster ihrer Aderung und in ihren gezähnten Rändern. Die Natur war voller Ebenmaß und doch gleichzeitig voll lebendiger Vielfalt.

Immer höher stiegen sie hinauf. Riesige Felsblöcke, an der Unterseite von Moos und Flechten überzogen, an der Oberseite so gebleicht und nackt, daß man die Maserung sah, begannen die Landschaft zu beherrschen. Das Unterholz lichtete sich allmählich. In den Felsen und der trockenen Erde konnte keine so üppige Pflanzenwelt mehr gedeihen. Nur größeren Bäumen und Pflanzen gelang es, in die Felsspalten einzudringen, ihre Wurzeln tief genug in den Boden zu schieben und sich hoch genug emporzurecken, um in dieser unwirtlichen Umgebung zu überleben. Dann gab es auch noch ein paar Pflanzen, die sich als Parasiten an anderen emporrankten, wie zum Beispiel die verschiedenen Efeuarten. Doch in erster Linie wuchsen hier Bäume. Sie waren höher als Pagoden und hatten ausladende Kronen. Aber das Blätterdach war nicht so dicht wie weiter unten im Tal. Der Himmel schimmerte in großen Fleckenmustern von reizvoller Abstraktheit durch. Er leuchtete so intensiv kobaltblau, daß er den Vordergrund zu bilden schien und nicht die Bäume.

Der nächste Abschnitt ihres Weges führte einen Bergkamm hinauf. Die Taoisten waren der Ansicht, daß Bergpfade sich nach den Meridianen der Erde richten sollten. So wie man in der Akupunktur eine Wissenschaft der Meridiane und Energiepunkte begründet hatte, so hatten die Taoisten sich mit den verborgenen Energielinien innerhalb der Erde befaßt. Eine Bahn dieser Art bezeichneten sie als Drachenader. Der Weg führte an einem Gebirgskamm entlang, dessen Konturen an einen sich windenden Drachen erinnerten. Die Hauptader strömte natürlich am Rücken des Drachen entlang. Ein Weg, der nicht direkt den Bergrücken hinaufführte, sondern sich in seitlichen Serpentinen emporschlängelte, hätte also den Charakter des Berges verletzt. Harmonie bedeutete, dem natürlichen Energiestrom zu folgen. Aber das hieß eben auch, daß man einen beschwerlichen Anstieg auf sich nehmen mußte.

Doch dieser steile Aufstieg hatte auch seine positiven Seiten: Er bot einen unvergleichlichen Ausblick auf die weiter entfernt gelegenen Berge. Als sie immer höher in immer kahlere Felsregionen hinaufkletterten, begann der Horizont, der vorher hinter Gipfeln verborgen gewesen war, sich majestätisch vor ihnen auszudehnen. Unter Saihungs Füßen jagten Wolken vorbei wie Tiere in wilder Flucht. Zu seiner Linken erstreckte sich Gebirgskette um Gebirgskette, bis schließlich alle mit dem dunstigen Himmelsblau verschmolzen. Unter sich sah er die dicht bewaldeten Gebirgsausläufer, durchbrochen von der weißen Linie eines Wasserfalls. Er erkannte das Schachbrettmuster der Felder, die einzigen Spuren menschlicher Aktivität in dieser Bergwelt, und in der Ferne zu seiner Rechten ein paar kleine Dörfer. Im Vergleich zu dem Berg, dessen Gipfel Saihung gerade erklommen hatte, kam er sich wie ein lächerlicher Zwerg vor, denn die grandiose Gebirgsnatur ließ die Spuren der Zivilisation unter seinen Füßen gering und unbedeutend erscheinen. So hoch oben auf einem Aussichtspunkt fühlte sich Saihung stets der Welt entrückt. Hier war er fern von der Menschenwelt und konnte doch immer noch ihre Spuren erkennen. Selbst die braunen Windungen des Gelben Flusses wirkten von hier oben verschwindend klein, und die Welt der Menschen war noch nichtiger als dieser mächtige Fluß. Sie wanderten noch ein Stück weiter. Es war schon beinahe Mittag, als sie endlich zu ihrem Übungsplatz zurückkehrten. Saihung schwitzte und hatte Durst. Hüften und Beine taten ihm weh; er fühlte sich angenehm ermattet. Im Schatten einer alten Kiefer, inmitten von abgeplatzten Rindenstücken, Kiefernzapfenschuppen und weichem Gras, suchte er sich ein Plätzchen und setzte sich hin. Der Kranke Kranichtaoist begann mit seiner Belehrung. Das waren die ersten Worte, die seit dem Beginn ihrer Wanderung gesprochen wurden. Geistesabwesend beobachtete Saihung einen Marienkäfer, der an seinem Hosenbein hochkrabbelte.

«Wem von euch ist eine besondere Pflanze aufgefallen?» fragte der Meister.

«Mir, Meister», meldete sich der junge Mann aus Shensi zu Wort.

Gut, dachte Saihung. Halte du nur deinen Vortrag, dann kann ich mich inzwischen ausruhen. Er lehnte sich zurück und genoß den warmen Sonnenschein. Nach ihren Spaziergängen fanden immer solche Gespräche statt, bei denen der Kranke Kranichtaoist ihnen Fragen stellte oder sie aufforderte, ihre Beobachtungen zu schildern. Er wollte sichergehen, daß seine Schüler auch wirklich alles genau registrierten. Der Mönch aus Shensi war beim körperlichen Training nicht der beste, dafür redete er gern, und seine Kameraden ließen ihn gewähren.

«Kleiner Schmetterling!» Die Unterbrechung kam so überraschend, daß Saihung bewußt wurde, wie völlig er in seine eigenen Gedanken versunken gewesen war.

«Ja, Meister», antwortete er rasch.

«Vorhin bei unserem Spaziergang ist ein gelb-orangefarbenes Blatt vom Baum gefallen. Erzähl mir davon!» Ein fallendes Blatt? Im Frühling? Verzweifelt dachte Saihung nach. Er konnte sich an kein Blatt erinnern. Seine Verlegenheit war Antwort genug.

«Was, das ist dir nicht aufgefallen?» fragte der Kranke Kranichtaoist kopfschüttelnd. «Dir, der du dich immer rühmst, ein Kämpfer zu sein. Und wenn das nun ein Wurfmesser gewesen wäre, das jemand nach dir geworfen hat?»

Der Meister wartete und gab Saihung Gelegenheit, noch einmal nachzudenken. Aber Saihung fiel nur eines ein: daß er es haßte, vor allen anderen wie ein Idiot dazustehen. Aber, ermahnte er sich gleich darauf, er war ja schließlich hier, um Demut zu lernen sowie sein Wahrnehmungsvermögen und sein Bewußtsein zu schärfen. Also bezwang er seinen Stolz und blickte zu seinem Lehrer empor.

«Man sollte auf solche Dinge achten», erklärte der Meister mit sanfter, gütiger Stimme. «Wenn einem so etwas auffällt, muß man sich sofort fragen, was dahintersteckt. Hat das Blatt den Winter überlebt? War der Baum krank? Bekam er nicht genug Wasser? Oder hat ihn jemand umgehauen? Schon allein die wunderschöne Farbe des Blattes wahrzunehmen, als es heruntersegelte, ein goldenes Flimmern vor einem Hintergrund aus Braun- und Grüntönen, hätte sich gelohnt. Es ist ein Zeichen von mangelnder Sensibilität, so etwas nicht zu bemerken.

Wir leben auf diesem Berg, um der Natur nahe zu sein. Wir meiden die schlechten Taten der Menschen, ihr erbärmliches Leben, den geistigen Schmutz dessen, was sie in ihrer Verblendung als Zivilisation bezeichnen. Wir halten uns von ihrem Lärm, ihrem Gestank, ihrem obszönen Gelächter und ihren weinerlichen Klagen fern. Wir ziehen uns in die Natur zurück, um uns zu reinigen und ein heiliges Leben zu führen. Die Natur und die Tiere sind unschuldig. Wenn wir den Kadaver eines Hirschs entdecken oder sehen, wie ein Baum vom Blitz getroffen wird, finden wir die Natur vielleicht grausam und unbarmherzig. Aber das ist nun einmal der Lauf und die Logik der Natur. Sie kennt das Wunschdenken und die dumme Sentimentalität der Menschen nicht. In ihrer Reinheit und Unschuld steht die Natur im Einklang mit den Göttern, mit dem Göttlichen, mit dem *tao*. Der Weg der Natur ist der Weg des *tao*. Wenn wir uns auf das *tao* einstimmen wollen, müssen wir in einer Umgebung leben, die sich ebenfalls im Einklang mit dem *tao* befindet.

Aber es hat keinen Zweck, in einer natürlichen Umgebung zu leben, wenn man ihre Geschenke gar nicht bemerkt. Die Natur steckt voller Botschaften, die wir allzuoft nicht wahrnehmen. Und selbst wenn wir sie wahrnehmen, begreifen wir sie nicht. Überall, wo ihr hinschaut, warten zehntausend heilige Botschaften auf euch, ihr habt nur keine Augen dafür. Dieses Blatt hätte ein Zeichen, ja sogar eine Botschaft von den Göttern für euch sein können. Aber es ist euch nicht aufgefallen.»

Der Unterricht war zu Ende. Saihung stieg den Hügel hinauf zur Mittagsandacht und zum Mittagessen. Er freute sich, als Schmetterling ihn einholte.

«In ein paar Tagen gehe ich wieder fort, Kleiner Bruder.»

«So bald schon, Älterer Bruder? Diesmal warst du nur einen Monat hier», sagte Saihung bestürzt.

«Ja, aber mich packt allmählich die Unruhe. Außerdem habe ich geschäftlich in Peking zu tun.»

«Und da wartet natürlich auch deine Freundin auf dich.»

«Ja, ja», lächelte Schmetterling. «Ich habe zwar viele, aber diese eine ist etwas ganz Besonderes.»

«Du hast es gut», schmollte Saihung. «Du kannst einfach so durchs Land streifen und nach Abenteuern suchen. Du genießt Reichtum und Schönheit. Die Menschen bewundern und verehren dich. Du führst so ein erfülltes Leben.»

«So ein Leben ist nichts für dich, mein Kleiner. Dir ist es bestimmt, Mönch zu sein. Es hat so sein sollen. Jeder sieht, daß du für diese Rolle geboren bist.»

«Aber das ist doch kein Leben. Immer friere ich und habe

Hunger. Jeder Tag ist genau eingeteilt. Die Sutrarezitationen und Meditationen sind langweilig, und das ständige Training ist eine Schinderei. Und mit all meinen Bemühungen ernte ich immer nur Tadel. Meine Lehrer sind nie zufrieden. Sie wissen nicht, wie man lobt.»

«Keiner hat dich dazu gezwungen.»

«Das stimmt», seufzte Saihung. «Ich wurde mit sechzehn Jahren eingeweiht. Das war zwar meine eigene Entscheidung, aber trotzdem denke ich immer noch ans weltliche Leben zurück und frage mich, ob ich wirklich die richtige Wahl getroffen habe. Sind dir auch schon mal solche Zweifel gekommen?»

«Ja, natürlich. Jeder hat seine Zweifel. Deshalb ziehe ich so ruhelos durch die Welt auf der Suche nach einem Sinn. Ich lerne von den weisen Taoisten, soviel ich kann, und lebe auch mein Leben draußen in der Welt so intensiv wie möglich.»

«Du bist ein Glückspilz. Du kannst dir aus beiden Lebensformen das Beste heraussuchen. Wenn du zur Ruhe kommen, zu dir selbst finden oder dich von Verletzungen erholen möchtest, kehrst du in den Tempel zurück. Aber wenn es dir paßt, ziehst du die feinsten Seidengewänder an, trägst kostbaren Schmuck, reitest edle Pferde, nimmst an üppigen Festmählern teil, amüsierst dich die ganze Nacht beim Glücksspiel und genießt die Liebe schöner Frauen.»

«Ach, ich hätte dich nie in Vergnügungslokale wie den Roten Pfingstrosenpavillon mitnehmen sollen», lächelte Schmetterling. «Wenn der Großmeister das rauskriegt, bestraft er uns beide.»

«Ich hatte dich doch darum gebeten.»

«Schon, aber vielleicht hätte ich nicht ja sagen sollen.»

Saihung dachte an die wenigen Reisen zurück, auf denen er Schmetterling begleitet hatte. Er erinnerte sich an die glitzernden Lokale mit den vergoldeten Schnitzereien, leuchtenden Laternen, plätschernden Springbrunnen und nach Kampfer und Sandelholz duftenden Wandschirmen. Er sah wieder die verlokkenden Mädchen in den bunten Seidengewändern vor sich. Harfen- und Lautenklänge lullten seine Seele ein, und der Geruch von würzigen Gerichten, Moschusparfüm, blühenden Orchideen und der erotische Duft guten Opiums stiegen ihm wieder in die Nase. Er spürte die kühlen, polierten Dominosteine in seinen Fingern, jene greifbaren Fetische aus afrikanischem Eben- und birmanischem Rosenholz. Es hatte ihn auch große Überwindung gekostet, sein Keuschheitsgelübde einzuhalten.

«Ich bin froh, solche Orte kennengelernt zu haben», sagte Saihung und riß sich von seinen Erinnerungen los. «Nach all den aufregenden Geschichten, die du mir erzählt hast, mußte ich das alles einmal am eigenen Leib erleben. Aber ich habe festgestellt, daß das nicht meine Welt ist. Ich trinke nicht gern, und ich mag auch kein Opium. Ich habe nicht das Bedürfnis, mein Keuschheitsgelübde zu brechen. Trotzdem frage ich mich, ob dieses strenge Leben der Entsagung und Enthaltsamkeit wirklich das richtige für mich ist.»

«Ich weiß, daß du an der Welt da draußen nicht interessiert bist. Aber vielleicht solltest du trotzdem einmal darüber nachdenken, wie das, was da draußen passiert, sich auf dein Leben auswirken könnte. Die Japaner haben riesige Gebiete unseres Landes in ihren Besitz gebracht. Chiang Kai-shek und die Nationalisten versuchen verzweifelt, von Chungking aus das Land zu regieren, die Japaner zu bekämpfen und gleichzeitig den Kommunisten den Todesstoß zu versetzen. Und wirf einmal einen Blick über die Grenzen Asiens hinweg: Deutschland hat Polen angegriffen. Die ganze Welt schlittert in einen Krieg hinein. Die Menschen bringen sich gegenseitig um, so viele Tote hat es noch nie gegeben.»

«Ich habe vor zwei Jahren im Krieg mitgekämpft. Ich habe das Grauen miterlebt. Ich habe mein Volk verteidigt.»

«Die Greuel gehen weiter.»

«Und was soll ich machen? Zu Mao nach Yenan gehen? Oder zu den Kriegsherren, so wie du es getan hast? Ich habe der Welt entsagt. Politik ist nichts Dauerhaftes.»

«Kannst du die Augen davor verschließen, daß in China seit deiner Geburt ständig Krieg ist? Und jetzt ist nicht mehr nur China von dieser instabilen politischen Lage bedroht, sondern die ganze Welt. Ganz Europa wird in den Krieg hineingezogen. Vielleicht dehnt er sich auch auf die Vereinigten Staaten und auf Südamerika aus. Und während die ganze Welt zerstört wird, sitzt du hier auf deinem Meditationskissen.»

«Der Taoismus ist eine Philosophie des Herzens», erwiderte Saihung standhaft. «Er läßt sich nicht ausrotten. Das *tao* ist ewig. Selbst wenn diese Erde zerstört werden sollte, würde ihm das nichts ausmachen. Denk doch an unseren Meister und unsere Kameraden. Wenn ich sehe, was für eine Stufe der Vollkommenheit sie erreicht haben, macht auch mir das Mut, danach zu streben. Was sie erreicht haben, kann weder der Krieg noch irgendein anderes Mißgeschick schmälern, denn es sind innere Siege. Und wenn ich auch manchmal meine Zweifel habe, die Politik ist nicht der richtige Weg, um sie auszuräumen.»

«Du bleibst also standhaft in deinem Glauben?»

«Ja», sagte Saihung.

«Vielleicht steht das Ende der Welt bevor, und du denkst nicht einmal darüber nach, ob du dein Leben verändern willst.»

«Ich habe das Gefühl, durch mein entsagungsvolles Leben tatsächlich weiterzukommen. Ich will nicht so sein wie die anderen. Ich will mehr, ich will etwas Größeres sein. Die gewöhnlichen Menschen führen so ein erbärmliches Leben, sie lassen sich von den Launen des Schicksals herumstoßen. Das ist kein Leben für mich. Ich möchte vollkommen werden.»

«Ich auch.»

«Ja, ich weiß, du bist ein Perfektionist. Wir mußten beide Opfer bringen, um uns unsere Fähigkeiten und Erkenntnisse zu erwerben, aber du hast andere Ziele als ich. Ich glaube an den Großmeister und an den taoistischen Weg. Du dagegen...»

«Auch ich glaube an Vollkommenheit und Disziplin. Sonst wäre ich nie so weit gekommen. Laß dich nicht vom äußeren Glanz meines Lebens täuschen. Frauen und Glücksspiel machen nur einen kleinen Teil dieses Lebens aus. Ich will etwas Großes, etwas Heroisches vollbringen. Die Welt wird nicht untergehen. Das weißt du genausogut wie ich, sonst wärst du nicht so gelassen. Aber es wird großer Männer bedürfen, um dieser Entartung Einhalt zu gebieten, welche die ganze Welt erfaßt hat. Ich möchte zu diesen Männern gehören. Das erfordert genausoviel Disziplin, Mut, Intelligenz, Streben nach Vollkommenheit und in gewisser Hinsicht auch Reinheit wie das Klosterleben.»

«Willst du damit sagen, daß wir beide auf gleicher Stufe stehen?» fragte Saihung. Er freute sich über den Vergleich.

«Widme dich intensiv deinen Studien, Kleiner Schmetterling! Klosterleben und weltliches Leben sind nur zwei Schneiden ein und desselben Schwertes. Sie lassen sich nicht voneinander trennen. Eines könnte ohne das andere nicht existieren, und beide sind gleich gut. Aber jeder von uns muß seine Bestimmung erkennen. Nur indem wir unseren innersten Regungen folgen, können wir erfolgreich sein. Bleibe bei deinem enthaltsamen Leben! Dort mußt du zwar deine körperlichen und sozialen Bedürfnisse verleugnen, aber dafür wird dein Geist Befriedigung finden. Du darfst dich nicht entmutigen lassen und in deinem Entschluß wankend werden, Kleiner Schmetterling.»

«Du bist so beredsam, Älterer Bruder», sagte Saihung tiefbewegt. «Warum läßt du dich nicht auch einweihen?»

«Vielleicht tue ich das eines Tages», sagte Schmetterling nachdenklich, «wenn ich meine irdischen Wanderungen beendet habe. Ich muß noch meinen Erfahrungsschatz vervollständigen. ‹Schmecke die Welt, bevor du entsagst›, sagen die Meister. Sobald ich vom weltlichen Leben genug habe, werde ich zurückkommen, und dann bleibe ich für immer hier.»

«Dann könnten wir alle zusammen sein – immer.»

«Ja, mein Kleiner... immer.»

Da hallte der Klang der mächtigen Bronzeglocke durch das Gebirge. Es war Zeit für die Andacht. Sie verabschiedeten sich voneinander.

Saihung stand neben einem der alten bronzenen Räuchergefäße und sah seinem älteren Bruder nach, wie er den Tempelhof verließ. Er fragte sich, ob dieser seinem weltlichen Leben wohl je entsagen würde. Er wußte, daß Schmetterlings Leben in der Welt ziemlich skandalös gewesen war. Häufig waren Klagen über ihn bis zu den Gipfeln des Huashan vorgedrungen, weil er Mitglied einer Geheimgesellschaft geworden war, zur Leibwache eines Kriegsherrn gehört und sich am Rauschgiftschmuggel beteiligt hatte. Aber der Großmeister hatte kaum etwas unternommen, und das verblüffte Saihung.

Er selbst war schon oft wegen seiner dummen Streiche oder seiner Faulheit bestraft worden, aber er hatte noch nie erlebt, daß Schmetterling eine Strafe erhalten hätte. Zwar mißbilligte der Großmeister Schmetterlings Lebensweise, doch das war eine

Privatangelegenheit, die nur die beiden etwas anzugehen schien. Was auch immer sich zwischen ihnen abspielen mochte, ob es nun Diskussionen oder Vorhaltungen waren, es lief alles hinter geschlossenen Türen ab. Trotz allem liebten der Großmeister und die anderen Priester Schmetterling wie einen Sohn, und der erwiderte diese Gefühle. Immer wieder kam er zurück, um die Geborgenheit in seiner Adoptivfamilie zu genießen, schrieb seine Erfolge seiner Ausbildung beim Großmeister zu und unterstützte den Huashan regelmäßig mit Geldspenden. Aber Saihung fragte sich, ob das als Entschädigung dafür ausreichte, daß die Provinzältesten den Huashan schon so viele Male erstiegen hatten, um über Schmetterlings Missetaten zu klagen und seine Festnahme zu fordern.

Saihung durchschritt einige Tore und gelangte zum Jadebrunnen der Fruchtbarkeit am Südgipfelschrein. Er trat ein und mischte sich unter die blaugewandeten Mönche, um am Gottesdienst teilzunehmen. Vorne standen die Priester, die den Gottesdienst leiteten, in ihren bestickten Seidengewändern und lasen die heiligen Worte der Weisen vor. Musiker begleiteten die Lesung mit Hymnen.

Im Hintergrund erkannte Saihung den Gegenstand ihrer Verehrung: die Figur eines Stammvaters des Huashan, der durch ein Leben der Askese und Vervollkommnung Unsterblichkeit erlangt hatte. Sogar aus der Ferne war die Staubschicht auf der Statue zu erkennen. Doch als die Gesänge und Sprechchöre immer lauter wurden, stellte Saihung sich vor, daß die Gottheit sie erhörte. Fast war ihm, als öffneten sich ihre Augen. Ein Gefühl aufrichtiger Hingabe stieg in ihm auf. So wie dieser Asket durch Selbst-Kultivierung sein Heil gefunden hatte, so hoffte Saihung, daß auch er und Schmetterling ihre Bestimmung erfüllen konnten und daß sein älterer Bruder sich eines Tages bessern würde.

DREI
Die Große Versammlung

Einmal im Monat fand in einer Halle, in der tausend Mönche Platz hatten, eine Versammlung für alle Bewohner des Huashan statt. Taoisten, die bei ihren spirituellen Studien eine wichtige Entdeckung gemacht oder neue Erkenntnisse über dunkle Stellen in den heiligen Schriften gewonnen hatten, konnten hier ihre Einsichten mit den anderen teilen. Vielleicht hatte jemand erfolgreich mit einem neuen Kraut experimentiert, eine raschere Methode zur Öffnung der Körpermeridiane entdeckt oder auf Astralreisen neue Welten kennengelernt. Wem solch ein Segen zuteil geworden war, der konnte es meistens gar nicht erwarten, darüber zu sprechen, um alle anderen selbstlos daran teilhaben zu lassen.

Auf dem Huashan gab es viele Haupt- und Nebenrichtungen, und diese waren sogar noch weiter unterteilt. Jeder Meister deutete den Taoismus ein bißchen anders. Einer wählte vielleicht einen einzigen Satz aus einer umfangreichen Schrift und verbrachte sein ganzes Leben damit, diesen einen Satz auszulegen. Ein anderer wiederum lehnte es strikt ab, seine Ideen in Worte zu fassen, und widmete sich ganz der Meditation. Wieder ein anderer legte sein Hauptaugenmerk auf körperliche Übungen, sein Nachbar dagegen maß vielleicht einem Traum, den er vor Jahrzehnten gehabt hatte, entscheidende Bedeutung bei. Für die Schüler dieser Meister war es selbstverständlich, andere Aspekte des Taoismus hervorzuheben als ihre Lehrer und dadurch das Gesamtbild noch vielfältiger zu machen. Aber dies geschah mit dem Segen der Ältesten. Mögliche Uneinigkeit schreckte sie nicht, wenn sich nur die Vielfalt und Lebendigkeit der Lehre entfalten konnte.

Saihung ging sehr zeitig in die Halle, die sich bereits gefüllt hatte. Er setzte sich auf eine der harten Holzbänke, unbequem zwischen zwei anderen Mönchen eingezwängt. Während er auf die Eröffnungszeremonien wartete, hielt er Ausschau nach bekannten Gesichtern. Da waren seine beiden Gefährten, der Kranke Kranichtaoist, Schmetterling, Chrysantheme, Roter Adler und die beiden ältesten der dreizehn Schüler des Großmeisters, Phönixauge und Rotkiefer. Unwillkürlich verkrampfte Saihung sich, als er sah, wie die beiden sich auf den Bänken niedersetzten, die den hohen Priesterrängen vorbehalten waren. Wie dumm von ihm, daß er Schmetterling am Vortag gesagt hatte, seine Kameraden seien eine Inspiration für ihn! Denn diese zwei ärgerten und beunruhigten ihn in Wirklichkeit nur.

Phönixauge und Rotkiefer bildeten eine Gefahr für den Großmeister. Sie traten für Neuerungen ein in der Meinung, daß man sich aktiv in der Gesellschaft betätigen müsse, während der Großmeister am klassischen Taoismus und an der Orthodoxie festhielt. Schon bei früheren Versammlungen hatten sie ihn unumwunden aufgefordert zurückzutreten, damit endlich junges Blut an die Macht käme. Das war etwas Unerhörtes. Wenn ein älterer Schüler seinen Meister offen kritisierte, kam das einem Verrat gleich. Aber was Saihung noch mehr beunruhigte, war die Tatsache, daß die beiden so viele Anhänger hatten. Sie waren fast selbst schon Meister, Männer mit einer untadeligen Laufbahn.

Saihung stieß einen gottergebenen Seufzer aus. Es war ihm ein Rätsel, warum sein Meister sich bisher kaum gegen die Angriffe von Phönixauge und Rotkiefer gewehrt hatte. Saihung blickte nach vorn. Stolz stieg in ihm auf, als er *Ta Shih* inmitten der Ältesten sitzen sah. Zweifellos, überlegte Saihung, war der Großmeister seinen Herausforderern haushoch überlegen, und in solch bedeutender Begleitung würden sich Phönixauge und Rotkiefer niemals befinden. Diese eigenartigen Männer mit den ausgefallenen Namen, die ihrer äußeren Erscheinung entsprachen – der Frosch-Unsterbliche, der Fledermaus-Unsterbliche, der Schildkröten-Unsterbliche –, wurden überall wegen ihrer Weisheit verehrt. Auch sein eigener Meister mußte ein Leben geführt haben, das über jeden Tadel erhaben war. Aber irgend etwas stimmte für Saihung jetzt nicht mehr. Die dreizehn

Schüler stellten nicht mehr seine Familie dar. Er fühlte sich bei
ihnen nicht länger geborgen. Auch der Großmeister machte sich
Sorgen ihretwegen. Die Gruppe war im Begriff, sich aufzu-
lösen, und mit ihr hatte der ganze Berg sich in zwei Lager ge-
spalten. Plötzlich spielte die Politik eine Rolle in der Klosterge-
meinschaft, und der Mann, der erst vor kurzem drei Kämpfer
zu Boden gestreckt hatte und Saihung in der morgendlichen
Dunkelheit weise Ratschläge zuflüsterte, schien seltsamerweise
nicht geneigt, etwas gegen diese Krise zu tun.

Der leise Widerhall eines Gongs und das gedämpfte Dröhnen
einer großen Trommel rissen Saihung aus seinen Grübeleien.
Wie alle Mönche erhob er sich, als die Ältesten Wen Ti, dem
Gott der Literatur, ihre Reverenz erwiesen. Gehorsam blickte
Saihung zu dem lebensgroßen Bildnis des Gottes empor, der
einen Schreibpinsel und ein Buch mit der Inschrift «Der Himmel entscheidet über den literarischen Erfolg» in den Händen
hielt. Er betrachtete das gütige, faltenlose Gesicht und das Haar,
das echt war – lang, dicht und schwarz. Vor dem Gott standen
ein mit Opfergaben beladener Altar und ein Räuchergefäß, dessen Weihrauch die Gebete der Gläubigen bis zum Wohnsitz des
Gottes im Sternbild *Kun* (Großer Bär) emportragen sollte. Die
Götter haben es leicht, dachte Saihung finster.

Der letzte klare, helle Ton der Glocke hing noch in der Luft,
als der Großmeister die Versammelten aufforderte, sich wieder
hinzusetzen. Dann stellte er den Redner des heutigen Tages vor:
den Weißen Haseneremiten. Er erklärte, daß der Eremit vor
kurzem ein mühseliges, jahrzehntelanges Forschungsprojekt
abgeschlossen hätte. Er hätte ein Buch über die Theorie und die
Verwendung von magischen Worten geschrieben, mit deren
Hilfe man seine Sinne während der Meditation unter Kontrolle
halten könnte. Dieses Buch solle in die Bibliothek des Huashan
aufgenommen werden, und heute wolle der Weiße Haseneremit
die wichtigsten Punkte vor versammelter Menge vortragen.

Der Weiße Haseneremit erhob sich. Offenbar wollte er seinen
Vortrag frei halten. Ruhig stand er da. Er hielt die Hände die
ganze Zeit über gefaltet, ein Zeichen seiner Konzentration und
seiner großen meditativen Fähigkeiten. Er war ein kleiner, kor-
pulenter Mann mit einem heiteren, runden Gesicht, einer gro-

ßen Nase und rosigen Wangen. Mit seinem glattrasierten Gesicht, dem sorgfältig gekämmten, hochgesteckten schneewei-
ßen Haar und dem Lächeln, das immer hinter seinen schmalen
Lippen zu spielen schien, wirkte er sanft und gutmütig.

«Älteste, Mitschüler und Novizen», begann er. «Heute möchte
ich euch die Ergebnisse langjähriger Forschungen vorstellen.
Unsere Folgerungen basieren auf den Lehren unserer Vorfahren, auf meinen eigenen Erfahrungen und denen meiner Mitarbeiter und Schüler. Ich möchte euch einladen, mir zuzuhören,
und hoffe, auch von euch etwas lernen zu können.

Die Meditation ist das höchste spirituelle Bestreben. Mit ihrer
Hilfe können wir den Schleier der Unwissenheit lüften und unser eigentliches Wesen erkennen. Unsere Probleme rühren da-
her, daß wir uns von unserem inneren Selbst getrennt haben und
überall verzweifelt nach etwas suchen, was doch eigentlich ganz
in unserer Nähe liegt. Ich weiß, daß viele meiner taoistischen
Gefährten, die ich sehr schätze, ihr Augenmerk auf andere Ziele
legen, beispielsweise Gewittermagie, den Umgang mit den
Acht Trigrammen, Astralreisen oder Rezitationen. Aber ich
möchte in aller Ehrerbietung darauf hinweisen, daß wir alle uns
darüber einig sind, wie wichtig die Meditation für unser spirituelles Leben ist. ‹Alle Wege führen zum Gipfel› ist ein wahres
Sprichwort. Ich habe nichts gegen die Wege anderer einzuwen-
den. Dennoch möchte ich behaupten, daß dieser Gipfel sich
ohne Kontemplation nicht erreichen läßt.

Ich befürchte, daß zu viele sich von ihrem Weg ablenken lassen. Unsere Aufmerksamkeit wird so leicht nach außen gelenkt.
Die Menschheit befindet sich gerade deshalb in solchen Schwierigkeiten, weil sie sich nach außen gewandt hat. Sie ist wie ein
Publikum im Theater, das voller Spannung eine Oper verfolgt:
Die Zuschauer sind so in das Geschehen auf der Bühne vertieft,
daß sie nicht mehr zwischen Illusion und Wirklichkeit unterscheiden können. Sie halten das Drama für Realität. Und hinterher glauben sie, daß das ganze Leben sich auf diesem einen kleinen Schauplatz abspielen muß. Sie stürzen sich Hals über Kopf
in ihre äußeren Aktivitäten, befassen sich mit Geschäften, Reisen, Regierungsangelegenheiten und Kriegen in der irrigen An-
nahme, damit irgend etwas zu bewirken. Das ist sehr traurig.

Denn je intensiver sie ihren Willen nach außen richten, um so stärker werden sie in die äußere Welt hinausgezogen, bis sie keine Vorstellung mehr von der inneren haben.

Die Menschheit hat also einen ganz anderen Weg eingeschlagen als die wenigen, die sich der Meditation widmen. Und niemand kann leugnen, wie eindrucksvoll das Ergebnis ihrer weltlichen Bemühungen ist. Ganz normale, moderne Gebäude in Shanghai sind höher und größer als Pagoden. Es gibt jetzt mächtige Lokomotiven und Schiffe aus Stahl. Selbst hier oben auf dem Berg haben wir schon hin und wieder eine dieser Maschinen gesehen, welche die Menschen in die Lüfte emportragen können. Aber seht euch doch einmal an, zu welchem Zweck die Menschheit ihre Errungenschaften einsetzt. Nationen bekämpfen sich gegenseitig, und diese Kriege haben inzwischen noch nie dagewesene Dimensionen angenommen. Die Japaner, die früher Mühe hatten, von einer Insel zur anderen zu kommen, machen inzwischen mit Flugzeugen, Schiffen und Panzern halb Asien dem Erdboden gleich. Eine andere Inselnation, Großbritannien, brüstet sich damit, daß in ihrem Reich die Sonne nie untergehe. Diese ganze nach außen gerichtete Energie, diese Einmischungen in die Angelegenheiten anderer Leute sind ein Verstoß gegen das *tao*.

Ganz anders der Mensch, der sich der Meditation hingibt. Sein Streben richtet sich nach innen. Sein Ziel ist es, eins zu werden mit dem *tao*. Seine Feinde sind nicht Kriegsherren und Nationen, sondern Schmerz und Unwissenheit. Wir alle kennen das Sprichwort: ‹Der Weise kennt Himmel und Erde, ohne sein Haus zu verlassen.› Das bedeutet, der Weise besitzt so große kontemplative Fähigkeiten, daß seinem nach innen gerichteten Blick nichts im Universum verborgen bleibt.

Viele halten diese geschärfte Wahrnehmungsgabe für eine der bedeutendsten Früchte der Meditation. Aber ich sage: Selbst das ist eine Falle. Man darf sich nicht zu sehr auf solches Wissen konzentrieren. Es erwächst zwar aus dem nach innen gerichteten Blick der Meditation, kann aber trotzdem schaden. Es wird immer einige Zeit dauern, bis ihr jüngeren Eingeweihten begreift, daß meditative Kräfte nur eine Last bedeuten und daß man viel tiefer in die innere Welt eindringen muß. Niemand kann euch

einen Vorwurf daraus machen, wenn eure neuentdeckten über-
sinnlichen Fähigkeiten euch anfangs faszinieren. Ihr werdet die
Ankunft eines Menschen schon lange vorher spüren; ihr werdet
Vorzeichen künftiger Ereignisse wahrnehmen, ihr werdet Gedanken lesen können. Selbst im Schlaf wird euer jetzt viel hell-
sichtigerer Geist sich mit den Ereignissen des Vortages beschäftigen und den Sinn dahinter entdecken. Am Anfang werdet ihr
ganz aus dem Häuschen sein vor Aufregung über all diese
neuen, unbekannten Empfindungen und denken, daß es sich tatsächlich lohnt zu meditieren. Stolz und begierig nach weiteren
Erfahrungen werdet ihr euch über die anderen Sterblichen erhaben dünken und glauben, daß ihr tatsächlich Himmel und Erde
kennenlernen könnt, ohne eure Zelle zu verlassen.

Doch allmählich werdet ihr merken, daß ihr eure geistigen
Fähigkeiten mit Banalitäten verschwendet. Ihr werdet wie ein
Fernrohr sein, das hilflos alle Dinge betrachtet, die fernen
ebenso wie die nahen, und alles überproportional vergrößert.
Deshalb flieht der Meditierende in panischer Angst vor diesen
Dingen, die andere für einen Segen halten würden. Seine neuentdeckten Fähigkeiten werden ihm zum Fluch, zu einem völlig
unerwünschten Reiz. Erst jetzt erkennt er, daß er tiefer hinab-
tauchen muß. Erst jetzt wird ihm klar, daß er die wahre innere
Ruhe und Freiheit von der Anziehungskraft dieser Welt nur in
tieferer Meditation finden kann. Hier stößt er auf zwei große
Hindernisse: sein Denken und seinen Sexualtrieb. Das Denken
lenkt seine Aufmerksamkeit nach außen, die Sexualität verstrickt ihn in Emotionen und Begierden. Beide muß man besiegen, sonst kann man keine Fortschritte machen.

Unser Gehirn ist unentbehrlich. Es koordiniert all unsere Aktivitäten: große und kleine, wichtige und unwichtige. Es kann
große Taten vollbringen und steuert automatisch unsere Körperfunktionen. Durch seine Gabe der sinnlichen Wahrnehmung
speichert es alle Informationen, die wir zum Überleben brauchen. Aber nach und nach wird unser Denken in dieser Rolle zu
dominierend. Es beginnt eine Art von Erfahrungen allen anderen vorzuziehen. Es unterscheidet zwischen Vergnügen und
Schmerz, und natürlich ist das Vergnügen ihm lieber. Bald richtet sich unser ganzes Sein darauf, immer mehr Vergnügen zu er-

leben. Schon die kleinste Befriedigung dieses Strebens löst einen immer heftigeren Drang nach Wiederholung aus. Enttäuschung dagegen erzeugt Haß und den Entschluß, nicht nur allen unangenehmen Empfindungen aus dem Weg zu gehen, sondern gleichzeitig ihre Quelle zu zerstören. So entsteht ein Teufelskreis: Der Mensch verstrickt sich völlig in seine Begierden. Er wird zum Sklaven seines Denkens und seiner Sinne, zu einem verbitterten, rachsüchtigen Geschöpf, das alles bekämpft, was sein Streben nach Befriedigung vereiteln könnte. So entsteht ein Verhaltensmuster, das sich ständig wiederholt und weitere Muster erzeugt. Jede Handlung, jeder Gedanke, jede emotionale Zwangsvorstellung erzeugt zehn neue. So ergeben sich immer weitere Folgen, in die unser Leben sich verstrickt. Auf diese Weise machen wir uns zu Sklaven dieser irdischen Ebene.

Wer nach einem spirituellen Leben strebt, der ist aufgrund seines größeren Wissens und seiner geistigen Kräfte um so anfälliger für die Versuchungen des Mißbrauchs. Er wird genügend Argumente finden, um sein Streben nach Wissen und seine Gier nach spirituellen Fähigkeiten zu rechtfertigen. Aber in Wirklichkeit ist er nicht besser als die anderen Menschen, die ihr Leben im Opiumrausch und mit schönen Frauen vergeuden. Der Verstand kann ein wertvolles Instrument bei der spirituellen Suche sein, aber er kann auch zum Hindernis werden.

Selbst ein Mann mit noch so großen Geisteskräften ist anfällig für die Verlockungen der Sexualität. Der Sexualtrieb ist zweifellos in uns allen stark ausgeprägt, denn er hängt mit der Lebenskraft zusammen. Ohne ihn könnte die menschliche Rasse nicht überleben. Er läßt sich nicht unterdrücken. Wenn man es versucht, kehrt er nur um so heftiger wieder. Es hilft auch nichts, sich von Frauen fernzuhalten. Das tun wir hier oben auf dem Huashan, doch jeder Mönch weiß, daß das nicht genügt, um mit seinen sexuellen Gelüsten fertig zu werden. Unsere Begierden beschwören lüsterne Vorstellungen herauf, und in unserer Gier tun wir manchmal erniedrigende Dinge, um uns Erleichterung zu verschaffen. Wieder andere probieren alle möglichen Methoden aus, um mit diesem Problem fertig zu werden. Aber auch sich zu kasteien ist keine Lösung. Damit verletzt man seinen Körper nur und schafft es letzten Endes doch nicht, seinen Geist zu verfeinern. Es liegt keine Erkenntnis darin, sondern Gewalt und blinde Selbstverstümmelung. Daraus erwächst nur Bitterkeit, Haß und unwissende Frömmigkeit, und nichts davon hilft einem weiter auf dem Weg zur spirituellen Vollkommenheit. Wenn man wirklich die Höhen der Unsterblichen erklimmen will, muß man seinen Sexualtrieb beherrschen, aber nicht, indem man ihn bekämpft, sondern indem man seiner Persönlichkeit einen Ersatz dafür gibt.

Die Muster des nach außen gerichteten Geistes und des von sexueller Begierde getriebenen Körpers müssen durchbrochen werden. Wir müssen die Begierde auslöschen. Die Illusion muß ein Ende finden. Wir müssen unsere Sinne bezähmen und nach innen lenken, um die Spirale der sinnlichen Verstrickung, die sich immer weiter dreht, umzukehren. Es gibt eine Methode dafür: das *Wort*.

Das *Wort* beschwichtigt die Sinne. Es bietet ihnen einen Ersatz, mit dem sie sich beschäftigen können. Es hindert sie daran, ihren üblichen Aktivitäten nachzugehen, und lenkt ihre Aufmerksamkeit gleichzeitig nach innen. Damit meine ich keine gewöhnlichen Worte unserer Sprache, sondern göttliche Klänge, welche die Weisen in tiefer Meditation gehört haben. Sie entspringen unmittelbar dem göttlichen Geist. Sie sind nicht irdischen Ursprungs und haben auch keine irdische Bedeutung. Deshalb können sie uns auch nicht wieder an die Folgen dieses weltlichen Lebens fesseln.

Das *Wort* ist nicht einfach irgendein beliebiger Laut. Es ist ein Laut oder eine Gruppe von Lauten, welche die Sinne befriedigen und den Geist nach innen lenken. Die Meister haben diese Laute entdeckt und an sich selber ausprobiert. Sie haben festgestellt, daß alle Laute eine bestimmte Wirkung haben, aber um diejenigen, die unwichtig sind oder nicht ihren Zwecken dienen, haben sie sich nicht weiter gekümmert. Sie beschäftigten sich nur mit den Lauten, die uns von den unerwünschten Neigungen des Geistes befreien und sie ins Positive verkehren. Die wichtigste Entdeckung dabei war die einmalige Fähigkeit des *Wortes*, einen Schüler in den gleichen Zustand zu versetzen, in dem der Meister sich befand, als er den Laut entdeckte.

Die Weisen bezeichnen diese Fähigkeit des *Wortes* als Fadendurchs-Labyrinth-Technik. Sie vergleichen sie mit einem Mann, der eine tiefe Höhle mit vielen verschlungenen Gängen erforscht und schließlich in eine Kammer gelangt, in der ein Schatz liegt. Um diesen Ort später wiederzufinden, wickelt er, als er zum Eingang der Höhle zurückgeht, eine Spule Garn hinter sich ab. So kann er wieder zu der Kammer zurückkehren, und was noch wichtiger ist, auch andere Menschen können dem Faden folgen und in die Schatzkammer gelangen. Mit dem Faden ist natürlich das *Wort* gemeint, das den Schüler zu einer höheren Bewußtseinsstufe führt.

Andere *Worte* wiederum dienen der körperlichen Gesundheit. Jeder Laut besitzt seine eigene, unverwechselbare Schwingungsfrequenz. Bestimmte Laute klingen in bestimmten Organen wider. Das angesprochene Organ wird dadurch stimuliert und gekräftigt, und so wird seine Gesundheit bewahrt.

Aber die Wirkung der *Worte* geht über das Physische und das Meditative hinaus. Sie können auch den Charakter beeinflussen. Um es einfach auszudrücken: Bei den meisten Menschen sind bestimmte Charaktereigenschaften zu stark ausgeprägt. Das kann man durch die ständige Wiederholung eines bestimmten *Wortes,* laut oder nur im Geist gesprochen, ausgleichen. Hat jemand zum Beispiel ein sehr hitziges Temperament, gibt der Meister ihm vielleicht ein *Wasserwort,* mit dem die Persönlichkeit wieder ins Gleichgewicht gebracht wird. Ein passiver Schüler ohne Ehrgeiz dagegen sollte ein *Feuerwort* erhalten, das Willenskraft und Charakterstärke aufbaut. Deshalb ist das *Wort* bei der Vorbereitung eines Schülers auf höhere Ziele oft unentbehrlich.

Wir haben auch mit *magischen Worten* experimentiert. Unsere Nachforschungen wären unvollständig, hätten wir nicht das ganze Spektrum der Auswirkungen von *Worten* erkundet. Es ist uns gelungen, durch die Wiederholung bestimmter *Worte* Gold aus der Luft zu zaubern, uns zu entmaterialisieren und an einem anderen, weit entfernten Ort wieder zu rematerialisieren, über den Wolken zu schweben, Dämonen aus der Unterwelt zu unseren Sklaven zu machen und Menschen zu Handlungen zu zwingen, die gar nicht zu ihrem Charakter passen. Diese Forschungsergebnisse dokumentieren wir nun für künftige Generationen, allerdings mit der eindringlichen Anweisung, sie nie zu verwenden. Wir sind der Ansicht, daß man sich nur wieder in weltliche Dinge verstrickt, wenn man sie benutzt, und die meisten Menschen werden der Versuchung, ihre Kraft zu mißbrauchen, kaum widerstehen können. Unsere Meinung ist, daß man das *Wort* zu den gleichen Zwecken einsetzen sollte wie einen Talisman: zum Heilen, zum Schutz und zur Erreichung spiritueller Ziele. Schon das geringste Streben nach persönlichem Vorteil führt ins Verderben.

Wir haben unsere Aufmerksamkeit nicht nur auf taoistische *Worte* konzentriert, sondern Mitarbeiter in die ganze Welt hinausgeschickt, um Nachforschungen in anderen Tempeln und Klöstern anzustellen. Meine Gefährten haben *Worte* aus Indien, Tibet, China und Südostasien gesammelt. Wir haben alles getan, um dieses Gebiet erschöpfend zu erforschen. Ich überlasse es euch weiterzuforschen. Ich möchte auch darauf hinweisen, daß viele *Worte* in der Sprache, aus der sie stammen, gar keine Bedeutung haben. Denn diese magischen Laute sind nicht aus sprachlichen Überlegungen heraus entstanden, sondern aus dem einen göttlichen, universellen Geist.

Ich möchte auch noch bemerken, daß *Worte* weder zu den Texten gehören noch Gebete sind. Zwar können göttliche Laute sich in solcher Form manifestieren, aber daraus folgt nicht, daß Gebete und Texte dasselbe sind wie *Worte*. Sie sind vielleicht wichtig für die Andacht, erbringen aber nicht unbedingt vorhersehbare Resultate. Persönliche Gebete haben vor allem eine psychologische Funktion; das heißt, sie unterstützen die Konzentration oder trösten und beruhigen diejenigen, die einen schwachen Willen haben.

Um es noch einmal zusammenzufassen: Wir empfehlen die Verwendung von *Worten* – verbal oder mental – zu dem Zwecke, den Geist nach innen zu lenken und den Meditierenden zur Verwirklichung zu führen. Für uns ist das der einzig wahre Sinn der *Worte*. Macht, Besitz, Geisterbeschwörung, Gebete und Zauber kümmern uns nicht im geringsten, solange sie uns dem Göttlichen nicht näherbringen. *Worte* müssen mündlich überliefert werden. Wir haben zwar ein Buch darüber geschrieben, doch wir wissen, daß diese spirituelle Tradition nur auf einem einzigen Wege richtig weitergegeben werden kann: durch die ununterbrochene Überlieferungskette vom Meister auf den Schüler. Falls sich jemand von euch intensiver mit diesen Techniken befassen möchte, ist er herzlich eingeladen, sich uns in diesem heiligen Bemühen anzuschließen. Ich fordere die Weisen von Huashan auf, die Ergebnisse unserer Nachforschungen zu prüfen und unsere Fehler ohne jede falsche Höflichkeit zu kritisieren. Liebe *tao*-Gefährten, hiermit überreiche ich euch in aller Bescheidenheit unsere Forschungsergebnisse.»

Die Zuhörer applaudierten, als ein Schüler des Weißen Haseneremiten, ein vierzehnjähriger Junge, die fünf mit Forschungsergebnissen gefüllten Bände nach vorn brachte. Der Eremit nahm die Bücher in beide Hände und legte sie dem Großmeister mit einer Verneigung vor. Alle Ältesten erhoben sich in einer großmütigen Geste der Höflichkeit.

«Ich nehme diese Gabe im Namen aller Bewohner des Huashan entgegen», sagte der Großmeister. «Wir danken dir für deine ehrenwerten Bemühungen und wissen sie zu schätzen.»

Der Großmeister forderte die Ältesten auf, sich wieder zu setzen. Dann eröffnete er die Diskussion. In dieser Phase der Versammlung durfte jeder Anwesende Ideen vorbringen, die dem Huashan und dem Taoismus dienen könnten. Es folgten ein paar Ankündigungen von Treffen mit Mönchen von anderen Bergen. Allmählich wurde es Saihung langweilig. Der Vortrag des Weißen Haseneremiten hatte ihn begeistert, aber Verwaltungsangelegenheiten haßte er.

Da sah er, wie Phönixauge sich erhob. Der Priester war schon älter und eine eindrucksvolle Gestalt. Still und erwartungsvoll blickten die anderen Mönche zu ihm auf. Phönixauge hatte eine klare Stimme und sprach in dem auffallenden, beinahe etwas theatralisch wirkenden Peking-Dialekt.

«Ich bitte um Erlaubnis zu sprechen.»

«Erlaubnis erteilt», erwiderte der Großmeister.

«Liebe Gefährten! Es ist bekannt, daß unser Volk gerade in einer der schlimmsten Phasen des Krieges und der sozialen Unsicherheit steckt, die es in seiner fünftausendjährigen Geschichte erlebt hat. Noch nie war unser Land so schwach, noch nie ist es so von den Armeen uns kulturell und geistig unterlegener Nationen gedemütigt worden. Liegt das nicht daran, daß seine spirituelle Kraft versiegt ist?»

In der versammelten Menge wurde ein zustimmendes Murmeln laut.

«Was hat der Taoismus angesichts dieses Verfalls getan?» fuhr Phönixauge fort. «Diese einzige in China entstandene religiöse Tradition wird immer schwächer. Unsere Hauptrivalen, die Buddhisten, beinflussen mit ihren prächtigen Tempeln und dem Paradies, das sie ihren Anhängern versprechen, viel mehr Menschen als wir. Im Norden hat der Islam schon immer einen starken Einfluß gehabt, und jetzt verführen auch noch die Missionare aus Europa unser Volk.»

Trotz der Gerüchte, daß die christlichen Missionare barbarische Rituale praktizierten und geröstete Babys äßen, ließen sich immer mehr Leute zum Christentum bekehren. Viele Mönche sahen in den Kathedralen und Kirchen, die in letzter Zeit in Peking und Shanghai gebaut worden waren, eine weitere Kapitulation Chinas vor den Europäern.

«Meine Brüder! Wo sind wir gewesen, als das passierte? Haben wir denn nicht alle geschworen, der Menschheit das spirituelle Licht zu bringen? Statt dessen sitzen wir einsam auf unserem Berg, streben unserem persönlichen Erfolg nach und kümmern uns nicht um das Leid der großen Masse.»

Nach diesen Worten brach in der Halle eine heftige Diskussion aus. Alle redeten durcheinander. Phönixauges leidenschaftliche Worte hatten die klösterliche Disziplin zum Erliegen gebracht. Der Großmeister bat um Ruhe.

Doch noch ehe die Menge sich wieder völlig beschwichtigt hatte, schrie Rotkiefer: «Aber wir haben es uns doch zum Grundsatz gemacht, uns nicht in die Angelegenheiten der Gesellschaft einzumischen!» Ein paar andere stimmten ihm zu. Sie hatten der Welt entsagt und gelobt, fern von der menschlichen Gesellschaft zu leben.

Selbstsicher blickte Phönixauge in die Menge. Das war das Stichwort, das er gebraucht hatte. Er richtete sich auf und strich sich über seinen glatten, glänzenden Bart.

«Richtig, diese Politik haben wir bis jetzt verfolgt. Aber ist das richtig? Oder ist es nur ein verstiegenes Prinzip altmodischer

Phönixauge

Traditionalisten? Gerade unser Konservativismus ist schuld daran, daß wir es nicht geschafft haben, den Taoismus zu Ruhm und Ansehen zu bringen.»

Saihung sah sich um. Überall stritten die Mönche miteinander. Einige schrien, Phönixauge solle sich hinsetzen. Andere pflichteten ihm bei.

Saihung warf seinem Meister einen Blick zu in der Hoffnung, er werde Phönixauges Argumente widerlegen. Aber der Großmeister blickte nur gelassen in die versammelte Menge. Warum wehrt er sich nicht? fragte Saihung sich. Es war ein Sakrileg, wenn der älteste Schüler seinen Meister in aller Öffentlichkeit angriff, ebenso ungeheuerlich wie Vatermord, und doch machte der Großmeister keine Anstalten, Phönixauge zu bestrafen.

«Ich bin der gleichen Meinung wie mein Kamerad!» rief Rotkiefer und stand auf. Seine traurigen Gesichtszüge belebten sich, aber er wirkte lächerlich, als er mit seinen langen Ärmeln aufgeregt zu gestikulieren begann. «Das Prinzip des *tao* ist Veränderung. Wir müssen uns wandeln und an neue Situationen anpassen. Wir haben viel geleistet und ungeheuer viel Wissen angesammelt. Jetzt ist es an der Zeit, dieses Wissen zur Rettung der Menschheit einzusetzen. Die Welt schlittert in einen Krieg hinein, der vielleicht die ganze Erde zerstört. Jetzt dürfen wir nicht im Kloster herumsitzen! Es ist Zeit zu handeln!»

«Ja, meine Brüder», sagte Phönixauge hinterlistig. «Wie kann der Taoismus überleben, wenn unser Land zerbombt wird und in Vergessenheit gerät? Wir müssen etwas tun, um die Situation zu stabilisieren. Wenn unsere Ältesten nicht flexibel genug sind, der Realität ins Auge zu sehen, dann sollten sie zurücktreten und der jüngeren Generation Platz machen.»

«Deine Einstellung ist wertlos!» donnerte der Schildkröten-Unsterbliche, ein emeritierter Abt. Es verblüffte Saihung, den kleinen Mann so heftig aufspringen zu sehen, aber gleichzeitig war er erleichtert. Endlich reagierten die Ältesten. Das runzelige Gesicht des Schildkröten-Unsterblichen straffte sich, und seine Augen funkelten wütend. «Warum hältst du nicht den Mund? Du hast das wahre Wesen des Taoismus eindeutig nicht begriffen. Deine Vorschläge widersprechen dem Gesetz der Entsagung.»

Rotkiefer

Der Schildkröten-Unsterbliche war der vorherige Großmeister von Huashan und freiwillig zugunsten des jetzigen Großmeisters zurückgetreten. Als ehemaliges Oberhaupt genoß er immer noch großes Ansehen. Die versammelten Mönche beruhigten sich ein wenig.

Da stand ein Priester vom Ostgipfel auf, den Saihung von früher her kannte; aber er hatte noch nie mit ihm gesprochen. Der Mann war groß, schlank und hatte ein gutgeschnittenes Gesicht mit klaren Zügen. Seine Kleidung war von untadeliger Ordentlichkeit, und er machte einen sehr gepflegten Eindruck.

«Askese ist nicht der einzige Weg», wandte der Priester ein. «Viele von uns sind in anderen Disziplinen ausgebildet. Aber was nützt es, wenn wir uns streiten? Solche Auseinandersetzungen lassen sich nicht mit unserer Berufung vereinbaren. Deshalb sollten wir uns darauf beschränken zu sagen, daß es unsere Pflicht ist, Mitgefühl zu haben. Dem Volk in diesen harten Zeiten unsere Hilfe zu versagen ist genauso grausam, wie wenn ein Schwimmer einen ertrinkenden Kameraden nicht rettet.»

«Diese Diskussion verstößt gegen die Ordnung», stellte der Schildkröten-Unsterbliche fest. «Ihr jungen Leute habt keinen Glauben. Das *tao* endet nie, gleichgültig, ob wir weiterexistieren oder nicht.»

«Deine Lehre verdient Bewunderung», entgegnete der Priester vom Ostgipfel. «Aber ich kann dir nicht zustimmen, und du weißt, daß das mein gutes Recht ist. Genau wie du damals zurückgetreten bist, glaube ich, daß es nun für unseren jetzigen Großmeister an der Zeit ist abzutreten. Die Zeiten haben sich geändert.»

«Es steht dir nicht zu, die Politik auf diesem Berg zu diktieren», wies der Schildkröten-Unsterbliche ihn scharf zurecht.

«Laßt uns darüber abstimmen», schlug Rotkiefer in herausforderndem Ton vor.

«Unsinn!» schrie der Schildkröten-Unsterbliche. «Die Regeln müssen befolgt werden. Die Ältesten werden über diese Sache beraten, das verspreche ich euch. Bis zur nächsten Versammlung werden wir eine Entscheidung fällen. Aber jetzt

Der Schildkröten-Unsterbliche

akzeptiere ich keine weitere Diskussion. Als euer Oberhaupt befehle ich euch: Setzt euch hin!»

Den dreien blieb nichts anderes übrig, als sich zu fügen. Sie konnten es nicht riskieren, sich die Sympathien der Versammlung zu verscherzen, indem sie sich dem Schildkröten-Unsterblichen offen widersetzten. Der Unsterbliche gab das Zeichen für die Abschlußzeremonien.

Saihung konnte sich kaum dazu überwinden, die Texte aus den Schriften mitzumurmeln. Er war zu aufgewühlt von den heftigen Gefühlen, die in seinem Herzen brannten. Er fühlte sich verraten. Der Großmeister war wie ein Vater für ihn, und es war ihm zuwider, wie Phönixauge ihn herausforderte. Er schätzte nichts mehr als Loyalität. Sie war für ihn eine der höchsten Tugenden.

Als die Zeremonie zu Ende war, versammelten sich viele junge Mönche aufgeregt um Phönixauge. Wütend beobachtete Saihung, wie Phönixauge zusammen mit seinen neuen Anhängern den mittleren Gang entlangschritt. Er hatte plötzlich einen bitteren Geschmack im Mund. Sein hitziges Temperament ging mit ihm durch.

«Du Hurensohn!» schrie Saihung, schleuderte einen jungen Mönch zu Boden und stand mit einem Satz vor Phönixauge. «Wenn du Schwierigkeiten machen willst, dann hier und mit mir!»

Phönixauge blieb ganz ruhig. In unverändert würdevoller Haltung stand er da. Seine zur Gebetsgeste gefalteten Hände zitterten kein bißchen.

«Es ist eine Sünde, solche Schimpfworte zu gebrauchen, Kleiner Schmetterling», sagte er in sanftem, singendem Tonfall.

«Du Arschloch!» schrie Saihung. «Ich werde gleich noch ganz andere Dinge tun. Ich versetze dich mit einem Schlag in König Yamas Reich.»

«Du bist ein Hitzkopf», erwiderte Phönixauge mit aalglatter Freundlichkeit. «Man sollte immer einen kühlen Kopf bewahren.»

«Kümmer dich lieber um deinen Kopf, sonst schlag ich ihn dir ab!»

«Komm her, wenn du dich traust!» höhnte Phönixauge voller Stolz.

Saihung ging auf ihn los, aber seine beiden Gefährten hielten ihn mit Gewalt zurück. Einen der beiden schüttelte Saihung ab. Doch in diesem Augenblick kam Schmetterling herbei. Zu dritt gelang es ihnen, Saihung festzuhalten.

Ruhig kam Phönixauge auf ihn zu. Saihung spürte seinen Atem im Gesicht, als Phönixauge sagte: «Was für ein jähzorniger Stier! Wie gut, daß deine Freunde dich im Zaum halten! Ein Stall ist der einzig richtige Ort für einen dummen Ochsen.»

«Du Scheißkerl, ich bring dich um!» schrie Saihung außer sich vor Zorn. Aber Phönixauge ging nur wortlos davon.

«Hör auf, dich zu wehren, Kleiner Schmetterling», sagte Klang-klaren-Wassers. «Du hast heute eine schwere Verfehlung begangen.»

«Ich kann es nicht ertragen, wie dieser Unmensch den Großmeister angreift.»

«Wir auch nicht», sagte Nebel-im-Hain. «Aber es steht uns nicht zu, etwas dagegen zu tun. Die Versammlung ist ein Forum, auf dem jeder offen seine Meinung äußern darf, ohne bestraft zu werden.»

«Laßt mich los!»

«Erst beruhige dich!» mahnte Klang-klaren-Wassers.

«Nein! Ich erwürge den Kerl – und zwar sofort!»

Mit festem Griff hielt Schmetterling Saihung zurück.

«Du bist verrückt. Komm doch endlich zur Besinnung, du Idiot! Du weißt, daß er zehnmal besser kämpft als du. Er hätte dich zu Brei zermalmt.»

«Ach, laßt mich in Ruhe!» knurrte Saihung.

«Nein, sie werden dich nicht in Ruhe lassen.» Das war die Stimme des Großmeisters. «Bringt ihn in meine Gemächer! Ich werde ihn bestrafen.»

Mit Gewalt führten sie Saihung aus der Tempelhalle und den steilen Abhang hinauf zum Südgipfelschrein. Der Großmeister verbot ihnen, unterwegs zu sprechen. Saihung war immer noch wütend. Schließlich war Phönixauge derjenige, der gefrevelt hatte. Wieso sollte er dann bestraft werden?

Erst im Arbeitszimmer des Großmeisters ließen die drei ihn

wieder los. Der Großmeister setzte sich an seinen Schreibtisch, außer den Bücherregalen das einzige Möbelstück in dem kahlen Raum. Das Licht fiel durch das Gitterfenster und brannte ein feines, verschlungenes Muster auf den Rücken des Großmeisters. Sein weißes Haar schimmerte hell wie eine Flamme, als er mit einer müden Geste seinen Hut abnahm und neben sich legte.

«Knie nieder!» befahl er.

«Aber ich habe doch nichts Unrechtes getan, *Ta Shih!*»

«Du hast vor den Weisen und dem Gott der Literatur Schimpfworte gebraucht. Ist das nicht Frevel genug?»

«Ich wollte dich doch nur beschützen.»

«Solchen Schutz brauche ich nicht.»

«Warum hast du dich dann nicht gewehrt, *Ta Shih?* Er hat dich herausgefordert. Warum verteidigst du dich nicht?»

«Warum sollte mich so ein unbedeutender Zwischenfall berühren? Ich habe mich mein Leben lang treu und aufrichtig meinen Studien und Übungen gewidmet. Meine Leistungen und Gedanken bedürfen keiner Anerkennung von anderen Menschen. Solange ich mir selbst und den Göttern ehrlich ins Auge sehen kann, ohne irgend etwas in meinem Herzen zu verbergen, habe ich nichts zu fürchten.»

«Siehst du denn nicht, daß deine eigenen Schüler sich gegen dich verschwören? Wie kannst du das zulassen?»

«Sie sind auch Priester. Jeder Standpunkt hat etwas für sich. Sie versuchen nur, offen und ehrlich ihre Meinung zu sagen.»

«Nein, Meister, sie versuchen dich zu stürzen.»

«Brauche ich denn meine Position auf diesem Berg hier, um mich als vollkommener Mensch zu fühlen? Das wäre doch absurd! Wenn sie glauben, daß sie es besser können als ich – von mir aus. Aber sie können es nicht besser. Sie versuchen nur, mich öffentlich anzugreifen, weil sie wissen, daß ich ihnen Widerstand leiste. Sie lassen sich alle vom Streben nach vergänglicher Macht leiten. Das ist ein Fehler. Solange sie versuchen, den Taoismus in den Dienst ihres persönlichen Vorteils zu stellen, solange sie der Chang Tso-lin (1873–1928, einer der Kriegsherren) dieser Epoche werden wollen, wissen sie, daß ich ihr größtes Hindernis bin. Ich biete ihnen die Stirn, aber ich brauche nicht gegen sie zu kämpfen.»

«Ich verstehe dich nicht, *Ta Shih*.»

Der Großmeister lachte. «Eines Tages wirst du vielleicht begreifen, was für einen Sinn es hat, Auseinandersetzungen aus dem Weg zu gehen. Auch das ist Taoismus. Einstweilen befehle ich dir, dich von Phönixauge und Rotkiefer fernzuhalten. Unternimm nichts auf eigene Faust! Verstanden?»

«Ja, *Ta Shih*.»

«Gut. Du darfst gehen.»

Schmetterling folgte Saihung. «Ich begleite dich zum Schlafsaal, Kleiner Bruder», sagte er beschwichtigend.

«Wer ist denn dieser Priester vom Ostgipfel?» fragte Saihung. Er war nicht daran interessiert, sich trösten zu lassen.

«Er heißt Schneidende Spur. Ich kenne ihn», antwortete Schmetterling beiläufig. «Ich habe sogar ein paar meiner Techniken von ihm gelernt.»

«Was für Techniken?»

«Dinge, die du nicht billigen würdest... Techniken der wechselseitigen Kultivierung, bei denen Mann und Frau sich vereinigen, um gemeinsam nach Verwirklichung zu streben.»

«Ach so, er praktiziert sexuelle Techniken», sagte Saihung verächtlich. «Das hätte ich mir ja denken können, daß Phönixauge und Rotkiefer sich so einen miesen, perversen Verbündeten suchen.»

«Vergiß nicht, auch die wechselseitige Kultivierung ist ein anerkannter Zweig des Taoismus mit eigenen Schriften, Ritualen und Disziplinen. Ich praktiziere diese Techniken selbst und kann ihre Wirksamkeit bestätigen.»

«Du bist ja auch kein Priester», sagte Saihung trocken. «Warum solltest du wie einer leben?»

«Aber dieser Mann vom Ostgipfel ist Priester.»

«Seine ganze Schule ist nichts anderes als ein Zufluchtsort für perverse alte Männer – Lustmolche, die sich einsperren mußten, weil sie sich sonst zu Tode gerammt hätten.»

«Du redest wie ein verschrobener keuscher Jüngling. Du übertreibst.»

«Verdammt nochmal! Du weißt doch, was der Großmeister sagt: Solche Methoden sind etwas Böses. Sie verstoßen gegen die Lehre.»

«Nur gegen die Lehre seiner Schule.»

«Das reicht mir.»

«Du hast sie ja noch nie ausprobiert.»

«Rede nicht so einen Unsinn! Ich habe geschworen, mein Leben lang Keuschheit zu üben.»

«Hoffen wir, daß dieser Weg dich in den Himmel bringt, denn den Himmel auf Erden wirst du dabei sicherlich nicht erleben.»

«Ach, sei still! Ich mag nicht mehr reden.»

Schmetterling verstummte. Saihung kehrte zu den Schlafsälen zurück und setzte sich auf seinen Schlafplatz. Eine der Katzen des Tempels kam gemächlich herbei, machte einen Buckel und strich schnurrend um seine Beine. Saihung rührte sich nicht. Wer der Welt entsagte, hatte keine Familie mehr. Das chinesische Wort für Asket bedeutete wörtlich übersetzt: ‹einer, der seine Familie verlassen hat›. Und doch hatte sich Saihung nie wirklich einsam gefühlt. Stets waren der Großmeister und seine zwölf Kameraden seine Familie gewesen. Nun fiel diese Familie auseinander. Ihm wurde jetzt klar, daß das am allermeisten schmerzte.

Wahrscheinlich war es ganz normal, daß so etwas passierte. Er rekapitulierte im Geiste noch einmal, was er über die verschiedenen Phasen des Wandels gelernt hatte. Alles hatte einen Höhepunkt, aber jeder Höhepunkt führte unweigerlich zum Tiefpunkt. Es gab keinen Aufstieg ohne Niedergang. Der Huashan und seine Mitschüler hatten für ihn den Inbegriff einer vollkommenen Welt dargestellt, aber jetzt war diese Welt genauso unsicher geworden wie die Zukunft Chinas. Er hatte gelernt, daß man sich mit dem Niedergang abfinden muß, und doch war er ihm verhaßt. Er fluchte. Wenn er Kummer hatte, half ihm die Philosophie nie weiter. Sie machte ihn nur noch unglücklicher.

Saihung grübelte vor sich hin, bis die Abendglocke läutete. Dann stand er auf, um zum abendlichen Unterricht zu gehen. Er konnte ja doch nichts tun. Der Großmeister schien sich einfach keine Sorgen zu machen. Saihung begriff, daß es seine Pflicht war, am Unterricht teilzunehmen. Manchmal lag etwas Tröstliches in Pflichten. Sie boten einem in unsicheren Zeiten wenigstens etwas, woran man sich halten konnte. Vielleicht wurde in der chinesischen Gesellschaft gerade wegen der vielen Ungewißheiten des Lebens so viel Wert auf die Pflicht gelegt, denn dahinter konnte man seinen Zorn, seine Frustration und seine Verwirrung verstecken.

VIER
Gefährliche Bittfahrt

Eine Woche nach der Großen Versammlung begleiteten Saihung, Klang-klaren-Wassers und Nebel-im-Hain den Großmeister auf einer seiner seltenen Fahrten in die Welt. Schon im
ersten Morgengrauen hatte der Meister Saihung seine Anweisungen zugeflüstert. Saihung fand den Zeitpunkt für diese Reise
merkwürdig. Der Großmeister hatte doch wohl nicht vor, Phönixauge den Berg einfach zu überlassen? Vielleicht war das eine
Art Buße, oder suchte er wieder engere Berührung mit den priesterlichen Tugenden der Demut und Bescheidenheit? Oder,
dachte Saihung mit düsterem Ernst, vielleicht wollte der Meister andere Tempel zu einer Gegenbewegung gegen Phönixauge und seine Verbündeten aufrufen? Man konnte nie wissen.
Als Saihung sich in dem hin und her schaukelnden Zug nach
Hsian den Rucksack fester schnallte, war er wieder bei der offi-
ziellen Begründung angelangt: Wahrscheinlich würden sie um
Almosen bitten.

Bitten um Almosen war die allgemein übliche Bezeichnung
für die Reisen, die jeder Mönch bis zu viermal im Jahr unter-
nahm. Normalerweise wanderten sie in großen Prozessionen in
nahegelegene Städte. Manchmal legte aber auch eine kleinere
Gruppe oder sogar nur ein einzelner Mönch weite Strecken zurück, um andere Tempel zu besuchen und Gönner um Spenden
zu bitten. Betteln wurde von der Gesellschaft zwiespältig aufgenommen. Die Menschen, die fleißig, tüchtig und pflichtbewußt
arbeiteten, sahen auf Bettler herab. Für sie waren das Leute, die
nicht für sich selber sorgen konnten. Sie sahen keinerlei Notwendigkeit, Menschen, die sie für faule Vagabunden hielten,
Geld zu geben. Und wenn ein Bettler wie ein Mönch gekleidet
war, so änderte das nichts an ihrer Meinung. Manche verurteil-

ten die Bettelei so sehr, daß sie sogar Schilder an ihrem Tor an-
brachten: «Wir geben buddhistischen und taoistischen Mönchen nichts.»

Die Mönche von Huashan brauchten nicht um ihre tägliche
Nahrung zu betteln, wie es in anderen Teilen Asiens üblich ist.
Die Bettelschale, die sie bei ihrer Einweihung erhielten, war
mehr ein Symbol als ein Gebrauchsgegenstand. Das ursprüngliche Betteln um Almosen hatte sich längst auf andere Bereiche
ausgedehnt. Jetzt bat man um Geld, Getreide, Öl oder andere
Spenden, und manchmal bekam man auch mehr als nur eine
Schale davon. Die Priester besuchten wohlhabende Gönner, die
sie von früher her kannten oder bei denen sie sich mit Empfehlungsschreiben einführten, und baten um Spenden für den Bau
eines Tempels, die Renovierung von Gebäuden oder irgendein
anderes größeres Vorhaben. Der Huashan war sehr auf die Einnahmen aus diesen Bittfahrten angewiesen.

Als Sohn einer adeligen Familie hatte Saihung eine beinahe
angeborene Abneigung gegen das Betteln. Er haßte es, von Tür
zu Tür gehen und vor gewöhnlichen Leuten als demütiger Bittsteller dastehen zu müssen. Andererseits hatte er diese Bittfahrten stets als große Abenteuer empfunden, denn es machte ihm
Spaß, zu reisen und Freunde zu besuchen. Immer wenn er in eine
Stadt kam, schlenderte er durch die Straßen und bat um Spenden
für den Tempel. Er redete mit allen Leuten, die auf ihn zu-
kamen, und erfüllte alle priesterlichen Aufgaben, um die man
ihn bat: Wahrsagen, geomantische Beratung, Dämonenaustreibung, Kräuterrezepte, manuelle Therapie, Kalligraphie, Hoch-
zeiten, Beerdigungen und Segen. Solche und andere Dienste er-
wies er den Leuten als Gegenleistung für ihre Spenden für den
Huashan, und wenn er Glück hatte, sprang auch noch ein reich-
liches Essen für ihn heraus.

Er liebte das freie, ungebundene Leben auf Reisen. Das
dämpfte seine Abneigung gegen das Betteln ein wenig. Als Bet-
telmönch konnte Saihung wandern, wohin er wollte. Er war bereits bis an alle Grenzen Chinas gereist, nur in Begleitung eines
kleinen Maulesels, der die Ausbeute seiner Bemühungen auf
dem Rücken trug. Als wandernder Taoist brauchte er sich auch
nicht an die strengen klösterlichen Verhaltensregeln zu halten,

und so nutzte er diese Reisen aus, um die köstliche, vielseitige chinesische Küche kennenzulernen und sich weiter auf dem Gebiet der Kampfkunst zu üben. In jeder Stadt erfüllte er getreulich seine Aufgaben, doch gleichzeitig frönte er seinem verwöhnten Geschmack in Villen von Mäzenen, in feudalen Teehäusern und den Familiensitzen seiner Kampfgefährten. Oben auf dem Berg war er nichts weiter als ein armseliger Schüler, aber in den Städten wurden ihm viele Ehrungen zuteil. Einen Mönch von seinem Rang sah man dort nicht oft, und den Großmeister bekam man noch seltener zu Gesicht.

Selbst im Zug erkannten viele Leute die vier als Taoisten, die ‹vom Berg herabgestiegen waren›. Damit verband sich die Vorstellung außergewöhnlicher Menschen aus einer Einsiedelei, die auf halbem Wege zum Himmel lag. Der Volksmund kannte unzählige Legenden und Mythen von übernatürlichen Wesen, die sich mit mystischen Methoden vervollkommnet hatten, und wenn ein solches Wesen auftauchte, weckte das abergläubische Ehrfurcht und großen Respekt bei der ungebildeten Bevölkerung. In den Augen vieler Leute waren die vier nicht einfach heilige Männer, sondern geheimnisvolle Geschöpfe, die über sagenhafte Kräfte verfügten. Und daß der Großmeister von Huashan auch dabei war, empfanden sie als besonders ungewöhnlich. Viele raunten sich zu, ein wahrer Unsterblicher sei vom Berg herabgestiegen.

Doch trotz ihres ehrfürchtigen Staunens waren die Leute immer noch neugierig und zudringlich. Am Bahnhof von Hsian, der schmutzigen, heruntergekommenen Endstation der Bahnlinie von Loyang, drängelte sich eine Menschenmenge. Viele umringten Saihung, den Großmeister und die beiden Mönche und starrten diese Märchengestalten ungeniert an. Immer dichter drängten sie sich an sie heran, und einige wagten sogar die Kleider der beiden Gefährten zu betasten. Sie waren zwar handgesponnen, aber aus einem feineren Gewebe, als es die meisten je auf ihrer Haut spüren würden. Als die vier versuchten, den Bahnhof zu verlassen, baten viele Leute sie um ihren Segen oder befragten sie nach ihrer Zukunft.

Die beiden Gefährten stellten sich rechts und links neben den Großmeister und breiteten die Arme aus. Es war üblich, daß ein ehrwürdiger Meister sich beim Gehen mit den Unterarmen auf die Arme seiner Schüler stützte.

«Wenn du gestattest, *Ta Shih*», sagte Nebel-im-Hain.

Der Großmeister tat gekränkt. «Ihr wißt, wie ich diese Sitte hasse», flüsterte er.

«Aber es ist nun einmal so üblich. Die Leute erwarten das von uns», sagte Klang-klaren-Wassers.

«Willst du damit sagen, daß ich schon so alt bin?» fragte der Großmeister.

«Aber *Ta Shih*», sagte Nebel-im-Hain nun beschwichtigend, «doch nur so lange, bis wir den Bahnhof verlassen haben.»

«Ihr seid mir die Richtigen!» knurrte der Großmeister. «Aber wahrscheinlich habt ihr recht. Wir dürfen die Leute nicht enttäuschen.» Er ergriff ihre Hände und richtete den Blick nach vorn in eine riesige Menge aus unzähligen Gesichtern. Der Großmeister seufzte.

«Wenn wir je den Tempel erreichen wollen, ehe sie die Tore schließen, müssen wir uns durch diese Menge durchwühlen», sagte er. «Ich fürchte, uns bleibt nichts anderes übrig, als den Kleinen Schmetterling auf sie loszulassen.»

«Ja, *Ta Shih*?» fragte Saihung voller Tatendrang.

Der Großmeister gab ihm einen zustimmenden Wink. Saihung war begeistert. Mit einem Satz stellte er sich vor den Großmeister und trat der Menge gegenüber, den taoistischen Hut verwegen ins Gesicht geschoben.

«Tut mir leid, aber wir müssen gehen. Besucht uns morgen in der Stadt.» Mit dieser Ankündigung begann er sich recht unsanft einen Weg durch die Menge zu bahnen. Sein Meister und die beiden Mönche folgten ihm auf dem Fuß. Es gab keine andere Möglichkeit, durch das Gedränge neugieriger Zuschauer zu kommen.

Hsian, ‹Westlicher Friede› (der frühere Name lautete Changan, ‹Ewiger Friede›), war eine schöne alte Stadt, die sich längst über ihre malerischen mittelalterlichen Mauern und den Wassergraben hinaus ausgedehnt hatte. Als reiche dieser Raum für ihre Geschichte und Kultur nicht aus, war die Stadt allmählich immer größer geworden und hatte sich zu einem der stolzesten Zentren Nordwestchinas entwickelt. Hsian war eine der acht alten Hauptstädte Chinas, hatte elf Dynastien (darunter der Chou-, Ch'in-, Han-, Sui- und T'ang-Dynastie) als Metropole gedient und war zu großer Blüte gelangt, weil hier lebhafter Handel, kaiserliche Macht, fruchtbares Land und verschiedene Völker und Rassen zusammenkamen.

Doch im Gegensatz zu anderen Hauptstädten war das im fruchtbaren Tal des Gelben Flusses gelegene Hsian bereits in den frühesten Anfängen der Zivilisation entstanden. Die ersten Bewohner hatten sich im ertragreichen Schlammgebiet der Flußniederung angesiedelt, der mächtige Fluß hatte sie ernährt, und sie hatten die Siedlungen gegründet, die später zu einer der bedeutendsten Städte der Welt werden sollten. Den Höhepunkt seiner Macht hatte Hsian erreicht, als es zum Endpunkt der berühmten Seidenstraße wurde, jener Straße, die durch die Wüsten im Norden bis nach Indien und Persien führte. In der Zusammensetzung ihrer Bevölkerung spiegelte sich der Reichtum der Stadt und die kulturelle Vielfalt wider, denn auch Moslems, Inder und Perser hatten sich in dieser Gegend niedergelassen. Sie brachten ihre Kunst, ihre Religion und ihre Lebensweise mit und trugen so zu dem vielschichtigen und lebensvollen Charakter dieser Stadt bei.

In Hsian existierten drei große Religionen nebeneinander. Außer den Taoisten gab es eine ziemlich große moslemische Bevölkerung. Die Moslems erkannte man sofort an ihrer weißen Kopfbedeckung. Die alte Moschee von Hsian sah aus wie ein traditioneller chinesischer Tempel, wären nicht arabische Inschriften neben den chinesischen zu finden gewesen. Die Buddhisten hatten viele Tempel, unter denen die Große Wildgans-Pagode der berühmteste war. Dort wurden die Schriften aufbewahrt, die der Priester Hsüan-tsang (602–664) von seinen Reisen aus Indien nach China zurückgebracht hatte.

Neben den Tempeln und Pagoden, jahrhundertealt und mit gelbem Staub bedeckt, bestimmten die größtenteils einstöckigen Lehm- und Backsteingebäude, an deren Stil sich seit Jahrhunderten nichts geändert hatte, das Stadtbild. Die Häuser waren niedrig, kompakt und von Mauern umgeben, und in dem Gewirr der schmalen Gassen dazwischen drängte sich eine bunte Vielfalt von Menschen. Saihung faszinierten die bärtigen Perser, die vierschrötigen Landfrauen, die knochigen Mandschuren und die schlanken, zierlichen Damen aus der Stadt, die verwachsenen Bettler, die untersetzten Moslems mit ihren weißen Kappen und das Kindergewimmel. Die vier Reisenden verloren sich völlig im Strom der Menschenmenge.

Schließlich gelangten sie zum taoistischen Tempel der Höchsten Reinheit, einem kleinen, umzäunten Anwesen inmitten einer dichtbesiedelten, ärmlichen Gegend. Die Sonne stand schon am Horizont und tauchte das vordere Tempeltor in ein goldenes Licht. Der Wind war immer noch lau, und zusätzlich wurde die Luft durch die Kohle- und Holzfeuer erwärmt, über denen das Abendessen gekocht wurde. Als sie weitergingen, legte sich der Geruch nach Essen und brennendem Holz allmählich, und Weihrauchwolken wehten ihnen entgegen.

Als ihre Ankunft angekündigt wurde, kam der Abt mit seinem Diener heraus, um sie zu begrüßen: ein Mann mit ernstem Gesicht und langem, dünnem Bart. Er und seine Begleitung verneigten sich unterwürfig vor dem Großmeister. Der schlanke, hochgewachsene Abt in seinem langärmeligen Priestergewand bat sie zum Tee herein. Saihung war beeindruckt. Dieser Priester, der in der Stadt wohnte und sich um die religiösen Bedürfnisse seiner Gemeinde kümmern mußte, war ebenso ernsthaft wie ein Klostermönch, ein orthodoxer Priester, der niemals etwas tun würde, was seiner Religion zum Nachteil gereichen könnte.

Saihung wußte, daß sein Meister heute die ganze Nacht mit philosophischen Gesprächen zubringen würde. So trank er höflich in kleinen Schlucken seinen Tee und bat dann, sich entfernen zu dürfen unter dem Vorwand, er wolle ein Maultier mieten gehen, ehe die Ställe schlössen. Der Großmeister wußte, daß man einen unruhigen jungen Mann nicht zurückhalten soll und entließ ihn.

Voller Freude eilte Saihung zum Tor hinaus. Den Essensständen in der Nähe mit den großen, dampfenden Körben und den Pfannen mit siedendem Öl konnte er nicht widerstehen. Er kaufte sich ein paar köstliche, mit süßer Bohnenpaste gefüllte Dampfnudeln. Er genoß ihr Aroma und die Füllung, die sich beim Hineinbeißen sandig auf der Zunge anfühlte. Dann zog er ein paar Münzen aus seiner Tasche, kaufte noch drei mehr und wandte sich rasch zum Gehen. In seiner Aufregung wäre er beinahe mit zwei Männern zusammengestoßen, deren Anblick ihn auf Anhieb ernüchterte. Sie gehörten zu der Bevölkerungsschicht, die man als ‹unnützes Treibgut› bezeichnete. Sie trugen die Hemden prahlerisch aufgeknöpft, um ihre muskulöse Brust zu zeigen, und hatten die Ärmel unanständig weit hochgekrempelt. Der eine hatte ein schiefes Gesicht und eine lange, gebrochene Nase, und unter seinem spitzen Kinn zog sich eine rote Narbe von einem Ohr zum anderen. Der zweite sah besser aus. Er hatte vollendet schöne weiße Zähne und geschwungene Augenbrauen, und seine Wimpern waren so dunkel, als benutze er Wimperntusche.

«Warum paßt du nicht auf, wo du hintrittst, du verdammter Mönch?» rief der Gutaussehende. Saihung spürte, wie Wut in ihm aufstieg. Warum soll ich mich nicht mit den beiden prügeln? Das wäre doch ein Spaß, dachte er.

«Halt, halt!» hielt ihn der mit der Narbe zurück. Seine Stimme klang heiser. «Es bringt Unglück, einen Mönch zu schlagen.»

«Du abergläubischer Idiot», gab der erste zurück. «Glaubst du etwa an solchen Unsinn?»

«Nein, eigentlich nicht», grinste der mit dem Narbengesicht. «Aber vergiß es. Ich habe Hunger.»

«Na gut.» Er wandte sich an Saihung. «Verschwinde!»

Saihung wußte, daß es dem Ruf des Tempels schaden würde, der nur ein paar Meter hinter ihm lag, wenn er eine Prügelei mit den beiden anfing. Also schluckte er seinen verletzten Stolz hinunter.

«Dieser verdammte Bursche muß taubstumm sein.»

Saihung ging davon. Er war unglücklich. Die Enttäuschung über den versäumten Kampf würde ihn den ganzen Abend nicht loslassen.

Er blieb noch an ein paar anderen Ständen stehen. Vielleicht würde sein Zorn verrauchen, wenn er noch etwas aß. Jedenfalls war er entschlossen, sich jetzt für die Monate der Enthaltsamkeit zu entschädigen, die er durchlitten hatte. Kleine Kuchen, fritierte Krapfen, ja sogar Nüsse, Trockenobst und andere kleine Leckereien schlang er auf dem Weg zu den Ställen rasch in sich hinein. Vermutlich war sein Magen erst halb voll. Wenn er sich beeilte, konnte er die zweite Hälfte auf dem Rückweg füllen und immer noch rechtzeitig zum Abendessen wieder im Tempel sein.

«Junger Yao», begrüßte er den Stallburschen bei den Maultierställen. Saihung kam immer hierher, um Maultiere zu mieten. Man kannte ihn schon und gab den Priestern einen Preisnachlaß. «Ist dein Vater da?»

«Ja, ja, Meister», antwortete der hochgewachsene junge Mann. «Vater! Vater! Dieser Mönch vom Huashan ist wieder da.»

Der Vater kam, ein breitschultriger Mann mit der Hautfarbe einer gebratenen Gans und Zähnen, die noch bröckeliger waren als die verfallenen Schutzwälle der Stadt.

«Ah, verehrter Herr! Es ist schon so lange her, daß ich die Ehre Eures Besuches hatte.»

«Leider mußte ich wieder auf den Berg zurück», erklärte Saihung förmlich.

«Ein wahrhaft frommer Mönch!» rief der alte Maultierhändler. «Bald werdet Ihr unsterblich sein.»

«Der Onkel ist zu gütig zu mir», erwiderte Saihung bescheiden. «Aber diesmal ist sogar mein Meister vom Berg herabgestiegen.»

«Bei den Göttern!» rief der Maultierhändler. «Für so ein seltenes Ereignis müssen die Sterne aber gut stehen. Ich nehme an, Ihr wollt ein hübsches Maultier für Euren Herrn.»

«Das ist nur recht und billig, Onkel. Ich wäre dir dankbar für deine Hilfe.»

«Meine Maultiere sind in letzter Zeit ziemlich mager geworden. Heutzutage ist das Futter nicht mehr so leicht zu bekommen. Aber ich habe noch ein dickeres Maultier im Stall, das ich nicht zum Wagenziehen vermiete. Wollt Ihr es nicht nehmen?»

Er wandte sich an seinen Sohn und bellte einen Befehl. Bald darauf wurde aus der lärmenden, stinkenden Dunkelheit der schäbigen Ställe ein braunes Maultier gebracht. Saihung sah, daß das Tier zufriedenstellend aussah und, was noch seltener war, keine räudigen Stellen aufwies. Er ließ dem Maultier einen Sattel auflegen und händigte dem alten Mann die paar Münzen aus, die es kostete.

«In ein paar Wochen bringe ich es zurück.»

«Wie Ihr wünscht», erwiderte der Mann. «Aber überfordert es nicht. Ihr wißt ja, wie Taoisten sind. Die können sogar noch länger laufen als ein Maultier.»

«Jetzt übertreibst du aber, Onkel.»

Der alte Mann lächelte. «Also los, und gute Reise, kleiner Mönch!»

«Mögen die Götter dich segnen!»

«Und Euch viel Glück!»

Saihung setzte seinen Plan mit gewissenhafter Genauigkeit in die Tat um. Er futterte sich von Stand zu Stand und zog dabei das Maultier hinter sich her. Als er wieder am Tempel angelangt war, begab er sich an ein Seitentor, um das Maultier abzuliefern. Als er anklopfte, sah er zu seinem Erstaunen das ‹unnütze Treibgut› von vorhin an der Mauer stehen. Beide rauchten und schauten nicht in seine Richtung. Leise schlich Saihung sich in den Tempel und erkundigte sich beim Pförtner nach ihnen.

«Junger Bruder», fragte er ihn, «hast du diese beiden schon einmal gesehen?»

«Nein, Älterer Bruder», antwortete der junge Novize. «Aber sie sind zur selben Zeit gekommen wie du.»

Saihung übergab dem Novizen die Zügel des Maultiers und legte sein Ohr an die Mauer.

«Hast du schon von diesen sensationellen Raubüberfällen in Peking gehört?» Das war die Stimme des Heiseren.

«Ja. Niemand weiß, wer es ist, aber er muß ein außergewöhnlich guter Kämpfer sein.»

«Wird er in den Zeitungen nicht als die Schwebende Himmelsspinne bezeichnet?»

«Ja. Er kann von Dach zu Dach springen. Zweimal hatte die Polizei ihn schon in die Enge getrieben, aber er hat alle Polizisten umgebracht – obwohl sie Gewehre hatten.»

«In der Unterwelt heißt es, daß er zu Tu Yüeh-shengs Männern gehört», ließ die heisere Stimme sich wieder vernehmen. «Dieser Shanghaier Gangsterboß ist wirklich ungeheuer mächtig, vor allem im Norden.»

In diesem Augenblick war von der Straße her Lärm zu hören. «Komm», sagte der Heisere. «Wir müssen los.»

Saihung war enttäuscht. Er hatte sich mehr erhofft als nur ein bißchen Tratsch.

Am nächsten Morgen machten Saihung, der Großmeister und die beiden Gefährten sich schon sehr zeitig auf den Weg. Der nachtschwarze Himmel begann gerade dem Morgengrauen zu weichen. Zum Glück war es kühl, denn in Hsian konnten die Frühlingstage oft unerträglich heiß werden. Saihung sah die schmale Mondsichel am Himmel und die kleinen schwarzen Silhouetten der Fledermäuse, die zu ihren Schlafbäumen zurückflogen.

Durch die dämmerigen Straßen wanderten schon die ersten verschlafenen Leute. Einige trugen Laternen, um sich besser zurechtzufinden. Die Ladenbesitzer entfernten die Bretter von der Vorderseite ihrer Geschäfte, und die Besitzer der Essensstände, die es an allen Straßenecken gab, machten Feuer in ihren Öfen. Hunde blieben stehen, schnüffelten und bellten. Sie überquerten die Anlagen, wo Männer und Frauen sich der Morgengymnastik und dem *t'aichi ch'üan* widmeten. Ein dicker Mann schwenkte einen Stock, aber seine Bewegungen wirkten so stilisiert und gelangweilt, daß es aussah, als stake er ein Boot.

Der Großmeister sagte kein Wort zu diesen frühmorgendlichen Szenen. Auf seiner Stufe spiritueller Meisterschaft konnte er jederzeit sein Alltagsbewußtsein verlassen und wieder zurückkehren. Selbst im Zwielicht dieser Morgenstunde ruhte das göttliche Licht auf ihm, und die Welt kümmerte ihn nicht. Dennoch war es seine Pflicht, sich den Menschen zu zeigen.

Wenn die Leute sich näherten, boten die vier Priester ihnen alle Dienste an, die sie wünschten, und nahmen die Spenden der Frommen in Empfang. Diese Almosen reichten nie aus. Armut und Sparsamkeit hielten die Leute meist davon ab, größere Summen zu geben. Die größeren Spenden kamen von den wohlhabenden Gönnern, die ihren Besuch wünschten.

Saihung führte das Maultier, auf dem sein Meister ritt. Die beiden Gefährten gingen rechts und links vom Großmeister. Als sie die Kleine Wildganspagode hinter sich gelassen hatten, lag bereits das volle, rosige Sonnenlicht auf ihrer ziemlich verwitterten, aber trotzdem immer noch eleganten siebenstufigen Spitze.

Schließlich kamen sie zu einer prächtigen Villa in der südlichen Vorstadt. Das Anwesen war von einer hohen Backsteinmauer umgeben, und an den Stahltoren standen Privatwächter. Sie ließen die vier Besucher sofort ein und führten sie durch ausgedehnte, hübsche Gartenanlagen mit üppigem Grün, plätschernden Bächen und Steingärten mit riesigen Felsbrocken. Sie gelangten zu einer Backsteinhalle mit neuen Dachziegeln aus glasierter grüner Keramik, Säulen mit kunstvoll geschnitzten Drachen- und Phönixmotiven und einem prächtigen Schild über dem Eingang, das dem Besucher verkündete, daß er sich im Hause des Herrn Li befand.

Der Pariarch Li, ein beleibter Mann mit grauem Spitzbart und pockennarbigem Gesicht, begrüßte sie freudig. Er trug ein teures blaues Brokatgewand mit hochgeschlossenem Kragen. An seinem linken Zeigefinger glitzerte ein protziger rechteckiger Jadering.

«Verzeiht, daß ich Euch nicht selber begrüßt habe», sagte der Patriarch.

«Aber das macht doch nichts, bitte sei nicht so förmlich», erwiderte der Großmeister mit einer eleganten Bewegung seines Yakschwanzwedels.

«Bitte nehmt doch Platz!»

Sie ließen sich auf geschnitzten Rosenholzstühlen nieder, die in zwei Reihen im Zimmer standen. Der Stuhl des Patriarchen stand in der Mitte, gegenüber den Türen. Dienerinnen brachten zugedeckte Teeschalen zur Erfrischung der Gäste herein.

«Euer Besuch ist mir eine Ehre, Großer Lehrer», sagte Patriarch Li und nahm seine Teeschale in die Hand. «Bitte versucht den Tee!»

Anmutig hob der Großmeister die Schale an der Untertasse hoch und schlang die Finger um ihren Rand. Mit der anderen Hand griff er nach dem Deckel und schöpfte behutsam die Teeblätter ab, die noch auf dem Tee schwammen. Dann nahm er einen Schluck und bedeckte dabei den Mund mit seinem langen, herabhängenden Ärmel. Patriarch Li beobachtete ihn genau.

«Der Großmeister ist ein kultivierter Mann mit guten Manieren. Heutzutage kennen nur noch wenige Leute die richtigen Umgangsformen.»

«Du schmeichelst einem unwürdigen Eremiten», erwiderte der Großmeister. «Du bedienst ihn mit Porzellan aus der Sung-Dynastie, du verschwendest diesen teuren, vor dem Trocknen der Tautropfen gepflückten Drachenbrunnen-Tee an einen alten, verschrumpelten Priester und seine unbedeutenden Schüler. Das sind wir doch gar nicht wert.»

«Was für ein Kenner!» rief der Patriarch. «Ihr seid ein Mann von erlesenem Geschmack, viel zu bescheiden im Hinblick auf Eure Stellung in dieser Welt.»

«Aber nicht doch, nicht doch!»

«Bitte, trinkt alle von dem Tee!»

Nach ein paar Minuten setzte der Patriarch seine Teeschale ab und seufzte.

«Der Herr des Hauses Li dürfte doch wohl keinen Grund zum Kummer haben», sagte der Großmeister.

«Verehrter Meister, ihr ahnt ja gar nicht, was für eine Verantwortung auf mir lastet.»

«Kann ich dir zu Diensten sein?»

Da blickte der Patriarch mit einem Ausdruck hellen Entzükkens auf. Es war ein theatralischer Blick plötzlicher Erleuchtung, als sei ihm ganz zufällig jemand über den Weg gelaufen, der ihm helfen könne. Und dabei wußten doch alle, daß er einen Grund gehabt hatte, sie einzuladen. Sie hielten sich lediglich an die üblichen Formalitäten.

«Es geht um meinen Sohn», fuhr der Patriarch fort. «Obwohl er inzwischen alt genug ist und eine Ausbildung in Europa erhalten hat, ist er immer noch nicht verheiratet. Ich habe schon ein paarmal versucht, eine Ehe für ihn zu arrangieren, aber er wehrt sich dagegen und behauptet, so etwas sei heute nicht mehr modern. Aber wie soll er denn sonst eine Frau finden? Wißt Ihr, mein Sohn sieht ein bißchen unscheinbar aus. Könnt Ihr nicht Eure Kräfte einsetzen, mir einen Talisman geben oder eine magische Formel rezitieren, damit mein Junge ein gutaussehender Mann wird und auf weniger seltsame Ideen verfällt, verehrter Meister?»

«Um so etwas darf man nicht bitten, Patriarch Li», entgegnete der Großmeister. «Es gibt keinen rechtschaffenen Weg, aus einem unscheinbaren Jungen einen gutaussehenden zu machen, und es ist auch nicht richtig, ihn zu verhexen, nicht einmal auf Bitten seiner Eltern. Aber ich will dir einen Rat geben. Bedenke doch nur, was für Möglichkeiten deinem Sohn offenstehen, wenn er frei von den Ablenkungen ist, denen gutaussehende Männer ausgesetzt sind. Schönheit kann auch ein Fluch sein und Häßlichkeit ein Segen. Die Götter haben uns allen ein gewisses Quantum an Glück mit auf den Weg gegeben als Ausgleich für den Kummer, den wir in diesem Leben unweigerlich erleiden müssen. Es liegt an uns, ob wir unsere Gaben erkennen oder nicht.»

«Ihr habt recht, obwohl Eure Worte mir das Herz schwermachen», stimmte der Patriarch traurig zu. «Ich sollte mich damit abfinden. Aber es ist schwer, mit ihm zurechtzukommen. Er hat den Kopf voll moderner Ideen.»

Der Großmeister erhob sich. «Laß uns einen Spaziergang durch den Garten machen! Du mußt dich erst einmal beruhigen, dann wollen wir weiter darüber reden.»

Sie traten in den Garten hinaus, und die Stimmung des Patriarchen hellte sich tatsächlich auf, als er ihnen voll Stolz sein prächtiges Anwesen zeigte. Er bestand darauf, sie durch alle Hauptgebäude zu führen, auch zu den Wohnräumen seiner Familie, dem Ahnenschrein und den Aussichtspavillons. Sie schlenderten überdachte Fußwege entlang, spazierten über Zickzackbrücken und bewunderten die auf dem Wasser schwimmenden Lotusblätter, die aus dem T'aihu-See stammenden Felsblöcke und die alten Weiden, die sich im Wasser spiegelten. Der Patriarch führte sie durch ein Mondtor in der Gartenmauer zu einem anderen Teil des Anwesens. Hier wohnte sein Sohn, der in ihrem Familienunternehmen an zweiter Stelle stand.

Der Großmeister blieb stehen. «Was ist denn das da drüben im Hof vor dem Haus, Patriarch Li?»

«Die europäische Ausbildung meines Sohnes hat mir viele Vorteile eingebracht», erklärte der Patriarch. «Aber er hat dort auch einige merkwürdige Interessen entwickelt. Als er wiederkam, wollte er die Pflanzen ausreißen, die seit fünf Generationen hier wachsen, und einen Garten im westlichen Stil anlegen. Aber ich habe mich strikt geweigert. Da ließ er aus Trotz diese Töpfe mit Bäumen und Sträuchern herbringen, um damit einen westlichen Garten zu imitieren. Wahrscheinlich sollte ihn das an Frankreich erinnern. Es ist grauenhaft, wie diese Ausländer die Bäume beschneiden, aber ich habe gehört, es soll modern sein.»

«Es verstößt gegen die Gesetze der Geomantie», murmelte der Großmeister.

«Aber ehrwürdiger Meister, es kann doch nicht so durch und durch schlecht sein, die Ausländer nachzuahmen.»

«Ich will dir etwas erklären», sagte der Großmeister. «Ob du es glaubst oder nicht, ist deine Sache. Das Haus deines Sohnes zeigt nach Süden. Früher konnte man von dort aus den Bach und den Teich überblicken. Dazwischen lag ein großer Hof. Jetzt hat er den ganzen Hof mit Bäumen vollgestellt, die nicht nur das Sonnenlicht fernhalten, sondern auch den Wohlstand. Die Wacholderbüsche, die früher in den kleinen Beeten am Tor wuchsen, sind herausgerissen worden, und man hat keinen Blick mehr auf den Teich. Meiner Ansicht nach ist das die Ursache deiner Probleme.»

«Ehrwürdiger Meister», entgegnete der alte Patriarch respektvoll, «Ihr wißt, daß ich unumschränkt an den alten chinesischen Sitten festhalte. Aber diese jungen Leute von heute...»

«Es spielt keine Rolle, ob du mir glaubst oder nicht.»

«Ich glaube Euch! Ich glaube Euch!» versicherte der Patriarch hastig. «Aber der Konflikt zwischen Ost und West ist schwer zu lösen.»

«Du hast also familiäre Probleme», stellte der Großmeister fest. «Ich will dir etwas erklären. Nicht alle Chinesen und alle Leute aus dem Westen sind starr und unflexibel in ihren Ansichten. Ost und West sind zwar zwei verschiedene Weltanschauungen, aber sie sind nicht unwandelbar. Es gibt inzwischen Chinesen, die sich das westliche Denken angeeignet haben. Manche von ihnen, wie beispielsweise dein Sohn, besitzen die Fähigkeit, Bedeutsames zu leisten. Und genauso wird irgendwann einmal der Tag kommen, an dem die Menschen im Westen erkennen, was es heißt, im Einklang mit der Natur zu leben. Sie werden begreifen, wie man die subtile Polarität von *yin* und *yang* beobachtet und sich danach richtet. Sie werden lernen, mit der Natur zusammenzuarbeiten, statt sie zu bekämpfen. Dieser gärtnerische Stil repräsentiert die Einstellung der westlichen Menschen zur Natur. Sie wollen sie beherrschen, eingrenzen, ihrer Geheimnisse berauben und in ein geometrisches Muster zwingen, das sie selbst erfunden haben. Doch eines Tages werden sie sehen, daß es auch anders geht.»

«Also ist dieser verfluchte ausländische Garten mein Verderben», sagte der Patriarch wehmütig.

«Halt, nicht so schnell! Ich bin kein fremdenfeindlicher Dogmatiker. Es ist die Position dieser Bäume, die den Wohlstand von dir fernhält. Auch wenn sie im chinesischen Stil beschnitten wären oder eine natürliche Form hätten, würden sie deine geomantischen Möglichkeiten zunichte machen.»

«Der ehrwürdige Meister belehrt mich, aber ich verstehe nicht, was er meint.»

«Ich weiß, daß du Probleme mit deinem Sohn hast. Er führt Sitten aus dem Westen bei dir ein, und wenn sie deinem guten Ruf nicht schaden und Profit bringen, machst du sie dir zu eigen. Aber andererseits bist du ein Traditionalist, und wenn er zu weit geht, wehrst du dich dagegen. Seine äußere Erscheinung bringt dich zur Verzweiflung, aber sein inneres Wesen erkennst du nicht. Deine familiären Schwierigkeiten sind nicht nur auf geomantische Ursachen zurückzuführen, sondern auch darauf, daß Vater und Sohn ihre gegenseitigen Verpflichtungen nicht erfüllen.»

«Ich kann nicht akzeptieren, daß unwissende Ausländer mehr Autorität haben sollen als meine schöne heimische Kultur», erklärte der Patriarch. «Wir Chinesen hatten schon eine hochentwickelte Zivilisation und führten ein kultiviertes Leben, als sie ihren Gott ans Kreuz nagelten. Mein Sohn sollte nach chinesischer Tradition heiraten. Das Haus Li braucht doch Erben.»

«Es stimmt, Ost und West sind zwei verschiedene Welten», erwiderte der Großmeister. «Das läßt sich am besten am Beispiel eines Baumes veranschaulichen. Der westliche Mensch ist wie eine Kiefer in den Bergen, die ihre Wurzeln in den harten Fels hineintreibt, ihn durchdringt und zersplittert, um zu überleben. Der Westen ringt und strebt ständig nach dem Unerreichbaren. Der Chinese dagegen ist wie ein Banyanbaum, dessen Wurzeln den Felsen umschlingen und wie Rinnsale überziehen. Er gibt dem Felsen nach, dringt in seine Ritzen und Spalten ein und wird eins mit ihm. Der Osten akzeptiert das Leben so, wie es ist, und versucht sich in Einklang damit zu bringen. Und doch gibt es auch grobe, ungehobelte Chinesen, die sich das Land genauso gern untertan machen und ausbeuten würden wie die Ausländer. Und eines Tages wird es im Westen eine Bewegung geben, welche die Ruhe heiliger Gebirgstempel sucht.»

«Wollt Ihr damit sagen, daß Ost und West irgendwann einmal zueinanderfinden werden, ehrwürdiger Meister?»

«Der Aufruhr im Westen wird noch sieben Jahre dauern. Der Konflikt hat seinen Höhepunkt noch nicht erreicht. Es werden noch weitere Länder in den Großen Krieg hineingezogen werden, und die Menschheit wird neue, schreckliche Waffen kennenlernen, die wie eine Sonne auf die Erde herabstürzen. Und der Osten wird in noch größere Schwierigkeiten geraten, die noch dreißig Jahre anhalten. Erst in dreihundert Jahren wird die Menschheit Frieden finden.»

Patriarch Li verneigte sich. «Eure Weisheit ist mir unbegreiflich. Das *tao* ist wirklich schwer zu verstehen.»

Der Großmeister lächelte. Er sah, daß der alte Mann den Sinn seines Vortrags nicht begriffen hatte. «Verzeih mir, das war nur das Geschwätz eines wunderlichen Eremiten. Wir sprachen über deinen Sohn, und ich bin vom Thema abgekommen. Ich will dir einen ganz einfachen Rat geben: Entferne die Bäume und Sträucher aus dem Hof! Sperre den Wohlstand nicht aus deinem Hause aus! Aber versuche gleichzeitig auch deinen Sohn zu verstehen! Du brauchst deine eigenen Traditionen deshalb nicht zu verleugnen. Aber du solltest nicht nur die Oberfläche des Problems sehen. Die Lösung liegt nicht darin, die äußere Erscheinung deines Sohnes zu verändern, sondern sein Wesen zu begreifen.»

Sie blieben noch den ganzen Nachmittag da, lernten die Mitglieder der Familie Li kennen und nahmen ihre Gastfreundschaft in Anspruch. Ganz besonders genoß Saihung das Festmahl zu Ehren seines Meisters. Da gab es köstliche Gerichte aus kalten, in Scheiben geschnittenen Quallen, Seegurken, knusprigem Enten- und Gänsebraten, gedünstetem Gelbfisch, würzigen Süßwasserkrebsen, Wild, Fasan und frischem Gemüse. Der Reiswein duftete so köstlich und berauschend, daß Saihung ihn sogar von seinem Platz am Tisch aus riechen konnte. Der Großmeister aß nur von den vegetarischen Gerichten, die extra für ihn zubereitet worden waren, war aber nachsichtig mit seinen Schülern und erlaubte ihnen zu essen, was sie wollten.

Als sie zu ihrem Tempel in Hsian zurückkehrten, waren sie alle glücklich und zufrieden. Sie hatten der Familie geholfen, waren gut bewirtet worden, und der Hausherr hatte ihnen Spenden versprochen. Trotz des späten Abends war es immer noch warm. Die beiden Gefährten begaben sich an ihre häuslichen Pflichten. Nebel-im-Hain holte Wasser aus dem Brunnen, und Klang-klaren-Wassers öffnete die Fenster. Saihung löste seinem Meister das Haar und fuhr behutsam mit dem Sandelholzkamm durch die dichten weißen Strähnen.

«Es genügt nicht», erklärte der Großmeister Saihung, «nur über Geomantie und Talismane zu reden. Als Priester müssen wir ein Gespür für die wahren Probleme unserer Anhänger haben. Die Schwierigkeiten des Patriarchen Li mußte ich auf zwei verschiedenen Ebenen angehen. Einerseits mußte ich die geomantische Ausrichtung seines Hauses korrigieren. Das wird wirklich etwas an der Situation der Familie verändern. Andererseits wurde mir klar, daß das Problem zum großen Teil in dem Konflikt zwischen Vater und Sohn liegt. Also wies ich ihn unter dem Deckmantel der Geomantie auf den wahren Grund seiner familiären Probleme hin und versuchte ihn von seinen Ängsten zu befreien. Aber ein Priester darf sich nicht allzu intensiv ins Schicksal anderer Menschen einmischen. Er muß seine Botschaft in poetische Worte kleiden, um sicherzugehen, daß sein Gesprächspartner nur dann danach handelt, wenn er auch wirklich dazu bereit ist. Wenn dieser den Sinn der Worte nicht versteht, dann ist das sein Schicksal.»

In diesem Augenblick kam Nebel-im-Hain mit dem Wasser zurück. «Das Maultier scheint krank zu sein, Kleiner Schmetterling», sagte er.

«Was? Heute abend ging es ihm doch noch gut.»

«Vielleicht hat es sich überhitzt», meinte Klang-klaren-Wassers.

«Ich habe keine große Erfahrung mit Maultieren, *Ta Shih*. Können wir nicht alle drei hinübergehen und nachsehen, was mit ihm los ist?» bat Nebel-im-Hain.

«Ja», stimmte der Großmeister zu. «Geht und löst das Problem!»

Kaum waren sie draußen, stellte Saihung seinen älteren Bruder zur Rede. «So schlimm kann es mit dem Maultier doch nicht sein. Warum hast du uns rausgelockt?»

«Pst», flüsterte Nebel-im-Hain. «Mit dem Maultier hat das nichts zu tun. Am Brunnen hat mich ein schwarzgekleideter Mann mit maskiertem Gesicht angegriffen. Nach kurzem Kampf ergriff er die Flucht.»

«War er ein guter Kämpfer?» fragte Klang-klaren-Wassers.

«Nicht schlecht», antwortete Nebel-im-Hain. «Er wollte mich eindeutig töten, aber es ist ihm nicht gelungen. Ich glaube, ich habe ihn verletzt.»

«Was für einen Grund könnte er gehabt haben?» fragte Saihung. «Sollte das vielleicht ein Raubüberfall sein?»

«Nein, ich glaube nicht», sagte Nebel-im-Hain. «Hätte er in den Tempel einbrechen wollen, dann wäre er zur Haupthalle und zur Schriftenhalle gegangen, wo die Schätze aufbewahrt werden. Warum hätte er ausgerechnet zum Gästehaus kommen sollen?»

«Dann bleibt nur noch eine Schlußfolgerung übrig», sagte Saihung. «Sie wollten unseren Meister umbringen.»

«Das kann sein», stimmte Nebel-im-Hain zu. Er wandte sich an Klang-klaren-Wassers. «Was meinst du?»

«Ich halte das auch für möglich. Allerdings wüßte ich nicht, warum jemand den Großmeister aus dem Hinterhalt angreifen sollte. Jedenfalls müssen wir ihnen eine Falle stellen. Das ist die einzige Möglichkeit, uns Klarheit zu verschaffen.»

«Einverstanden», sagte Nebel-im-Hain. «Aber sie beobachten uns auf Schritt und Tritt. Wir müssen vorsichtig sein.»

Um elf Uhr abends begann der Großmeister mit seiner Meditation. Nun konnten seine Schüler ihren Plan ausführen. Saihung ging deutlich sichtbar mit einer Laterne über den Hof und durch das Tor zu den Latrinen. Drinnen band er seine Ärmel hoch und wartete. Es roch unangenehm. Seine einzige Waffe war ein zusammenfaltbarer Fächer.

Es dauerte nicht lange. Wie Nebel-im-Hain vorhergesagt hatte, folgte eine dunkle Gestalt Saihung auf dem Fuße. Wenn die Angreifer es auf den Großmeister abgesehen hatten, wußten sie, daß alle seine Schüler gute Kämpfer waren. Also würden sie versuchen, zuerst einmal die Verteidiger des Großmeisters auszuschalten, und zwar einen nach dem anderen.

Als Saihung Schritte hörte, sprang er mit einem Satz aus der Latrine. Da sauste durch die Dunkelheit ein Wurfmeser auf ihn zu. Mit einer raschen Fingerdrehung öffnete Saihung seinen Fächer und hielt ihn als Schutzschild vors Gesicht. Er trat schnell einen Schritt zur Seite und lenkte mit dem Fächer die Klinge von sich ab. Dann spähte Saihung durch die Rippen des Fächers. Auf diese Weise konnte er alles beobachten und dabei doch gleichzeitig seine eigenen Absichten verbergen.

Ein schwarzgekleideter, maskierter Mann mit zwei langen Dolchen sprang von der Tempelmauer. Zwei kleine Halbmonde blitzten in der Dunkelheit auf, als die Spitzen der beiden Dolche sich auf Saihung richteten. Saihung ließ seinen Fächer wieder zuschnappen. Geschickt wehrte er die Angriffe ab, bis seine Chance kam. Als sein Gegner mit dem Dolch nach ihm stoßen wollte, versetzte er ihm mit der Fächerkante einen Schlag auf den linken Handrücken. Die Handknochen zersplitterten unter der Wucht des Schlages.

Aber der Mörder hatte noch seinen zweiten Dolch, mit dem er nun erneut auf Saihung eindrang. Er versuchte ihn mit einem blitzschnellen Hagel von Fußstößen abzulenken, ehe er den Dolch einsetzte. Geschickt zielte er auf Saihungs verletzlichste Stellen: Handgelenk, Kehle, Augen. Saihung spürte, daß er etwas riskieren mußte, um zu siegen.

Er trat zwei Schritte zurück, um den Angreifer nach vorne zu locken. Als der Mann einen Schritt vortrat, wirbelte Saihung seinen Fächer durch die Luft wie einen Bumerang. Für den Bruchteil einer Sekunde schaute der Mörder nach oben. Diesen Augenblick nutzte Saihung, um sich auf den Boden zu werfen, zu dem Dolch hinüberzurollen, den der Angreifer vorher fallenlassen hatte, ihn mit beiden Händen zu ergreifen und seinem Gegner damit von unten einen Schnitt zu versetzen, der mehrere Kleiderschichten durchtrennte. Die polierte Stahlklinge färbte sich rot, als das Blut an ihr herabrann. Saihung trat einen Schritt vor, tat so, als wende er sich von seinem Gegner ab, stach aber dann in dieselbe Wunde: von unten nach oben, unterhalb des Brustbeins bis ins Herz hinein. Er spürte den Widerstand von Muskeln und Zwerchfell, während er den Dolch bis zum Heft in die Brust trieb. Das alles war so schnell gegangen, daß er sich sogar noch aufrichten und den Fächer auffangen konnte, ehe er zu Boden fiel.

Rasch durchsuchte Saihung den Mann. Als er ihm die Maske abnahm, erkannte er an den vorstehenden Augen und an der glatten Haut den Mann wieder, dem er am Abend vorher bei den Essensständen begegnet war. Die Wimpern wirkten so dicht, als seien sie mit Wimperntusche gefärbt.

Dann entkleidete er den Mann. Außer einem Talisman aus Jade, den er um den Hals trug, fand er nur einen Schuldschein des Roten Pfingstrosenpavillons über tausend Unzen Silber.

Die Tempelglocke, viel kleiner und weniger klangvoll als die auf dem Huashan, schlug Mitternacht. Saihung wußte, daß seine beiden Gefährten, die in der Nähe des Großmeisters geblieben waren, jetzt ihren Teil der Aufgabe erfüllten. Er ging ans Tor des Tempelhofs und sah Klang-klaren-Wassers in Begleitung einer großen, in einen Umhang gehüllten Gestalt, die den Hut und Schleier seines Meisters trug und seinen Yakschwanzwedel in der Hand hielt. Klang-klaren-Wassers trug einen Stock und sein Kleiderbündel in der Hand. Die beiden schienen panische Angst zu haben, denn es sah aus, als hätten sie Hals über Kopf die Flucht ergriffen. Sie schlossen nicht einmal das Tor hinter sich.

Saihung hielt sich bereit und wartete, bis sein Instinkt ihm sagte, daß jetzt der richtige Augenblick gekommen war. Mit leisen, schlurfenden Schritten, die unter der Bezeichnung Rattenschritt bekannt sind, rannte er über den Hof. In diesem Augenblick sprangen zwei weitere Angreifer vom Dach eines benachbarten Gebäudes. Sie stürmten direkt auf die Gemächer des Meisters zu. Saihung hatte die Aufgabe, sie abzulenken.

Er griff die beiden gleich so heftig an, daß sie erst gar nicht ihre Waffen zücken konnten. Schon bei den ersten Fausthieben, die sie einander versetzten, merkte er, daß beide geübte Kämpfer waren. Der eine war größer, aber schwächer. Auf ihn konzentrierte sich Saihung. Er packte ihn am Arm und schleuderte ihn mit einem Ringergriff in den anderen Angreifer hinein. Jetzt war es an der Zeit, zu einer List zu greifen.

Saihung stellte sich zwischen seine Gegner und das Tor. Das war ein Risiko, denn der Weg zum Gebäude war nun frei. Er nahm eine auffallende Pose ein: eine Hand erhoben, die andere zur Faust geballt. Mit dieser Haltung verspottete und beleidigte er die beiden Kämpfer, denn er verhöhnte damit ihre Unfähigkeit anzugreifen. Und natürlich beschimpfte er sie dabei mit allen obszönen Ausdrücken, die ihm einfielen.

Saihungs Erfahrung nach reagierten schwächere Kämpfer immer sehr impulsiv. Das Risiko hatte sich gelohnt, denn der größere der beiden Angreifer zückte einen gebogenen Breitsäbel und stürzte sich wütend auf Saihung. Alles andere ging ganz schnell: Ein Schlag in die Magengrube des Gegners, ein Arm um seinen Hals, ein rascher Wurf, und schon flog der Mann durch das Tor. Mit zermalmender Wucht sauste Klang-klaren-Wassers Stock auf ihn herab, aber der Mann wich aus. Jetzt war es ein Kampf eines durch die Luft wirbelnden Säbels gegen einen Stock.

Nun lag Nebel-im-Hains Strategie klar auf der Hand: Er hatte die Mörder keineswegs mit einem als Großmeister verkleideten Mann ködern wollen, sondern sie im Gegenteil nur glauben machen wollen, daß das ein plumper Trick wäre. Die Angreifer, die Saihung für tot hielten und glaubten, daß die beiden Mönche sie anzulocken versuchten, sollten dann denken, daß der Meister nun allein und ungeschützt wäre. Sie würden losstürmen in der Absicht, den Meister umzubringen. Dann sollte Saihung sie zum Tor hinaustreiben, wo Nebel-im-Hain und Klang-klaren-Wassers sie töten könnten, ohne daß der Großmeister etwas merkte.

Als der zweite Angreifer erkannte, auf was für eine raffinierte Kriegslist er hereingefallen war, hatte er nur noch ein einziges Ziel: die Flucht. Er zog ein langes, gerades Schwert aus der

Scheide und griff Saihung an. Er ließ die Klinge mehrmals rasch
durch die Luft sausen und vollführte zwei Stiche in Saihungs
Richtung. Dann flüchtete er vom Tor weg und rannte die Mauer
entlang. Er nahm Anlauf, sprang hoch, stützte sich auf die
Mauer und schwang sich mit einem Satz hinüber. Saihung
rannte durch das Tor.

Klang-klaren-Wassers war immer noch mit seinem Gegner
beschäftigt. Er ließ seinen Stock ein zweites Mal auf ihn herab-
sausen, zerschmetterte ihm das Schulterblatt und brach ihm das
Schlüsselbein. Das scharfe Ende des gebrochenen Knochens
ragte aus dem Fleisch heraus. Da ließ der Angreifer den Säbel
fallen. Mit einem Stoß in den Magen und einem gegen die Kehle
streckte Klang-klaren-Wassers den Mann zu Boden.

Der letzte Mörder wollte fliehen, doch Nebel-im-Hain stellte
sich ihm mit seinem ungewöhnlichen Schwert in den Weg. Es
war eine breitere Waffe, die man mit beiden Händen führte.
Der Stahl war mit Hilfe von Chemikalien und Feuer purpurn
gefärbt worden. Statt der üblichen Blutrinne auf der Klinge wies
dieses Schwert in der Mitte einen durchgehenden, offenen
Kanal auf. Es war eine grausame Waffe. Wenn man sie in den
Körper des Gegners hineinstach, umschloß das Fleisch die
Klinge und wurde in die Öffnung hineingesaugt. Zog man
das Schwert dann wieder heraus, riß es große Fleischstücke aus
der Wunde.

Da sein eigenes Schwert zu zerbrechlich war, um einem
direkten Zusammenstoß mit dem Schwert Nebel-im-Hains
standzuhalten, wirbelte der Angreifer ständig hin und her, um
der Purpurklinge auszuweichen. Er zielte mit der scharfen
Spitze seines Schwertes auf die Schwachpunkte seines Gegners:
Handgelenk, Nabel, Kehle. Mit weniger Eleganz, aber um so
größerer Treffsicherheit schlug der Mönch mit seinem schweren Schwert zurück. Da nahm der Mörder seinen ganzen Mut
zusammen und griff Nebel-im-Hain voll an. Dieser senkte die
Spitze seines Schwertes nach unten und versetzte seinem Gegner
einen beleidigenden Schlag. Wütend wollte der Mann sich auf
ihn stürzen. Doch Nebel-im-Hain wich zurück, kniete nieder
und stieß mit seinem Schwert plötzlich nach oben. Der Mann
konnte seinen Lauf nicht mehr rechtzeitig abbremsen und

spießte sich an der Klinge auf. Nebel-im-Hain sprang hoch, durchbohrte ihm den ganzen Körper und riß die Klinge hoch bis in den Magen hinein. Dem Mann sollte das Blut in den Hals schießen, damit er lautlos starb.

Die drei Mönche durchsuchten die Leichen. Wie Saihung erwartet hatte, war der Schwertkämpfer der Mann mit der Narbe. Aber alle drei waren überrascht, unter den toten Angreifern auch einen buddhistischen Mönch zu entdecken. Man konnte natürlich nicht feststellen, ob er tatsächlich ein Mönch oder nur so verkleidet war. Sie öffneten seine Gewänder und entdeckten einen Brief, in dem vor einem neuen religiösen Konflikt zwischen Buddhisten und Taoisten gewarnt wurde. Die Taoisten von Huashan würden den Mönch töten, hieß es. Der Brief war mit einem Namen unterzeichnet und versiegelt, den die drei nicht kannten. Irgend jemand hatte den Mönch durch Intrigen dazu verleitet, sie anzugreifen. Saihung zog den Schuldschein heraus. Roter Pfingstrosenpavillon – das war doch das Kasino, das er zusammen mit Schmetterling besucht hatte. In was für einer Verbindung konnte es zu dem Attentat auf seinen Meister stehen? Den beiden Gefährten war der Zusammenhang sofort klar.

«Dieser Pavillon», meinte Klang-klaren-Wassers, «soll dem bedeutendsten Schüler von Phönixauge gehören.»

«Da steckt eindeutig unser Kamerad dahinter», erwiderte Nebel-im-Hain.

«Was für eine Gemeinheit!» brauste Saihung auf. «Ist er denn so versessen darauf, den Berg unter seine Macht zu bringen? Hat er völlig vergessen, was Loyalität ist?»

«Wenn du ein bißchen älter bist, wirst du lernen, dich nicht mehr über die Heimtücke anderer Menschen zu wundern», bemerkte Klang-klaren-Wassers. «Aber das paßt tatsächlich zu den Gerüchten, die wir gehört haben. Phönixauge ist Berater mehrerer Kriegsherren. Er will den Huashan unter seine Herrschaft bringen, damit ein ganzer heiliger Berg hinter seinem Machtstreben steht. Dazu braucht er natürlich Geld und Einfluß. Der Pfingstrosenpavillon und andere ähnliche Etablissements bringen hohe Gewinne und stellen gleichzeitig eine Verbindung zur reichen Unterwelt her.»

«Eine kluge Strategie», sagte Nebel-im-Hain. «Schließlich weiß jeder, daß die Unterwelt von Shanghai und die Millionen, die sie am Opiumhandel verdient, Chiang Kai-shek an der Macht halten.»

«Aber unseren Meister zu töten!» rief Saihung. «Was für ein widerwärtiger Plan! Ich werde den Kerl umbringen, und zwar höchstpersönlich.»

«So einfach ist die Sache nicht», warnte Nebel-im-Hain in ruhigem Ton. «Phönixauge ist Taoist und damit ein hervorragender Stratege. Was können wir ihm schon beweisen? Es gibt keine nachweisbare Verbindung zwischen Phönixauge und diesem Pavillon. Er gehört seinem Schüler. Er kann alles abstreiten. Wahrscheinlich ist es ihm sogar gleichgültig, ob die Attentäter ihr Ziel erreichen oder nicht. Er wollte, daß wir den Schuldschein finden. Das sagt genug. Wir müssen uns in acht nehmen. Phönixauge will uns in die Enge treiben.»

«Aber was sollen wir denn machen?» fragte Saihung. «Der Großmeister unternimmt doch nichts.»

«Er hat seine Gründe, und es steht uns nicht zu, an seinen Entscheidungen zu zweifeln. Er ist weise. Er wird uns schon sagen, was wir tun sollen. Jetzt müssen wir erst einmal die drei Leichen wegschaffen und zu ihm zurückkehren. Wir müssen ihn beschützen.»

Saihung und die beiden Gefährten schleiften die Leichen vom Tempelgelände weg. In jener Zeit der Armut und des Krieges starben jeden Tag Menschen auf der Straße. Es würden nur drei Leichen mehr sein und ein weiteres Rätsel für die Polizei. Dann wuschen sie sich und zogen sich um. Als sie fertig waren, war es schon fast ein Uhr morgens. Jetzt mußten sie zu ihrem Meister gehen, um den Weihrauch zu erneuern und ihm Wasser zu bringen.

Ernst und feierlich betraten sie sein Zimmer. Der Großmeister saß mit gekreuzten Beinen auf seiner Schlafplattform. Er schlug die Augen auf.

«Habt ihr die Sache in Ordnung gebracht?»

Saihung und die beiden Gefährten blickten einander besorgt an.

«Ja, *Ta Shih*», sagte Saihung. «Das Tagewerk ist erledigt.»

«Gut», murmelte der Großmeister. Doch als er die Augen wieder schloß, erkannten die Schüler an seiner gerunzelten Stirn, daß er mit seiner Frage nicht das Maultier gemeint hatte.

FÜNF
Nächtliche Unterweisung

Unbehelligt kehrten die vier Reisenden von ihrer Bittfahrt in die Abgeschiedenheit des Huashan zurück. Niemand sprach über die Ereignisse von Hsian. Saihung blieben nur der Schuldschein und der Brief als stumme Beweise. Ohne Kommentar lieferte er den Mönchen am Tor des Nordgipfels das Getreide, die Edelsteine, die Stoffe und die schriftlichen Spendenversprechen ab und machte sich bereit für das Klosterleben.

Die Reise hatte ihm gutgetan. Mit neuer Entschlossenheit bereitete er sich auf die kargen Mahlzeiten, die täglichen Rezitationen, die vielen Unterrichtsstunden, die harte Arbeit und die intensive Meditation vor. Wieder nahm er sich fest vor, die Herausforderungen des Klosterlebens zu bestehen und einen unbeugsamen Willen und ein feines spirituelles Wahrnehmungsvermögen zu entwickeln. Er wußte wohl, daß man diese Eigenschaften nur erwerben konnte, wenn man Körper und Geist in klösterlicher Abgeschiedenheit kultivierte. Jetzt nach seinem kurzen Ausflug in die äußere Welt war die Unruhe in seinem Inneren vorübergehend gestillt, und er konnte die Tempeldisziplin wieder akzeptieren.

Sein Meister hatte immer gesagt: «Lebe dich aus, und dann entsage der Welt!» Er wollte, daß sein Schüler kennenlernte, was das Leben zu bieten hatte, um dann nach und nach auf die Dinge verzichten zu können, die nicht dem spirituellen Wachstum dienten. Auf diese Weise würde Saihung die Stufen seines Lebens durchschreiten, ohne zu bedauern, was er hinter sich ließ.

Der Großmeister war ein fähiger, gewissenhafter Lehrer und leitete seine Schüler auf kluge und behutsame Art.

Die wichtigsten Unterweisungen fanden regelmäßig abends statt und waren nur für ein paar enge Schüler bestimmt.

Ein paar Tage nach ihrer Rückkehr trafen Saihung, Klang-
klaren-Wassers, Nebel-im-Hain und noch ein anderer Schüler
sich abends im Gemach des Großmeisters. Sie ließen sich auf
Kissen auf dem Fußboden nieder. Der Großmeister saß auf seinem Meditationspodest.

Mit einer eleganten Bewegung schob er den Ärmel seines Gewandes zurück und legte seinen rechten Arm auf die Medita-
tionsstütze.

«Heute», begann der Großmeister, «möchte ich ein wenig
anders anfangen als sonst. Sonst stellt ihr mir immer Fragen.
Diesmal will ich euch eine Frage stellen:

Was ist Taoismus?

Du lebst seit deinem neunten Lebensjahr bei mir, Kleiner
Schmetterling. Sicher kannst du mir eine befriedigende Antwort geben. Bitte antworte!»

Saihung errötete. Es machte ihn nervös, so in die Enge getrieben zu werden. Verzweifelt bemühte er sich, eine schlüssige
Antwort zustande zu bringen.

«Es gibt etwas, was alles durchdringt», sagte er. «Es ist eine
Bewegung, eine Kraft, eine Entfaltung zum unermeßlichen
Universum hin, die so mächtig ist, daß selbst die Götter ihr
unterstehen. Diese Kraft ist so groß, daß die Menschheit nur ihre
unbedeutenderen Manifestationen wahrnehmen kann. Die
Sternbilder, die Jahreszeiten, die Veränderungen in der Natur,
die Geschichte der menschlichen Zivilisation: Das alles sind Manifestationen des *tao,* aber keines dieser Dinge kann man als das
tao selbst bezeichnen. Die metaphysischen Bestandteile des Universums – die Zehntausend Dinge, die Fünf Elemente, *yin* und
yang – gehören alle zum *tao,* aber sie sind nicht das ganze *tao.* Ein
menschliches Wesen kann das *tao* in seiner Gesamtheit nicht erfassen, aber seine Prinzipien erkennen und im Einklang damit
leben. Auf diese Weise kann man dem Strom des Lebens folgen
und Unsterblichkeit erlangen.

Der Taoismus ist ein System, das uns von den Göttern, den
Weisen und jenen Wesen überliefert wurde, die Verwirklichung
erlangt haben. In ihrer Unkenntnis des *tao* gibt die Menschheit sich eitlen Bemühungen hin. Die Weisen haben die Lehren
des *tao* überliefert, um den Weg zur Befreiung zu zeigen. Die

Taoisten haben innere und äußere Alchimie, ein Lehrsystem und verschiedene Meditationsformen entwickelt, um den Menschen bei seiner Suche zu unterstützen. Das ist eine kurze Zusammenfassung des Taoismus, so wie ich ihn verstanden habe.»

Der Großmeister saß mit geschlossenen Augen da und hörte Saihungs Vortrag aufmerksam zu. Nach ein paar Sekunden schlug er die Augen auf und richtete den Blick auf seinen jungen Schüler.

«Ist das alles?» fragte er.

«Das ist alles, was mir im Augenblick einfällt», antwortete Saihung zögernd.

«Deine Erklärung ist akzeptabel, aber sie geht vielleicht nicht tief genug. Ich bin wie du der Meinung, wir sollten unsere Erörterung beim *tao* selbst beginnen. Aber wir sollten ganz sichergehen, ob dieses *tao* auch wirklich dem gesamten Universum zugrunde liegt. Fangen wir mit den Dingen an, die wir beobachten können: Wir sehen, daß die Welt der Phänomene eine ganz bestimmte Ordnung hat. In den regelmäßigen Zyklen der Sterne, Planeten und Jahreszeiten erkennen wir eine kosmische Ordnung. Aber kein ernsthafter Denker würde auf die Idee kommen, daß das schon alles ist. Wir müssen weiter forschen: Was belebt diese Dinge? Wo kommen sie her? Einige werden jetzt vielleicht antworten, daß die Götter das Universum erschaffen haben und beherrschen. Aber auch das ist keine befriedigende Antwort, denn dann müssen wir uns die Frage stellen: Wo kommen die Götter her? Außerdem wissen wir aus den Schriften, ja sogar aus volkstümlichen Sagen, daß auch die Götter dem Gesetz von Ursache und Wirkung unterworfen sind. Es muß also noch irgend etwas jenseits der Götter geben, eine Kraft, die unmittelbar mit der Ursache der Dinge in Verbindung steht.

Wohlgemerkt, ich habe Kraft gesagt. Man kann das Universum nicht auf Materie reduzieren. Aus Stein, so fein er auch zermahlen sein mag, läßt sich die Existenz von Leben, Bewegung, Zeit und Raum nicht erklären. Nein, weder Natur noch Götter, noch Materie bilden den Urgrund des Universums.

In den Schriften heißt es: ‹Sein entstand aus Nichtsein.› Denkt einmal über diesen Satz nach! Der einzig mögliche, nicht weiter reduzierbare Ursprung des Universums ist das Nichtsein. Nur dieses Nichtsein läßt sich nicht mehr weiter aufspalten und vereinfachen.

Im Anfang war das Nichts. Aus dem Nichts entsprang ein spontaner Gedanke. Dieser Gedanke verursachte eine Bewegung in der Stille des Nichts, die sich in endlosen Wellen fortsetzte. Aus dieser Bewegung entstand *ch'i,* der Lebensatem. Der Atem verdichtete sich zu den Fünf Elementen: Metall, Wasser, Holz, Feuer und Erde. Dieses Chaos wurde durch *yin* und *yang* geordnet. Der Atem gliederte sich in Einatmen und Ausatmen, das Universum ordnete sich nach dem Prinzip der Polarität, denn nur durch die Wechselwirkung und Spannung zwischen polaren Gegensätzen konnten Bewegung und Entwicklung entstehen. Aus dem Zusammenspiel all dieser Kräfte entstanden schließlich die Götter, die Menschheit und die unzähligen Phänomene. Dieser ursprüngliche Gedanke war wie ein Stein, der in einen unberührten Teich fällt. Was später kam, bildet die Welt der Phänomene.

Das *tao* ist also nicht das vollkommen Unreduzierbare, denn dieser Definition entspricht nur das Nichts, der Urgrund. Das *tao* ist nur eine Spur vom Nichts entfernt. Es steht in enger Wechselwirkung mit dem Nichts. Aus den Wandlungen des *tao,* den Wellen des Teiches, sind Himmel und Erde und die Zehntausend Dinge entstanden, und sie sind vom *tao* nicht zu trennen.

Worte nützen einem Mystiker nicht viel. Ich kann nur Hinweise geben, euch den Weg weisen. Erkennen müßt ihr das alles selber. Akzeptiert meine Worte nicht als Ersatz für eigene Erfahrungen. Nicht einmal die Äußerungen erleuchteter Wesen können eine solche persönliche Erfahrung ersetzen. Ich beschreibe mit meinen Worten Phänomene, die ich beim Meditieren gesehen habe. Deshalb sagen die Heiligen: ‹Der Weise kennt Himmel und Erde, ohne sein Haus zu verlassen.› Wenn ihr eine solche Weisheit erlangen wollt, müßt ihr meditieren.

Was also bedeutet Taoismus? Taoismus ist eine Methode, das *tao* zu studieren und sich in Einklang damit zu bringen. Oder um noch weiter zu gehen: ein Verfahren, durch das man mit dem *tao* eins werden kann. Die Weisen erklären: ‹Das *tao* ist ewig, und wer es besitzt, der kann nicht zerstört werden, auch wenn sein

Körper stirbt.› Es gibt keine einfache Methode, denn die Menschen sind verschieden, und auch das *tao* wandelt sich ständig. Es muß unterschiedliche Lebenswege geben, die auf die Bedürfnisse und Schicksale der einzelnen Menschen zugeschnitten sind. Deshalb sind in den *Sieben Bambustafeln*★ dreihundertsechzig Methoden der Selbst-Kultivierung beschrieben. Der Taoismus ist ein vielschichtiges spirituelles System. Andere Religionen bemühen sich, ihren Glauben bis ins letzte Detail zu definieren und von allen anderen Lehren abzugrenzen. Das unermeßliche Spektrum des Taoismus dagegen dehnt sich ständig weiter aus und umschließt das ganze Universum. Eines seiner Grundprinzipien besteht darin, die Menschheit und die Welt so zu akzeptieren, wie sie sind.

Die Taoisten hatten stets Verständnis für die Eigenschaften, die zum Wesen des Menschen gehören: Niedertracht und Streben nach Höherem, Gemeinheit und Edelmut, Brutalität und List, Gefühl und Verstand, Perversion und Reinheit, Sadismus und Mitgefühl, Gewalt und Pazifismus, Selbstsucht und Sehnsucht nach Transzendenz. Im Gegensatz zu anderen Weisen haben die Taoisten sich entschieden, die niederen Triebe des Menschen nicht abzulehnen. Sie waren immer der Meinung, daß man den Dualismus akzeptieren muß.

Sobald die Taoisten beide Seiten des Dualismus akzeptiert hatten, wurde ihnen klar, daß jeder Mensch Gut und Böse in unterschiedlichem Ausmaß in sich vereint. Deshalb entwickelte sich der Taoismus zu einem umfassenden System, das die Bedürfnisse der verschiedenen Menschen befriedigt. Dem einfachen Mann gaben die Taoisten Moral und Frömmigkeit, dem Helden Glauben und Treue, dem Machthungrigen Kampfkunst und Magie, dem Intellektuellen das Wissen, und den wenigen, die noch mehr suchten, schenkten sie die Meditation und das Geheimnis der Transzendenz. Dann drehten sie alles um und sagten: ‹Das alles sind nicht nur die Elemente, aus denen die Menschen dieser Welt bestehen, sondern dem Prinzip von Mikrokosmos und Makrokosmos zufolge müssen es auch die inneren Realitäten eines jeden Menschen sein.›

Der Taoist ist kein Idealist, er ist stets pragmatisch. Er will sich immer mit dem auseinandersetzen, was gerade vor ihm liegt, statt der Realität seinen Willen aufzuzwingen. Vielleicht wirft man dem Taoismus deshalb manchmal vor, er sei zu schwer faßbar und lasse sich nicht definieren. Manche Menschen halten ihn vielleicht sogar für eine opportunistische Lehre. Doch in Wirklichkeit geht es dem Taoismus nur darum, sich mit der Situation zu befassen, mit der er gerade konfrontiert ist: den Gegebenheiten, die sich ständig verändern, dem *tao*.

Historisch betrachtet hatte der Taoismus fünf bedeutende Vorläufer: Schamanismus, Philosophie, Gesundheitslehre, Alchimie und P'eng-lai-Kult. Daraus hat sich nach und nach eine große spirituelle Bewegung entwickelt.

Am Anfang stand der Schamanismus. Die primitiven Völker glaubten an eine Welt voller Götter, Dämonen und Ahnengeister und an eine allmächtige, geheimnisvolle Natur, die der Menschheit gleichgültig gegenüberstand. Sie vertrauten auf ihre Führer: Schamanenpriester, die mit ihrer Magie Kranke heilen, verborgene Dinge vorhersagen und Ereignisse in eine bestimmte Richtung lenken konnten. Mit Hilfe ihrer Kräfte vermittelten die Priester zwischen ihren Stammesangehörigen und einer feindlichen Welt.

Dann begannen die Menschen göttliche Wesen zu verehren, um das Leben für den menschlichen Verstand noch besser begreifbar zu machen. Zu den wichtigsten dieser Kulte gehörten die Ahnenverehrung (denn für die gemeinsame landwirtschaftliche Arbeit war der Familienzusammenhalt wichtig) und die Verehrung von Naturgottheiten: Göttern der Erde, des Gebirges, des Sees, des Baumes, der Ernte und so weiter. Man glaubte, daß allen Elementen der Landschaft und des bäuerlichen Lebens eine Gottheit innewohnte. Den Gelben Fluß zum Beispiel nannte man Flußgraf und glaubte, daß er in einer von Schildkröten gezogenen Kutsche führe. Die Menschen versuchten seine grausamen, launenhaften Überschwemmungen durch Menschenopfer zu beschwichtigen, die nicht weniger grauenvoll waren. Erst durch das Eingreifen erleuchteter Weiser entwickelte das Bewußtsein der Menschen sich allmählich weiter. Kaiser Huang-ti war bekannt für seine Abhandlung über Medizin. Kaiser Fu-hsi lehrte die Wahrsagekunst und formulierte die Acht Trigramme. Kaiser Shen-nung probierte Kräuter an sich selbst aus. Kaiser Yü bezähmte die Fluten. Diese mythischen Herrscher der Vorzeit prägten Elemente des Taoismus, die heute noch existieren. Viele unserer Traditionen der Naturverehrung, Weissagung, Geomantie und talismanischen Kunst, des Exorzismus und der Geisterorakel reichen bis in die Zeit vor der schriftlichen Überlieferung zurück.

Die philosophische Schule des Taoismus, zu der Lao Tzu gehörte, ist während der Chou-Dynastie entstanden. Als er Loyang verließ, um der Welt zu entsagen, kam er für eine Zeitlang auf den Huashan. Im Laufe der Zeit schlug seine Philosophie eine zweifache Richtung ein: Sie wurde ein Teil des Taoismus und entwickelte sich gleichzeitig allmählich zu einer weltlicheren Philosophie für die Gebildeten. Im dritten Jahrhundert vor Christus befürworteten philosophische Schulen, die sich um taoistische Denker wie Chuang Tzu und Lieh Tzu gruppierten, Gewaltlosigkeit, tugendhafte Herrschaft, die Relativität der Gegensätze und die Suche nach dem *tao* durch Meditation. Man könnte also sagen, daß die Schulen, die in dieser Zeit entstanden, einen intellektuellen Taoismus vertraten, der sich wenig um Götter, Schamanismus oder körperliche Übungen kümmerte.

Die körperlichen Übungen kamen erst mit den Gesundheitslehren der Unsterblichkeits-Schule auf. Unsere Schule leitet sich großenteils von dieser Tradition her. In dieser Richtung des Taoismus geht man davon aus, daß man sowohl seinen physischen Körper als auch seinen Geist kultivieren muß, um sich vervollkommnen zu können. Was wir als physisch bezeichnen, ist eine Seite eines zusammenhängenden Ganzen, das sich bis hin zur reinen Geistigkeit erstreckt. Die Unsterblichkeits-Schule entstand im 4. Jh. v. Chr., wurde aber erst fünfhundert Jahre später richtig bekannt. Vom 1. bis zum 4. Jh. n. Chr. wurden die Lehren dieser Schule zuerst im *Jadeklassiker der Gelben Halle* und dann im *Wahren Buch des Großen Mysteriums* schriftlich niedergelegt. In diesen Jahrhunderten entstanden die Lehren von den drei *tan t'ien* (Zentren der Lebensenergie), dem Lenken des Atems und der Energie, der richtigen Ernährung, der Meditation und der Kampfkunst. All dies vereinigte sich zu einem System, das von der Existenz von sechsunddreißigtausend Göttern im menschlichen Körper ausging. Wenn man bedenkt, daß der

Mensch als Gefäß für das Göttliche galt, kann man verstehen, warum die Menschen der Ansicht waren, daß man seinen Körper rein und bei Kräften erhalten soll. Denn man nahm an, daß die Götter einen Körper, der in schlechter Verfassung ist, wieder verlassen. Diese Taoisten bevorzugten ein asketisches Leben. Alkohol, Drogen und alle anderen äußeren Mittel zur Stimulation lehnten sie ab, denn wer sie zu sich nahm, der lief Gefahr, die Götter in seinem Inneren zu beleidigen.

Anfangs bestand das Ziel dieser Lehren in der Erreichung physischer Unsterblichkeit. Doch dann lernten ihre Vertreter die Vorstellung von der Wiedergeburt kennen und begannen mehr danach zu streben, innerhalb ihrer irdischen Schale einen unsterblichen Geistkörper zu erschaffen.

Die Alchimisten dagegen glaubten weiterhin an physische Unsterblichkeit. Ihre Ursprünge lagen in der Fünf-Elemente-Schule des Tsou Yen, die um 300 v. Chr. bekannt wurde. Aus dieser Schule stammten die *fang shih,* die Drogenkundigen, die so hießen, weil sie ständig probierten, das Rezept für die Unsterblichkeit zu finden. Unaufhörlich kombinierten sie Kräuter, Mineralien und Chemikalien miteinander und experimentierten mit allen möglichen Schmelzprozessen. Unglücklicherweise richteten sie ihr Augenmerk anfangs hauptsächlich auf giftige Mineralien wie Quecksilber, Schwefel und Blei. Schließlich stellten sie sich schon allein im Interesse der Erhaltung ihres Lebens auf Kräuter, Rituale, sexuelle Alchimie, Meditation und Magie um. Diese Richtung des Taoismus setzte die frühen schamanistischen Bestrebungen fort, sich die Dämonen untertan zu machen und magische Kräfte einzusetzen. Der Unterschied zwischen der Alchimie und der Unsterblichkeits-Schule besteht vor allem darin, daß die Alchimisten äußere Methoden anwenden, während die Vertreter der Gesundheitslehren sich an das Innere halten.

Zum Schluß kommen wir zum Kult von P'eng-lai, jener Schule, die ihr Bestreben ganz unmittelbar auf das physische Überleben richtet. Um das 4. Jh. v. Chr. entstand die Legende von Zauberinseln im Pazifik, wo der Pilz der Unsterblichkeit wachsen sollte. Eine Expedition nach der anderen wurde ausgesandt, um diese Inseln zu finden. Zur Zeit des ersten Kaisers

Ch'in Shih-huang-ti, der im Jahre 221 v. Chr. China einte und nur sechzig Meilen vom Huashan entfernt regierte, verschmolz der P'eng-lai-Kult mit der Richtung der Alchimisten und Magier. Zu ihren Künsten trat nun auch noch der P'eng-lai-Kult. Der erste Kaiser wollte ewig leben: Der Mann, der den Ausbau der Großen Mauer befohlen hatte, wurde zu einem fanatischen Anhänger des P'eng-lai-Kults und der Alchimie. Der Kaiser schickte zehntausend Jungen und Mädchen auf die Suche nach P'eng-lai und befahl, sie hinzurichten, falls sie die Insel nicht finden sollten. Die zehntausend entdeckten zwar die japanischen Inseln, aber keine Pilze der Unsterblichkeit, und blieben lieber dort, als sich hinrichten zu lassen. Die Bemühungen des Kaisers um die Erhaltung seines Lebens auf alchimistischem Wege waren ebensowenig von Erfolg gekrönt wie die Suche der zehntausend Jungen und Mädchen. Es heißt, daß er sogar durch die Einnahme einer giftigen Rezeptur gestorben sein soll.

Seit Beginn der taoistischen Bewegung bis in die heutige Zeit hinein haben diese fünf Hauptrichtungen des Taoismus sich gegenseitig befruchtet, und es sind vielfältige Wechselbeziehungen zwischen ihnen entstanden. Immer wieder kam es zu neuen Kombinationen der verschiedenen Elemente. All die zahlreichen Varianten und Facetten des Taoismus lassen sich in zwei Kategorien einteilen: den Taoismus linker Hand und denjenigen rechter Hand. Zum linkshändigen Pfad gehören Magie, Alchimie, sexuelle Praktiken und die Unterwerfung von Dämonen. Es ist ein Weg, der sich vor allem auf äußere Methoden stützt. Der rechtshändige Pfad hingegen tritt für Askese, sexuelle Enthaltsamkeit und Meditation ein. Im großen und ganzen ist es ein innerer Weg. Beiden gemeinsam sind das Studium der Schriften, die Verehrung der Götter, die Meditation, die Wahrsagekunst, die Gesänge, das Streben nach Unsterblichkeit, die Geomantik, die talismanische Kunst, die Suche nach Visionen und so weiter. Alle behaupten, nach Vereinigung mit dem *tao* zu streben, sie unterscheiden sich nur in ihren Methoden und ihrer Auslegung der taoistischen Prinzipien. Alle gelten als anerkannte, orthodoxe Methoden. Mit allen lassen sich Resultate erzielen, und jede Schule hat hohe

Meister hervorgebracht, die sich übernatürlicher Fähigkeiten und großer spiritueller Erkenntnisse rühmen können.

Aber *ich* bin strikt gegen den Weg der linken Hand. Die Versuchungen sind zu groß. Zugegeben, man kann in aufrichtiger Askese leben und damit vielleicht doch nichts weiter erreichen als Zufriedenheit, innere Ruhe und Frömmigkeit. Die Askese befreit einen nicht unbedingt von den Leiden und Kümmernissen des Lebens. Auf dem Weg der linken Hand dagegen kann man durch Rezitation magischer Formeln oder Einnahme von Zaubertränken große Macht erringen. Aber das sind keine ehrlich erworbenen Resultate, und der Meister, der die ethischen Gesetze außer acht läßt, erliegt allzu leicht der Versuchung, seine Macht zu mißbrauchen. Auf dem Weg der linken Hand erwirbt man sich im Handumdrehen viele Fähigkeiten wie Levitation, Verwandlung, Hellsichtigkeit und die Beherrschung von Dämonen. Aber im Leben gibt es nichts umsonst. Es hat seinen Preis, wenn man sich mit den dunklen Mächten einläßt, und bezahlen kann man nur mit seiner Seele. Immer wenn man sich der Kräfte des dunklen *tao* bedient, nährt es sich dafür ein klein wenig von der menschlichen Substanz. Letzten Endes wird der ganze Mensch zu einer Kraft, die im Dienste des dunklen *tao* steht. Unsterblichkeit und Macht gehören ihm dann auf alle Ewigkeit, aber er hat dafür seine Seele geopfert.

Das *tao* ist etwas Ehrfurchtgebietendes und geht über das menschliche Vorstellungsvermögen hinaus. Der Taoismus hat sich im Laufe der Jahrhunderte, in denen die Weisen nach der Erkenntnis des *tao* strebten, zu einem riesigen Labyrinth aus verschiedenen Lehren und Schulen ausgedehnt. Jede Seite des *tao* hat ihre Vertreter, selbst die dunkle. Aber ich sage euch, trotz dieser bewundernswerten Bemühungen der Menschen bleibt das *tao* ein Rätsel, ein Geheimnis, das unerbittlich unser Leben und unser Schicksal umgibt.» Der Großmeister hielt inne.

«Habt ihr dazu noch Fragen?»

«Welches ist die richtige Methode, dem *tao* zu folgen?» fragte Saihung. «Die vielen verschiedenen Wege bringen einen ganz durcheinander.»

«Das stimmt», erwiderte der Großmeister. «Im Grunde, Kleiner Schmetterling, müßtest du die *Sieben Bambustafeln* vollkommen beherrschen und über sie hinausgehen, ehe man wirklich sagen kann, daß du auf dem Weg bist.»

«Aber ich habe diese Bücher doch nie gesehen, und es hat mir niemand ihren Inhalt erklärt. Wie kann ich sie dann beherrschen?»

«Nicht die Bücher, nicht die Worte», sagte der Großmeister, «die Lehren.»

«Warum kann ich sie denn nicht sehen?»

«Du bist noch nicht soweit.»

«Aber in den Büchern ist doch sicher ein Weg beschrieben, den man bei seinen Studien einschlagen kann», sagte Klang-klaren-Wassers. «Wäre es denn nicht sinnvoller, wenn wir wüßten, was wir tun sollen?»

«Weg? Tun?» lachte der Großmeister. «Das *tao* kennt keinen vorgezeichneten Weg. Ihr müßt selber die Initiative ergreifen und euren eigenen Weg finden. Und dort, wo ihr damit landet, da landet ihr eben. Laßt euch von euren Eingebungen leiten! Alles, was euer Herz euch sagt, ist richtig. Vielleicht wollt ihr ein Einsiedlerdasein führen. Das ist *tao*. Vielleicht wollt ihr in einer Großstadt leben. Auch das ist *tao*. Wenn ihr eure Freude am weltlichen Leben habt, so ist das *tao*. Und wenn ihr wütend werdet, ist es auch *tao*. Ihr schaut tief ins Leben hinein.»

«Dann ist man also völlig frei in seinen Handlungen?» fragte Nebel-im-Hain.

«Warum nicht? Das *tao* kennt keine festgelegten Muster. Das *tao* ist frei und flexibel und wandelt sich unablässig. Wer dem Weg folgt, der sollte genauso sein.» Der Großmeister lachte leise vor sich hin, als er die ratlosen Gesichter seiner Schüler sah.

«Es ist falsch, sich irgendein starres Muster aufzuzwingen, selbst wenn man es aus den taoistischen Schriften abgeleitet hat», fuhr er fort. «Priestergewänder und einen Knoten auf dem Kopf zu tragen, die Sutras zu rezitieren, dauernd zu beten, das hat alles keinen Wert. Ihr könnt jeden Tag Weihrauchstäbchen anzünden, und doch hören die Götter eure Gebete vielleicht gar nicht. Nur ihr selber bewirkt die Ereignisse.»

«Und warum kann ich dann nicht einfach tun, was mir Spaß macht?» fragte Saihung unverblümt.

«Auch Genußsucht ist *tao*», erwiderte der Großmeister

schnell. «Aber sie hat kein Ziel, keine Motivation. Also ist sie im Vergleich zum *tao* etwas Totes.»

«Aha», dachte Saihung. «Ich wußte doch, daß das auch bloß wieder eine Falle ist.» Aber der Großmeister hatte nun ein Stichwort bekommen und setzte seinen Vortrag fort.

«Man sollte einen Sinn, eine Überzeugung und ein Ziel vor Augen haben. Genußsucht ist zwar *tao,* aber ist das wirklich Freiheit? In eurer Maßlosigkeit und eurem Leichtsinn lauft ihr leicht Gefahr, euch selbst zu zerstören. Wenn ihr dem Vergnügen nachjagt, wollt ihr vielleicht etwas Bestimmtes haben, aber ihr könnt es nicht bekommen, weil euch die Mittel fehlen. Das hieße, daß ihr unfrei seid, und ich halte Freiheit für besser als bloßes Streben nach Genuß.»

«Also gibt es keinen Ausweg aus dem Klosterleben?» fragte Saihung weiter.

«Nicht, wenn du höhere Ziele erreichen möchtest. Wenn du nicht nur deine niedrigeren Instinkte befriedigen willst, dann solltest du versuchen, im Leben irgend etwas Großes zu schaffen. Hast du ein Ziel vor Augen, wirst du die niedrigeren Dinge gern opfern, um etwas Höheres zu erreichen.»

«Das Leben eines Taoisten scheint tatsächlich nur aus Opfern zu bestehen. Es ist paradox», bemerkte Nebel-im-Hain.

«Nicht nur aus Opfern», erinnerte der Großmeister ihn. «Ich bin nicht für blinde Selbstverleugnung. Reine Askese kann gefährlich für Geist und Körper sein, wenn sie nicht durch etwas anderes ausgeglichen wird. Sich vegetarisch zu ernähren, ohne als Ausgleich stärkende Kräuter zu sich zu nehmen, ist der falsche Weg. Sexuelle Enthaltsamkeit ohne Technik ist ungesund. Wie erlangt man Gleichgewicht? Daran zeigt sich eure Meisterschaft. Diese Frage müßt ihr euch immer wieder stellen.

Die Askese ist nur dazu da, damit ihr die Möglichkeiten ausschöpfen könnt, die in euch stecken. Durch eine strenge Lebensführung entwickelt man sich schnell zu einem besonderen Menschen. Dann erfüllt ihr eure Bestimmung und könnt anderen helfen. Auch das ist *tao.*»

Der Großmeister blickte seine Schüler an und lächelte. «Aber zu viele Worte sind langweilig, selbst für Mönche», sagte er. «Auf Taten kommt es an, nicht auf Worte. Verwandlung ist das

Ziel, nicht Spekulation. Sorgt für euer körperliches und emotionales Wohlbefinden! Das ist eine wichtige Voraussetzung für den Fortschritt. Heute abend möchte ich euch das *ch'ikung der Sechs Laute* lehren.

Vor ein paar Wochen habt ihr den Vortrag des Weißen Haseneremiten über die Wirkung des Klangs in Form von *Worten* gehört. Heute will ich euch ein einfaches, konkretes Beispiel dafür geben, wie man seine Organe mit Hilfe von Lauten anregen und gesund erhalten kann.

Ihr müßt die Bewegungen machen, die ich euch zeige, dabei gleichzeitig den vorgeschriebenen Laut ausstoßen und in der Vorstellung die Energie durch den entsprechenden Meridian leiten. Man verwendet sechs Laute: *ss, oh, sch, ha, hu* und *hi*. Jeder wirkt sich auf ein bestimmtes Organ aus: Lungen, Nieren, Leber, Herz, Milz und Dreifacher Erwärmer.»

Der Großmeister erhob sich, und seine Schüler taten es ihm nach. Die Bewegungen wurden langsam und mit entspannter Muskulatur ausgeführt wie ein Unterwasserballett. Die Übung für die Leber bestand darin, daß man die Hände seitlich hob, sie dann verschränkte, drehte und nach oben drückte. Beim Heben der Arme wurde eingeatmet, beim Senken ausgeatmet. Beim Ausatmen ließ man die Luft auf den Laut *sch* ausströmen. Der Großmeister zeigte ihnen alle Laute und Bewegungen und gab ihnen die Anweisung, jede einzelne Technik siebenmal zu üben.

Nachdem sie die Bewegungen gelernt hatten, erklärte der Großmeister ihnen, welche Meridiane sie sich dabei vorstellen sollten. Beim Ausatmen auf den entsprechenden Laut sollten sie in der Vorstellung dem Meridian von Anfang bis Ende folgen. Waren sie nach etwa zehn Sekunden am Endpunkt des Meridians angelangt, mußten sie auch mit dem Ausatmen fertig sein. Man sollte sich die Linie des Meridians als leuchtenden Lichtfaden vorstellen.

Im Taoismus und in den inneren Kampfkünsten wird immer wieder betont, daß bloße körperliche Techniken ohne Energielenkung wirkungslos sind. Je nach Körperhaltung folgt das *ch'i* bestimmten Mustern, und man muß den Geist ganz auf die Bewegung konzentrieren.

Im Westen ist man der Ansicht, daß eine wirklich wissen-

schaftliche Technik unabhängig vom Bewußtsein des Übenden
funktionieren sollte und daß Gesundheit, Kondition und Leistung sich allein durch körperliches Training entwickeln lassen.
Diesem Standpunkt fehlt die ganzheitliche Sicht der Taoisten,
daß wir nicht nur aus einem Körper, sondern auch aus Geist und
Seele bestehen und daß der Geist unseren Körper beherrscht.
Für die Taoisten ist alles Materielle nur eine grobstoffliche Manifestation des universalen Geistes.

«Mit dieser Methode könnt ihr eure Organe beherrschen», erklärte der Großmeister und entfaltete eine Bildrolle mit anato-
mischen Zeichnungen. «Der Klang dringt in den Meridian ein
wie ein elektrischer Impuls. Die Energie bahnt sich ihren Weg
durch blockierte Stellen und wirkt wie eine Akupunkturnadel,
nur mit dem Unterschied, daß man sich statt der Nadel eines
Lautes und geistiger Konzentration bedient. Nur auf einem Meridian, der nicht blockiert ist, kann die Energie ungehindert zu
dem zugeordneten Organ fließen. Durch die richtige Haltung
und den richtigen Laut wird das Organ in sanfte Schwingung
versetzt und massiert. Nach taoistischer Auffassung sind die
Organe der Sitz unserer Emotionen. Im *Klassiker des Gelben Kaisers zur Inneren Medizin,* der im 27. Jh. v. Chr. entstanden sein
soll und im Jahr 762 von Wang Ping in erweiterter und kom-
mentierter Form herausgegeben wurde, sind diese Entspre-
chungen zwischen Organen und Emotionen beschrieben: Der
Leber ist der Zorn zugeordnet, der Milz die Sorgen, dem Herzen
die Ungeduld, den Lungen die Trauer und den Nieren die
Angst. Der Dreifache Erwärmer ist ein System, das die Funktio-
nen der fünf Hohlorgane und sechs Speicherorgane koordiniert.
Er wirkt als ausgleichendes Organ, das jedes beliebige andere
unterstützen kann. Da die Emotionen mit den Organen in
Wechselwirkung stehen, haben sie nicht nur Einfluß auf die Ge-
sundheit des ihnen zugeordneten Organs, sondern man kann
auch umgekehrt die Emotionen mit Hilfe der Organe steuern.
Die *Sechs Laute* sind also eine wirksame Methode, um unsere
Gesundheit und Stabilität zu bewahren. Mit der geistigen Ver-
vollkommnung muß die Pflege unseres Körpers einhergehen.
Durch übermäßiges Studieren, Lesen oder Meditieren können
Körper und Organe geschwächt werden. Die Sechs Laute wer-

den euer Wohlbefinden fördern, wenn ihr sie jeden Tag gewissenhaft übt.»

Da hörte der Großmeister das leise Echo der Tempelglocke. Er beendete den Unterricht mit einem Gebet, und seine Schüler zogen sich zurück.

Die Nachtluft war kühl und ein wenig feucht. Der Duft nach Moos und Kiefern vermischte sich mit dem des feuchten Grases. Leise ging Saihung den überdachten Tempelweg entlang. Die Zwischenräume zwischen den Säulen teilten den Tempelgarten in rechteckige Ausblicke von vollendeter Harmonie und Poesie. Saihung begab sich in eine einsame Meditationszelle und zündete eine Kerze an.

Allmählich hüllte die Schwärze der Nacht die verblichenen hölzernen Dachvorsprünge des Tempels ein. Bald war es stockdunkel, und alle Geräusche verstummten. Die Mühen des Tages waren nun ausgestanden. Wer noch Sorgen hatte, der konnte sie bis zum nächsten Tag aufschieben. Die Stille, die sich allmählich in den heiligen Hallen ausbreitete, war ein neutraler Boden, ein leerer Raum. Saihungs Geist sandte Gedankenblitze aus, um diese Leere auszufüllen. Natürlich gab es Sorgen, aber warum sollte man ihnen nachhängen. Auch Einsamkeit und Sehnsüchte schob er beiseite, und den Plänen und Selbstgesprächen in seinem Inneren maß er keine Bedeutung bei. Er fand Stille. Zu Recht legten die Lehrer so großen Wert auf das Schweigen. Denn wenn man sprach, äußerte man unweigerlich etwas Unreines und vertrieb damit die Götter. Vielleicht lag nur in vollkommener Ruhe genügend Frieden, um das Göttliche anzulokken. Saihung ließ nun in Gedanken auch jene Dinge los, die er für seine Pflicht hielt. Er kehrte den Erinnerungen den Rücken, die in scheinbar willkürlicher Reihenfolge in seinem Bewußtsein aufstiegen – ein Spaziergang im Garten seines Großvaters, ein Besuch in einem Restaurant in Peking, der nächtliche Unterricht beim Großmeister, das Lächeln eines Unsterblichen, der Kampf mit den Attentätern. Er wandte sich von allen Spuren und Schatten seines Lebens ab und richtete den Blick nach innen.

Saihung fragte sich, ob der Mensch seine eigene Bestimmung erahnen oder sich gegen Eingebungen aus höherer Quelle wehren konnte. Er setzte sich nieder und kreuzte die Beine. Automatisch richtete seine Wirbelsäule sich auf, und er nahm die Haltung ein, die ihm schon seit Jahren vertraut war. Das neutrale Dunkel des Raumes wich einer deutlich spürbaren Atmosphäre friedlicher Gelassenheit. An die Stelle des Selbstgesprächs trat erst Innenschau und danach Kontemplation. Sein Geist folgte dem sanften Rhythmus, der Ebbe und Flut seiner Atemzüge. Er spürte seinen Pulsschlag und hatte das Gefühl, sogar das Fließen seines Blutes zu hören. Doch bald tauchte er tiefer in sein Inneres hinab. Jetzt wuchs sein Bewußtsein über seine eigenen Körperfunktionen hinaus. Es stimmte, daß das Spirituelle im Körper wurzelte. Ja, man konnte sogar sagen, daß der Körper untrennbar mit dem Geist verbunden war. Aus allem stieg der Geist empor: aus den weichen Eingeweiden, den scharfen Körperflüssigkeiten, dem zähflüssigen Blut, dem Gewirr der Adern, den fasrigen Knochen und den stinkenden Exkrementen.

Saihung hatte gelernt, daß die Quelle der menschlichen Spiritualität unten an der Wirbelsäule lag, also nicht im Kopf oder an einer besonders wichtigen Stelle. Sie lag direkt im Morast der Nervenenden, in den Lenden, dicht an den Genitalien und dem After. Das war der Grund des Brunnens, wo sich alles verbarg – schwarz, dunkel, geheimnisvoll. Aus diesen Tiefen mußte er einen Lichtstrahl hervorholen, einen dünnen Faden, den man genauso sanft und mit ruhiger Hand ziehen mußte, wie man Seide von einem Kokon abhaspelt. Dann konnte er die Energie durch die Leitbahn in seiner Wirbelsäule emporleiten, aus den niedrigsten Regionen seines Körpers bis zum Scheitelpunkt hinauf. Dieser Punkt wurde metaphorisch als Tausendblättriger Lotus bezeichnet. Tief in seine Meditation versunken, versuchte er die sich immer weiter ausdehnende Energie nach oben zu lenken wie einen schlanken, leuchtenden Blütenstiel. Er spürte den Drang, sie noch höher zu bringen, damit die Lotusblume am höchsten Punkt zur Blüte gelangen konnte. Sein Ziel war es, die reine Blüte seiner eigenen Göttlichkeit aus dem Schlamm und Wirrwarr seiner irdischen Existenz und seines unvollkommenen Organismus emporzuziehen. Er mußte tief ins Dunkel seines Wesens eintauchen, über sein grenzenloses Unbewußtes hinaus, und tief im Brunnen schöpfen, um diese kostbare Substanz ans Tageslicht zu fördern.

Aus der Tiefe seines Unbewußten stiegen Worte auf, die sein Meister ihm vor langer Zeit einmal gesagt hatte:

«Das Herz des vollkommenen Menschen ist rein. Selbst in einem Sumpf bleibt er unbefleckt. Selbst wenn Blitze Berge zerspalten und Winde alle vier Weltmeere aufwühlen, fürchtet er sich nicht. Er fliegt durch die Wolken, segelt über Sonne und Mond hinweg und erhebt sich über die Grenzen dieser Welt. Leben und Tod können seine Einheit mit der Welt nicht zerstören. Sein Herz ist bei allen Dingen, aber er gehört nicht zu diesen Dingen.»

Dann löste sich auch dieser letzte Schimmer bewußter Erinnerung in Licht auf.

---

* Der taoistische Klassiker, um den es in diesem Buch geht, heißt auf Chinesisch: *yün – chi – ch'i – ch'ien.* Die deutschen Bedeutungen dieser vier Schriftzeichen lauten: *Wolken – Bücherkiste/Büchertasche – sieben – Bambusstreifen/Bambustafeln.* Dieser Titel ist von einer solchen schillernden Vielschichtigkeit, daß er kaum genau zu übersetzen sein dürfte.

Es handelt sich um ein umfangreiches Kompendium der Inneren Alchimie, das in der ersten Hälfte des 11. Jahrhunderts unter Leitung des Gelehrten Chang Chün-tang in Hangchou verfaßt wurde. Es entstand im Zusammenhang mit der Gesamtkompilation des taoistischen Kanons *(tao-tsang)* und war ursprünglich für den Sung-Kaiser Jen-tsung (1022–1063) bestimmt.

Näheres dazu im Buch auf den Seiten 205 ff. und 286 ff. sowie im Epilog. [Anmerkung des Lektorats]

SECHS
Bruderjagd

Eines Tages rief der Großmeister seine Schüler zu sich und musterte sie streng.

«Ich habe einen Auftrag für euch. Wer will ihn übernehmen?»

«Ich, Meister!» meldete Saihung sich sofort.

«Ich muß jemanden fangen lassen, aber bin mir nicht sicher, ob du der richtige Mann bist.»

«Ein gefährlicher Auftrag ist mir noch viel lieber!» rief Saihung begeistert. «Wer ist der Mann?»

«Jemand, dem ich schon neunmal verziehen habe. Noch einmal kann ich es nicht tun. Man übt Druck auf mich aus. Der Provinzgouverneur ist persönlich zu mir gekommen und hat angedroht, alle Tempel auf dem Huashan dem Erdboden gleichzumachen, wenn ich weiterhin untätig zusehe.»

Der Großmeister hielt inne und blickte sehr ernst in Saihungs Gesicht. «Man nennt diesen Mann Schwebende Himmelsspinne.» Plötzlich erinnerte sich Saihung an das Gespräch der beiden Attentäter, das er in Hsian belauscht hatte. «Vor kurzem hat er einen Goldtransport überfallen und viele Wächter getötet. Sein akrobatisches Geschick, mit dem er von Dach zu Dach und über Mauern springt, ist fast schon übernatürlich. Er kämpft mit zwei Dolchen und im Adlerklauen-Stil.»

Saihung prägte sich diese Informationen genau ein. Er wollte möglichst viel über seinen Gegner wissen.

«Er ist ein berüchtigter Frauenheld», fuhr der Großmeister fort, «ein Zuhälter, Drogenschmuggler und Mitglied des Grünen Zirkels. Der Gouverneur ist hinter ihm her, weil dieser Wüstling seine Frau verführt hat. Zur Zeit hält er sich in Peking auf und sorgt für Schlagzeilen. Jede Woche steht ein neues Verbrechen von ihm in den Zeitungen.»

«*Ta Shih*», fragte Saihung ehrerbietig, «warum bist du denn an so einem Menschen interessiert?»

Der Großmeister seufzte. Dann nahm sein Gesicht einen entschlossenen Ausdruck an. «Weil ich ihn von Kindheit an aufgezogen habe. Es ist dein älterer Bruder Schmetterling.»

Da wurde Saihung ernst.

«Bist du sicher, daß deine persönlichen Gefühle dir bei dieser Aufgabe nicht im Wege stehen werden?» fragte der Großmeister. «Selbst Kuan Kung, der Gott des Krieges, hat sich durch persönliche Gefühle von der Pflicht abhalten lassen.»

«Nein, *Ta Shih*», sagte Saihung. «Er ist zu weit gegangen, er hat dich und unsere Schule verraten. Ich werde ihn nicht entwischen lassen.»

«Du redest wie ein Jüngling.»

«Ich werde nicht versagen, *Ta Shih*.»

«Dann mach dich auf den Weg. Du wirst in Begleitung der beiden Mönchskrieger Wuyung und Wuch'üan abreisen. Ihr werdet Schmetterling verfolgen und so rasch wie möglich hierherbringen.»

«Und was wird mit Phönixauge, *Ta Shih?*» fragte Saihung.

«Das laß meine Sorge sein. Deine Aufgabe ist es, deinen älteren Bruder zurückzubringen. Und jetzt geh und stell keine Fragen mehr!»

Eine Woche später saßen Saihung, Wuyung und Wuch'üan im Zug in Richtung Osten. Saihung trug die prächtige Kleidung eines adligen Kampfkunstmeisters: ein Gewand aus grünem Brokat mit hochgeschlossenem Kragen, eine an den Enden bestickte Schärpe aus schwerer schwarzer Seide und schwarze Stoffstiefel. Die kostbaren Jadescheiben, die an seinem Gürtel hingen, waren ein Symbol seiner aristokratischen Herkunft. Trotz des republikanischen Verbots trug er das lange Haar zu einem Zopf geflochten, den er ebenso wie einige seiner Waffen unter seinem Gewand versteckt hatte. Außer diesen wenigen Dingen war ihm nichts mehr vom früheren Reichtum seiner Familie geblieben.

Saihung musterte die beiden Brüder Wuyung und Wuch'üan, die ihm gegenübersaßen. Im Alter von über Vierzig waren sie

*Saihungs Kleidung bei der Verfolgung Schmetterlings.
Schärpe und Jadeanhänger sind Symbole seiner Klasse und
seines Ranges.*

auf den Huashan gekommen, um der Welt zu entsagen. Sie waren kräftige, mürrische, ungehobelte Gesellen, die vermutlich ein hartes Leben hinter sich hatten. Irgendwann hatten sie die unschönen Namen erhalten, die ihnen selbst hier im Tempel noch anhafteten: Wuyung bedeutet ‹ohne Nutzen› und Wuch'üan ‹ohne Kraft›.

Wuyung, der ältere Bruder, hatte einen Kopf wie eine alte Melone. Von einer Kinderkrankheit her hatte er eine rauhe Haut zurückbehalten. Oft zog er die Brauen in einem typischen Ausdruck nachdenklicher Melancholie zusammen. Er hatte harte Muskeln und Schultern wie ein Stier. Sein schwarz und purpurn gemustertes Gewand spannte sich über seinem massigen Körper.

Wuch'üan hatte knochigere Gesichtszüge. Sein dunkelbraunes Gesicht sah aus wie eine Bronzemaske mit schmalen, ungleichmäßigen, von dichten Brauen überschatteten Augenschlitzen. Die Kampfeslust hatte jede Faser seines Gesichts und seines Körpers geprägt und wurde kaum von einer Spur Barmherzigkeit gemildert. Sein braun und grau gemustertes Gewand war so geschnitten, daß seine riesenhafte Statur darin eindrucksvoll zur Geltung kam.

Die beiden Brüder standen einander auf eine barsche, unsentimentale Art und Weise nahe. Sie einte das stumme Band des Blutes und des gemeinsamen Schicksals. Zusammen hatten sie dem Leben und dem Tod ins Auge gesehen. Die jahrelangen Kämpfe hatten Wuyung, den Bruder mit den traurigen Augen, abergläubisch werden lassen, während Wuch'üan sich eher zynisch gab, vor allem, was die Ansichten seines Bruders betraf. Sie redeten nur selten miteinander. Sie waren zwei Krieger, die durch die Welt gereist waren. Saihung erkannte, daß der Großmeister ein Mann war, der keinerlei Risiken einging: Er schickte zwei brutale Krieger auf die Jagd nach einem Leichtfuß.

Tag und Nacht blieben sie im Zug, ertrugen die harten Bänke, das ständige Schaukeln, das eiserne Rattern der Räder auf den Schienen und den noch viel lauteren Lärm der Mitreisenden – übelriechende, schwatzende Menschenmengen, die sich an jedem Bahnhof mit ihrem notdürftigen Gepäck in die Enge des Zuges schoben. Sie drängelten und rempelten, lehnten sich aus den Fenstern und schrien mit ihren bäurischen Stimmen in dem überfüllten, schaukelnden Abteil herum. Aber um die drei Krieger machten sie einen ängstlichen Bogen. Ihre Kleidung, Saihungs aristokratische Insignien und die unter seinem Gewand verborgenen Waffen fielen ihnen auf. Obwohl seit dem Zusammenbruch der Ch'ing-Dynastie nun schon fast drei Jahrzehnte vergangen waren, waren Angst und Respekt vor der Klasse der Adligen und Krieger immer noch tief in ihrer einfachen Weltsicht verankert. Jeder kannte das alte Sprichwort: «Ein Krieger trägt sein Schwert nur, um zu töten. Man steckt es erst wieder in die Scheide, wenn es Blut geschmeckt hat.»

An einem schmutzigen, überfüllten Bahnhof, wo die Schienen mit Abfällen übersät waren, stiegen sie endlich in den Zug um, der zwischen Peking und Shanghai verkehrte. Ihr Zug fuhr nach Norden. Nach ein paar Stunden kamen sie in japanisch besetztes Gebiet. Schmetterlings Verbindungen zur Unterwelt und die Tatsache, daß er sich im Kriegsgebiet aufhielt, würden es noch schwieriger machen, ihn zu fangen. Sie mußten aufpassen, daß seine Komplizen nicht auf sie aufmerksam wurden, und gleichzeitig den japanischen Patrouillen aus dem Weg gehen.

Der Zug schlingerte auf den Gleisen dahin. Sie kamen an Häusern aus Lehm und Backstein, Bauerngehöften, Obstgärten und Kleinstädten vorbei. Saihung sah auch alte Bombentrichter, verwüstete Dörfer, die nie richtig wiederaufgebaut worden waren, und Hunde mit glänzendem Fell, die vom Fressen der Leichen fett geworden waren. Der Krieg war zu sinnlosen Scharmützeln zwischen Chinesen und Japanern ausgeartet. Das ganze Kriegsgebiet war ein einziges Chaos aus japanischer Militärverwaltung, Überbleibseln chinesischer Bürokratie, Soldaten, Guerillas und Verbrechern. Der Kampf war zu Überdruß und trostloser Langeweile erstarrt, und die japanischen Besatzungstruppen machten ungeniert ihre Geschäfte mit den chinesischen Gaunern und Opportunisten. Opium und Heroin waren die wichtigste Ware, an der sich beide Seiten bereicherten. Vom Gelben Fluß bis hin zur Küste herrschten in China Mord, Greueltaten, Rauschgifthandel und plumper Militarismus. Heldentum, jene seltene und kurzlebige Tugend, war schon lange ausgestorben. Jetzt regierte das Verbrechen.

Am Nachmittag kamen die drei an einem Bahnhof in der Provinz Shantung an, von dem es nach Ch'üfu ging. Am Himmel hingen schwere, grauviolette Wolken, die sich bei ihrer Ankunft in einem sintflutartigen Wolkenbruch entluden. Es war heiß. Nach einer Weile ließ der Regen nach, aber da hatten die Straßen sich schon in braunen Morast verwandelt. Bis Ch'üfu waren es noch neuneinhalb Meilen. Da Konfuzius an diesem Ort geboren und bestattet war, führte die Eisenbahnlinie nicht direkt bis dorthin, denn das verboten die Regeln der Geomantie und der Respekt vor dem großen Weisen. Die drei ließen sich von einem Bauern auf seinem Karren mitnehmen.

Sie durchschritten einen steinernen Torbogen unter dem alten Trommelturm und irrten durch halbverfallene Straßen und Gassen, bis sie die Adresse fanden, die der Großmeister ihnen gegeben hatte. Es war ein Kräuterladen. In dem dunklen Raum duftete es würzig.

Der Besitzer, untersetzt, über Fünfzig, mit Brille und schütterem Haar, war ein energiegeladener, eindrucksvoller Mann. Er stand hinter dem Ladentisch und begrüßte die drei Mönche.

«Was wollt ihr kaufen?» fragte er.

Da er sah, daß sie fremd in der Stadt waren, wies er mit einer Handbewegung auf seine Waren. Hinter ihm stand ein Schrank mit Hunderten kleiner Schubladen, der vom Boden bis zur Decke reichte. Die Schubfächer waren nicht beschriftet. Der Mann wußte auswendig, welches Kraut sich in welcher Schublade befand.

In einer Vitrine auf der gegenüberliegenden Seite waren Raritäten wie Ginsengwurzeln, Tigerknochen, Rhinozeroshäute, *lingchih*-Pilze, Hirschgeweihe, getrocknete Eidechsen, Vorderbeine von Ziegen und getrocknete Organe von Bären, Hirschen und Seelöwen ausgestellt. Daneben saßen zwei Männer mittleren Alters. Das allein war noch nicht weiter verdächtig, da bei Kräuterhändlern oft Leute vorbeikamen, um mit ihnen zu plaudern. Aber diese beiden Männer sahen unheimlich aus.

«Ich komme mit einem Empfehlungsschreiben», sagte Saihung.

«So?» meinte der Kräuterhändler zurückhaltend.

Saihung schob den Brief über den Ladentisch.

«Komm morgen wieder», sagte der Kräuterhändler, nachdem er den Brief gelesen hatte. «Dein Meister ist ein sehr angesehener Mann. Ich werde dir deine Bitte nicht abschlagen.»

Als sie am nächsten Tag wiederkamen, erklärte der Kräuterhändler sich bereit, ihnen die Männer vorzustellen, die Saihung kennenlernen wollte. Er hatte mit ihnen über Saihungs Bitte gesprochen, und sie hatten sich einverstanden erklärt. In zwei Tagen sollte eine Ratsversammlung stattfinden. Bei dieser Gelegenheit sollten die drei eine Audienz bei den Ältesten der Kriegerwelt erhalten.

In China gab es zwei große Unterwelten: die Welt der Gangster und die Welt der Kampfkunst, *wulin*. Ihre Mitglieder fühlten sich an Tugenden wie Ehre und Ritterlichkeit und gewisse Prinzipien gebunden, ganz gleich, ob sie nun Gutes oder Schlechtes taten. Sie unterstanden einem *wulin*-König und einem Ältestenrat und hatten ihre eigenen Gesetze. Selbst die geächteten Meister der Kampfkunst betrachteten sich als Kämpfer für die Gerechtigkeit, belohnten die Treuen, bestraften die Verräter und gewährten allen, die ihnen gefielen, großzügig ihre Hilfe. Obwohl sie eigentlich Verbrecher waren, gehörten sie doch zur Welt des *wulin*.

Einige dieser Leute waren auch Mitglieder der zweiten Unterwelt , die von Banden und Geheimgesellschaften wie dem Grünen Zirkel, der Roten Gilde, der Dreizack-Gesellschaft, dem Weißen Lotus und der Eisernen-Schienbein-Gesellschaft beherrscht wurde. Viele davon hingen keinem Meister, keiner Schule, keiner Disziplin und keinem Ehrenkodex an. Sie waren schlichtweg geldgierige Gauner, brutale Sadisten und gewalttätige Drahtzieher, denen es nur darum ging, reich zu werden und andere Menschen zu tyrannisieren. Zwar waren viele dieser Geheimgesellschaften, wie die Rote Gilde, anfangs patriotische Anti-Mandschu-Organisationen gewesen, die es sich zum Ziel gesetzt hatten, die Ch'ing-Dynastie zu stürzen. Doch nach und nach begannen diese Gesellschaften der Unterwelt sich mehr um Opium, Heroin, Prostitution, Glücksspiel, Schiebereien, Erpressung, Mord und politische Machenschaften zu kümmern.

Beide Unterwelten bildeten ein dichtverzweigtes Netz von

Kontakten, das sich über ganz China und bis in alle Teile der Welt ausdehnte, in denen Chinesen lebten. Beide waren wichtig für die erfolgreiche Ausführung von Saihungs Aufgabe. Bei der kriegerischen Unterwelt mußte er beginnen. Nur sie konnte garantieren, daß der Gouverneur den Huashan so lange verschonen würde, bis Saihung Schmetterling gefangengenommen hatte.

Die kriegerische Unterwelt war in Territorien unterteilt und wurde von einem obersten Patriarchen und einer Gruppe von Ältesten verwaltet. Alle Kämpfer waren verpflichtet, die Befehle dieses Ältestenrats zu befolgen. Die Ältesten schlichteten Streitigkeiten, genehmigten Duelle, leiteten gemeinsame Aktionen und ordneten die Hinrichtung von Mitgliedern an, die sich gegen den Ehrenkodex der Ritterlichkeit vergangen hatten. Einem solchen Rat sollten die drei Mönche nun ihr Gesuch vortragen.

Die Versammlung fand an einem heißen, schwülen Nachmittag in einem privaten Landsitz mit Höfen, Gärten, plätschernden Bächen und prachtvollen Pavillons statt. In einer dunklen Halle waren Stuhlreihen aufgestellt wie in einem Theater. Hier hielt der oberste Rat der *wulin* Audienz. Am oberen Ende der Säulenhalle stand ein runder Tisch. Dort saßen die zehn Ältesten. Alle bis auf zwei hatten lange chinesische Gewänder an. Einer, dessen Haar bereits grau wurde, trug die düstere olivgrüne Uniform der nationalistischen Armee. Ein anderer war in buddhistische Gewänder gekleidet. Gemeinsam vertraten die zehn Männer die Bereiche der Religion und Regierung, des Geschäftslebens und der Kampfkunst. Überall, wo es um Macht ging, hatte die *wulin* ihre Hand im Spiel. Der buddhistische Mönch Ch'ing-i, was soviel bedeutet wie Reiner Geist, war der Patriarch. Sein Kopf war glattrasiert, sein Gesicht schlaff und faltig und seine Augen ein wenig verquollen. Sein Spitzbart war dünn und spärlich geworden, aber seine Schultern ließen noch erkennen, daß er früher einmal ein Mann von kräftiger Statur gewesen war. Seine Gewänder waren khakifarben, und schräg über der Brust trug er einen dunkelbraunen Schal mit einem goldenen Muster, das an Mörtel zwischen Backsteinen erinnerte. Um seinen Hals hing ein Rosenkranz aus hundertacht

Perlen, von denen jede sechsunddreißigste aus leuchtender kaiserlicher Jade bestand. In den Händen hielt er einen kleineren Rosenkranz, dessen Perlen er zwischen den Fingern laufen ließ. Ch'ing-i eröffnete die Versammlung.

«Ich rufe die drei Mönche von Huashan auf. Tretet vor!» Die drei standen auf und näherten sich dem Tisch. Der eine Älteste würdigte sie nicht einmal eines Blickes, sondern rauchte weiter desinteressiert seine Zigarette.

«Sprecht!»

«Ich bin der Schmetterlingstaoist von Huashan, ein Schüler des Großmeisters», stellte Saihung sich vor. «Ich bin gekommen, um die Ältesten zu bitten, den Gouverneur von Shensi zurückzuhalten. Er fordert die Auslieferung unseres Mitbruders Schmetterling, weil dieser seine Frau verführt hat. Wenn wir ihn nicht bald herbeischaffen, hat er angedroht, mit seinen Soldaten den ganzen Huashan zu zerstören.»

Ch'ing-i warf dem nationalistischen Offizier einen Blick zu. Der lächelte spöttisch und betrachtete seine Zigarettenspitze. So viel Zeitverschwendung wegen einer Frau, schien er zu denken.

«Der Großmeister ist der Ansicht», fuhr Saihung fort, «daß das eine interne Angelegenheit ist, die der Huashan selbst in Ordnung bringen muß. Wir werden das Problem im Rahmen der *wulin* lösen und bitten die Ältesten, sich für uns einzusetzen.»

Ch'ing-i warf einen Blick in die Runde. Niemand sprach. Die Ältesten nickten nur stumm und verständigten sich mit Handbewegungen. Saihung sah, wie ein Mann verneinend den Kopf schüttelte. Die anderen stimmten zu. Ch'ing-i blickte auf.

«Wir geben euch hundert Tage. Nach Ablauf dieser Frist können wir euch nicht mehr beschützen.»

«Wir danken den Ältesten» sagte Saihung und verneigte sich.

Sie verließen die Versammlung und kehrten rasch in ihre Herberge zurück, um sich auf die Weiterreise vorzubereiten. Saihung war zufrieden. Er wußte, daß die Ältesten ihren Einfluß geltend machen würden. Der Armeeoffizier würde offizielle Anordnungen versenden, und die Geschäftsleute konnten Geld und Lieferungen zurückhalten. Saihung zweifelte nicht daran, daß der Huashan hundert Tage lang vor Angriffen geschützt

wäre. Er hoffte, daß sein Meister sich einstweilen gegen Phönixauge behaupten konnte.

Sie saßen wieder im Zug. Allmählich rückte Peking näher. Die
Sonne war wie eine flammende Kugel, die das karge Land aus-
dörrte. Die Bauern hatten sich die Erde für ihre Ackerkrume
mühselig zusammenscharren müssen, denn der Boden war stau-
big und unfruchtbar. Doch trotz der Kriege und Naturkatastro-
phen hingen sie an ihrem Land und mühten sich in harter Arbeit
ab, den trockenen Lehmschollen ihre Mais-, Weizen-, Hirse-
und Kartoffelernten abzutrotzen. Vornübergebeugt bestellten
sie ihren Acker, benetzten die heiße Erde mit allen Flüssigkeiten,
die ihnen zur Verfügung standen, und ertrugen die Wildheit der
Wüstenwinde, die ihnen den Sand ins Gesicht peitschten.

Seit vielen Dynastien, Generationen und Jahrhunderten bestand Peking. Der Platz, den man für diese Stadt ausgewählt
hatte, galt als idealer geomantischer Standort, als Mittelpunkt
der Welt, und doch war er alles andere als ein Paradies. Die heißen, gelben Staubwolken wehten über die Stadt wie ein wildes
Reiterheer, und die Sonne trocknete die Luft so aus, daß einem
das Atmen schwerfiel. Sofort setzte sich der Staub zwischen den
Lippen und in den Augenwinkeln ab. Bäume, Getreide, Last-
tiere und Menschen – alles verkümmerte in dem Klima von Peking. Der magische Zauber, den die Begründer der ‹Hauptstadt
der Schwalben› eingesetzt hatten, um diese Stadt zum Angel-
punkt der chinesischen Welt zu machen, war längst dahin. Während der Zug auf seine Endstation zuratterte, dachte Saihung an
die vielen Heere, die im Laufe der Jahrhunderte über die Ebenen
gestürmt waren, um den Kaiser zu stürzen und die Stadt zu
plündern. Immer wieder hatten die Einwohner Pekings das
Stampfen marschierender Armeen, das Trommeln von Pferde-
hufen und den Lärm der alles zermalmenden Panzerketten gehört: Angreifer aus dem Norden, rebellierende Bauern aus dem
Süden, europäische Armeen vom anderen Ende der Welt und japanische Invasoren, die über das Meer kamen – sie alle hatten
versucht, eine Bresche in die roten Mauern der Verbotenen
Stadt zu schlagen.

Der Bahnhof der Hauptstadt lag außerhalb der alten Stadtmauern. Zu Fuß machten die drei sich auf den Weg ins Stadtzentrum. Zum erstenmal seit Beginn ihrer Reise waren sie froh über die Menschenmenge, denn in der Masse konnten sie untertauchen und sich vor den japanischen Soldaten und den stets wachsamen Spionen der Unterwelt verbergen. Sie bahnten sich ihren Weg durch schmale, überfüllte Straßen, zwischen Häusern aus Lehm und Backstein hindurch, die aussahen, als würden sie beim nächsten Regenfall oder Erdbeben zusammenbrechen. Einer alten Verordnung zufolge durfte kein Gebäude Pekings höher sein als die Verbotene Stadt. Außerdem widerstrebte es den konservativen Einwohnern Pekings, sich weit von der Erde zu entfernen. Deshalb war die Stadt nach und nach zu einem riesigen Labyrinth aus niedrigen Gebäuden, grauen Mauern und staubigen Gassen ausgewuchert.

Wohin man in Peking auch schaute, fast überall sah man Mauern. Die meisten Häuser und Grundstücke waren von Mauern umgeben. Manche waren schon verwittert und halb zerfallen, und in den Ritzen und Spalten, wo früher Mörtel die Backsteine zusammengehalten hatte, hatte sich inzwischen gelber Sand und Kohlenstaub festgesetzt. Andere Mauern wiesen unregelmäßige Flächen verwaschener Tünche und bröckeligen Putzes auf, unter denen die braunen Lehmblöcke hervorschauten. Auf der Straßenseite hatten die Gebäude nur selten Fenster, und wenn, dann waren sie meist aus durchscheinendem Papier oder aus so schmutzigem Glas, daß man den Unterschied zu den Lehmwänden kaum merkte. Selbst die strahlende Sonne konnte die schmuddelige Trostlosigkeit dieser Mauern nicht aufhellen, wenngleich ihre Strahlen hin und wieder auf Fetzen alter Neujahrsbilder oder verblichene, billige Holzschnitte von Wächtergottheiten fielen.

Hunde mit räudigem Fell und rosafarbenen Fleischwunden streunten in den Gassen umher und steckten ihre Nase in die Abfallhaufen. Die mit tierischem und menschlichem Urin bespritzten Mauern waren mit schwarzen Ziegeln gedeckt, in deren Rissen und Sprüngen sich Erde angesammelt hatte und Gras und Unkraut wuchsen. Die meisten Türen waren fest verschlossen. Nur hin und wieder erkannte man hinter einer halboffenen Tür ein enges, überfülltes, düsteres Zimmer. Es hätte sich alles mögliche hinter den Mauern verbergen können, aber höchstwahrscheinlich lebten dort nur hungernde Familien, verzweifelt um ihr Leben kämpfende Opfer des ärmlichen Großstadtlebens, die in ihren elenden Quartieren dahinvegetierten.

Wenn diese vielen kleinen Mauern, diese unzähligen dicken Unterteilungen, das geometrische Grundmuster der Stadt bildeten, dann war es nur konsequent, daß auch die ganze Stadt von einer Mauer umgeben war und daß der erste Kaiser der Ch'in-Dynastie versucht hatte, eine Mauer um das ganze chinesische Reich zu ziehen. In den vierziger Jahren standen die alten Stadtmauern der Stadt noch: hohe, zinnenbewehrte Backsteinmauern, die allerdings bereits erhebliche Lücken aufwiesen. Die baufälligen Mauern waren auch an vielen Stellen eingestürzt, weil Backsteine fehlten oder sich gelöst hatten, aber sie wirkten trotzdem immer noch eindrucksvoll. Man konnte sich vorstellen, wie gewaltig sie ursprünglich gewesen sein mußten. Zeit und Geschichte waren nicht spurlos an ihnen vorübergegangen, und die gähnenden Löcher, die das Kanonenfeuer beim Angriff der Alliierten im Jahr 1900 hinterlassen hatte, waren immer noch nicht repariert.

Alle Reisenden, die Peking betraten, mußten sich beim Obersten Polizeirichter anmelden. Die drei begaben sich sofort zu einem Backsteingebäude mit roten Säulen. In einer leeren Empfangshalle stand ein Podium mit einem schweren Schreibtisch aus Rosenholz und einem Stuhl. Zwei Türen rechts und links des Podiums und ein Wandgemälde, das zwei Kraniche über einem schäumenden Ozean darstellte, ließen den Raum vollkommen symmetrisch erscheinen. Es hätte ein kleines Theater sein können, nur die Stühle fehlten.

Neben den offenen Türen stand auf einer hohen Tribüne eine rote Trommel. In die Mitte des straff gespannten gelben Trommelfells war ein großer roter Punkt gemalt. Saihung ergriff einen Stock und schlug laut auf die Trommel – ein unmißverständliches Zeichen, daß sie den Polizeirichter zu sprechen wünschten.

Im Gänsemarsch kamen mit Gewehren bewaffnete Soldaten aus den beiden Türen am Ende der Halle marschiert. Sie trugen düstere olivgrüne Uniformen im westlichen Stil. Schweigend und mit ausdruckslosen Gesichtern stiegen sie die Treppe hinunter und drehten sich um, so daß sie einander ansahen. Ihnen folgte der Sekretär des Polizeirichters, ein ausgetrockneter Kleiderständer von einem Mann in einem schlecht sitzenden blauen Gewand. Er trug eine Brille mit winzigen Gläsern und sein Schnurrbart und Spitzbart sahen aus, als wären sie ihm ins Gesicht gekritzelt worden.

«Der Polizeirichter von Peking!» verkündete er großspurig. Saihung und seine Begleiter sanken auf die Knie. Der Steinboden war hart und kalt.

Der Würdenträger erschien in der dramatischen Pose eines Opernhelden: ein gedrungener, gestrenger Bürokrat in schwarzem Brokat, einer burgunderroten Weste und einem schwarzen Käppchen. Würdevoll setzte er sich so aufrecht auf seinen Stuhl, daß sein Oberkörper einen rechten Winkel bildete. Er hatte ein rotes Ebergesicht, und sein Bart sträubte sich wie eine Scheuerbürste. Runde Augen mit schweren Lidern verliehen seinem Gesicht einen gleichgültigen, zynischen Ausdruck.

Saihung, Wuyung und Wuch'üan machten drei Kotaus. Jedesmal berührte ihre Stirn den Boden.

«Die Bittsteller sollen ihr Anliegen vorbringen», befahl der Sekretär.

«Wir bitten um Erlaubnis, die Stadt zu betreten. Wir sind auf der Suche nach einem Mann», erklärte Saihung und blickte zu Boden. Es galt als Vergehen, einem hohen Würdenträger ins Gesicht zu schauen.

«Eure Papiere!» herrschte der Sekretär ihn an.

Den Blick immer noch gesenkt, hob Saihung beide Hände über den Kopf und hielt ihm seine Papiere hin. Der Sekretär stieg die Treppen hinunter, nahm die Papiere entgegen und brachte sie dem Polizeirichter. Zwei Soldaten nahmen die Papiere der anderen beiden Mönche in Empfang.

Der Beamte entfaltete Saihungs Paß, ein langes, wie eine Ziehharmonika gefaltetes Papier zwischen zwei harten Deckeln. Auf der einen Seite waren ein ovales Foto von Saihung, seine Adresse und seine Unterschrift zu sehen. Ein vom Großmeister von Huashan unterzeichneter Text schilderte Saihungs Vorhaben. Darunter waren das riesige quadratische Siegel des Huashan und das Siegel des Großmeisters angebracht. Weiter rechts befanden sich Felder für amtliche Eintragungen.

Der Beamte gab ein Grunzen von sich, das nichts verriet. Der Sekretär und die Wachen beobachteten ihn gespannt. Jeder Gesichtsausdruck, jede Äußerung, jede Geste hatte etwas zu bedeuten. Auf diese Weise verständigte sich der Polizeirichter. Es war unter seiner Würde, mit seinen Untergebenen zu reden, und schon gar nicht mit den Bittstellern, die zu ihm kamen.

Der Beamte strich sich über den Bart und dachte nach. Dann nahm er einen Pinsel aus dem Ständer. Unterwürfig beschwerte der Sekretär Saihungs Paß mit weißen Jadestäben. Er ließ die fünf Tuscheschalen auf dem Schreibtisch nicht aus den Augen. Denn was der Polizeirichter schrieb, spielte keine Rolle. Er übermittelte seine Befehle durch die Farbe seiner Tusche.

Schwarz hieß nein. Grün hieß ja. Blau bedeutete, er werde die Angelegenheit prüfen. Weiß hieß, daß das Gesuch nicht einmal einen Kommentar verdiente. Rot bedeutete sofortige Hinrichtung. Gespannt beobachtete Saihung, wie die Pinselspitze über den Tuscheschalen schwebte. Schließlich wurde sie zu seiner Erleichterung und zur Enttäuschung des Sekretärs in die grüne Tusche getaucht. Saihung sah, wie empört der kleine Mann dreinschaute, als er die Siegel auf die Pässe drücken mußte. Wahrscheinlich hatte er schon seit geraumer Zeit keine sofortige Hinrichtung mehr gesehen.

Der Polizeirichter gab seinem Sekretär einen Wink und flüsterte ihm etwas zu. Der Sekretär gab mit weinerlicher Stimme eine Antwort, die den Würdenträger so verstimmte, daß er mit der Faust auf den Schreibtisch schlug. Zitternd vor Angst wandte der Sekretär sich den drei Mönchen zu.

«Der Polizeirichter kennt euren Meister», sagte er. In seinem Tonfall schwang feiger Gehorsam gegenüber den Befehlen seines Herrn mit, aber gleichzeitig hörte man deutlich, wie sehr ihm diese Befehle widerstrebten. «Er wünscht euch alles Gute für eure Suche», fuhr er fort.

Ohne weiteren Kommentar stand der Polizeirichter auf und verließ den Raum. Der Sekretär folgte ihm wie ein Hund, und die Soldaten marschierten im Gänsemarsch wieder hinaus. Nur einer blieb da, um den drei Mönchen ihre Pässe auszuhändigen.

Sie suchten ein Teehaus auf und bekamen einen Platz im zweiten Stockwerk, weil sie einen höheren Preis bezahlten. Von hier aus konnten sie die ganze Stadt überblicken. In dem Dunst und dem endlosen Meer der Häuserblocks konnte Saihung die Umrisse der Kaiserlichen Stadt mit ihren roten Mauern und vergoldeten Ziegeldächern erkennen. Es war drückend heiß, aber das Sandelholzgitter in den Fenstern verbreitete bei jeder Brise einen angenehmen Duft. Der Kellner eilte herbei, fragte sie, was für einen Tee sie wünschten, und nahm ihre Bestellung entgegen. Dann warteten sie auf das Essen. Saihung kniff die Augen zusammen, weil das Licht ihn blendete, und fragte sich, wie sie bloß seinen älteren Bruder finden sollten.

Das Teehaus schien der richtige Ausgangspunkt für ihre Suche zu sein. Hier traf sich alles. Das Haus war vom frühen Morgen bis spät in die Nacht geöffnet. Man kam hierher, um sich die Zeit zu vertreiben und zu plaudern. Es gab Tee und Essen, und an den besseren Plätzen sorgten hübsche Musikantinnen und Geschichtenerzähler für Unterhaltung. Die Gäste bildeten meist einen Querschnitt durch die gesamte Gesellschaft Chinas: Gelehrte, die hier ihrer Teeleidenschaft frönten, Geschäftsleute, die miteinander verhandelten, Mittelsmänner, die Ehen arrangierten, Leute, die in steifer und förmlicher Haltung ihren Verwandtenbesuch bewirteten und sich dabei nicht recht wohl in ihrer Haut zu fühlen schienen, diskutierende Studenten, Freunde, die beisammensaßen, und alte Männer, die die Muße ihres Ruhestandes genossen und sich entspannten.

Am auffälligsten waren die Kämpfer, oft von riesenhafter, erschreckend wirkender Statur. Sie kamen von überall aus dem Norden. An ihrer Kleidung erkannte man, ob sie aus der Mandschurei, aus Shantung oder aus dem fernen Westen stammten. Mit gespreizten Beinen saßen sie da, die Füße sprungbereit auf dem Boden. Die Etikette schrieb vor, daß sie ihre Waffen nicht verbergen durften. Kürzere Waffen wie Schwerter, Fächer und Dolche legten sie vor sich auf den Tisch. Keulen, Speere und Stöcke lehnten sie an den Tisch. Sie gehörten zu einer aussterbenden Klasse. Aber wer wußte, ob die Ch'ing-Dynastie nicht eines Tages wiederkehren würde? Rittertum und Ritterlichkeit mochten im Niedergang begriffen sein, aber es gab immer noch mächtige, bedeutende Vertreter der Kriegerklasse. Das war die Rolle, von der Saihung träumte.

Plötzlich entdeckte Wuyung einen alten Bekannten und ging an seinen Tisch hinüber. Es war ein dünner, schwarzgekleideter Mann, dessen Säbel in Reichweite lag. Freudig begrüßte er den Mönch. Nachdem die beiden sich ein wenig unterhalten hatten, sah Saihung eine silberne Münze aufblitzen. Daraufhin lächelte der Mann noch breiter und hob grüßend die Hand. Wuyung kehrte an ihren Tisch zurück.

«Ich halte nichts von Bestechung», tadelte Saihung leise.

«Betrachte es doch einfach als Teegeld für einen Informanten», antwortete Wuyung. «Ein Glück, daß er uns über den Weg gelaufen ist. Ich habe einen wichtigen Hinweis bekommen.»

«Was für einen Hinweis?» fragte sein Bruder.

«Schmetterling wohnt bei seiner Geliebten, einer reichen Frau Anfang Dreißig, die man die Mächtige Tigerin nennt. Auch sie ist eine äußerst gefährliche Kämpferin, die einen Gegner mit ihren Fingern so mühelos durchbohren kann, als seien sie aus Stahl. Ihr Vater war Kaiserlicher Shaolin-Ritter und hatte nur zwei Kinder, die Tigerin und einen jüngeren Sohn. Der Vater brachte ihr als Erstgeborener seine ganze Kunst bei, aber starb, ehe er ihren jüngeren Bruder richtig ausbilden konnte. Wahrscheinlich hat die Schwester ihn inzwischen weiter ausgebildet, und Schmetterling wird ihnen auch noch ein paar Techniken beigebracht haben.»

«Nichts wie hin!» sagte Wuch'üan kurzentschlossen.

«Nicht so voreilig», schaltete Saihung sich ein. «Wir sollten erst ein bißchen mehr über sie in Erfahrung bringen. Es gibt Kämpferinnen, die gefährlicher sind als jeder Mann.»

«Genau», stimmte Wuyung zu. «Laßt uns morgen erst einmal in die städtische Leichenhalle gehen, wie mir geraten wurde.»

Die drei verbrachten die Nacht in dem berühmten Tempel der Weißen Wolke, der für den Taoismus so etwas wie der Vatikan darstellte. Das weitläufige Tempelgelände war wie alle wichtigen Bauten in China in der Nord-Süd-Achse ausgerichtet. Das erste Gebäude auf dem Gelände war ein Schrein gewesen, den Kaiser Hsüan-tsung (713–756) in der T'ang-Dynastie erbaut hatte. Nachdem dieser Schrein im Jahr 1202 abgebrannt war, forderte der Mongolenherrscher Dschingis Khan den taoistischen Weisen Ch'iu Ch'ang-ch'un (1148–1227) auf, den Tempel wiederaufzubauen. In den folgenden Jahrhunderten wurde die Anlage zunehmend erweitert, und der Tempel erfreute sich immer größerer kaiserlicher Protektion. In der Ming- und Ch'ing-Dynastie erreichte der Tempel der Weißen Wolke seine heutigen Ausmaße. Er war ganz dem klösterlichen Taoismus geweiht. Hier fanden die nationalen Äbteversammlungen statt, und in den Archiven des Tempels wurden die Namen sämtlicher taoistischen Mönche und Priester Chinas verzeichnet, denn sonst galt ihre Weihe nicht als vollzogen.

Die Vorderfront des Tempels zierte ein großes, buntes Tor, hauptsächlich rot und blau mit vereinzelten Spuren von Gold bemalt. Die sieben dekorativen Dächer waren mit grauen Tonziegeln gedeckt. Hinter seinem Fundament aus Marmor und den eisenbeschlagenen Türflügeln verbargen sich ein großer Hof und ein weiteres Backsteintor mit drei Torbögen und karminroten Türflügeln. Geistermauern, Granitlöwen als Torwächter und steinerne Wolkensäulen bildeten eine mächtige Barrikade, die den Tempel vor der Außenwelt abschirmte. Das ganze Gelände war von einer hohen Mauer umgeben. Wenn man den Tempel betrat, ließ man, bildlich gesprochen, die irdische Welt hinter sich und betrat einen reinen, heiligen Ort.

Die bedeutendsten Hallen lagen direkt auf der Mittelachse. Die weniger wichtigen Gebäude befanden sich auf zwei parallelen Achsen zu beiden Seiten. Auf der Mittelachse lagen die Hallen für Ling Kuan, den ‹Numinosen Administrator› und Schirmherrn des Taoismus, und für den Jadekaiser, das Grab und der Schrein des Ch'iu Ch'ang-ch'un, der Vier Gottheiten und des Alten Jüngers sowie der Pavillon der Drei Reinen und die Einweihungshalle.

An der Ostachse lagen die Hallen, die solchen Gottheiten wie dem Gott der Langlebigkeit, den Sternen des Großen und Kleinen Wagens, dem Polarstern, dem berühmten Arzt und Chirurgen Hua T'o (141–203) und den Fünf Patriarchen geweiht waren. Auf der Westseite befanden sich die Schreine Lü Tungpins, der Acht Unsterblichen, der weiblichen Gottheiten und die Ahnenhalle. Außerdem gab es noch eine Sutrahalle sowie

Trommel- und Glockentürme. Überall auf dem Tempelgelände verstreut standen von Schildkröten getragene und von Drachen gekrönte steinerne Stelen, die mehr als doppelt so hoch waren wie ein Mann, versehen mit Inschriften zum Lobpreis der kaiserlichen Schirmherrschaft. Durch die Symbolik dieser Anlage versuchten die Taoisten, den Laien ihre schwerverständlichen philosophischen Ideen nahezubringen. Die Abgeschiedenheit des Tempels schuf eine Atmosphäre friedlicher Gelassenheit, zu der auch die großen Höfe und die schönen Gartenanlagen beitrugen. Ein Steingarten an der Hinterseite der Tempelanlage stellte P'eng-lai, die Insel der Unsterblichen, dar. Ein Gott trug als Zeichen seiner Macht ein *yin-yang*-Symbol in der Hand. Das bedeutete, daß die ganze Welt in seinen Händen lag.

In gewisser Weise war dieser Tempel nichts anderes als eine prächtig ausgestattete Bühne für die taoistische Religion. Aber denen, die dafür empfänglich waren, bot der Tempel der Weißen Wolke eine echte spirituelle Atmosphäre. Generationen heiliger Männer waren hier zur Erleuchtung gelangt, und etwas von ihrem Geist schwebte immer noch im Raum. Für Saihung bedeutete der Tempel einen Ort der Zuflucht vor der Großstadtwelt außerhalb der Tempelmauern. In den kühlen Schreinen dieses Tempels war er allein und konnte sich innerlich erneuern.

Saihung kniete vor der Figur Lü Tung-pins nieder. Ihm, der immer noch die staubigen Seidenkleider des Laien am Leibe trug, gab diese Verkörperung der Einheit von Krieger und Mönch zu denken. Was sollte er tun? Beten? Hatte er überhaupt ein Recht dazu? Und worum sollte er beten? Um den Sieg? Oder um Vergebung für die Morde, die er vielleicht bald begehen würde?

Er dachte an die Männer zurück, die er in dem Teehaus gesehen hatte. Wäre er doch nur einer von ihnen! Sein Leben lang war es ihm schwergefallen, seine Identität zu finden. Er hatte nie wirklich der Gelehrte sein wollen, den seine Mutter in ihm sah, aber auch nicht der Soldat, den sein Vater sich wünschte, und auch nicht der Novize seines Meisters. Er hatte sich immer nur Gewißheit gewünscht, die Gewißheit der spirituellen Wahrheit, die Gewißheit des Schutzes, den seine Kampfkunst ihm bot, die Sicherheit einer Zukunft als vornehmer Adliger. Aber er wußte, daß er jetzt mit Ungewißheit konfrontiert war. In diesem modernen Zeitalter verlor das Rittertum immer mehr an Glanz. Die Rolle des Ritters würde er also wahrscheinlich nie spielen können. Die ganze spirituelle Wahrheit hatte sich ihm auch noch nicht enthüllt, also fehlte ihm auch diese Sicherheit. Und jeder Krieger, der ihn herausforderte, konnte stärker sein als er: Er wußte nie, ob sein nächster Kampf nicht der letzte sein würde. Er verfolgte seinen Bruder in einem Land mit Millionen Einwohnern, und vielleicht würde er ihn nie fangen. Und an diesem Ort, wo er gerade kniete, war er ein Mann mit einem Auftrag, bei dem es vielleicht nicht ohne Gewalt abgehen würde, und er fragte sich, ob er es überhaupt wagen durfte, sich dem Heiligtum zu nähern.

Er verwünschte seine Zweifel. Ohne Selbstvertrauen konnte ein Krieger keinen Kampf gewinnen. Unsicherheit war eine Schwäche, und er wußte, daß er in dem Kampf, der ihm bevorstand, nicht verwundbar sein durfte. Die Antworten auf seine Fragen würden ihm heute nicht mehr einfallen, aber er beschloß, sich tiefer in sich selbst zu versenken, um die Kraft für die bevorstehende Verfolgungsjagd aufzubringen. Am nächsten Morgen begaben Saihung, Wuyung und Wuch'üan sich in die städtische Leichenhalle, ein düsteres, von Ruß und Kohlenstaub bedecktes Gebäude. Sie zeigten dem Leichenbeschauer ihre Papiere und überredeten ihn, ihnen eine Leiche zu zeigen, die vor zwei Tagen gefunden worden war.

Für jemanden, der ständig mit Toten zu tun hatte, war der Leichenbeschauer ein ziemlich eigenartiger Mann. Seine Stirn und seine Augen erinnerten irgendwie an einen Hund. Die Lippen waren ständig zu einem Lächeln verzogen, so daß seine entsetzlich vorstehenden Zähne zum Vorschein kamen. Er war fröhlich und benahm sich ganz so wie jemand, der seinen Beruf liebt. Nachdem er sich von der Legitimität ihres Anliegens überzeugt hatte, führte er sie mit der Begeisterung eines Mannes, der im Begriff ist, sein Meisterwerk vorzuführen, durch einen Korridor. Dabei rang er die ganze Zeit seine Hände, deren Haut wie Leder war, aber er schien es weniger aus Nervosität als aus Vorfreude zu tun.

Er führte die drei in ein Kellergeschoß. Sein weißhaariger

Kopf schaukelte vor ihnen auf und ab wie ein Fisch in einem dunklen Ozean. Saihung hätte sich gefreut, einmal für ein paar Minuten der Hitze Pekings entfliehen zu können, zu der jetzt noch der Geruch nach Formaldehyd und der Gestank aufgeschnittener Gedärme kamen. Die Treppe führte in eine schmale Gewölbehalle voller Kisten und Särge, die von trüben Öllampen beleuchtet wurden. Ein Assistent war gerade dabei, die Leiche einer Frau zu sezieren, aber der Leichenbeschauer schickte ihn fort und bedeckte den Körper beinahe liebevoll mit einem fettigen Tuch. Er führte die drei in eine dunkle Ecke, und sie öffneten einen Sarg. Ein fauliger Gestank stieg ihnen in die Nase.

«Zum Glück haben wir ihn noch nicht mit Kalk bedeckt. Ich hatte mir gedacht, daß vielleicht eine Untersuchung stattfindet, also habe ich noch einen Tag gewartet. Aber heutzutage kümmert sich ja niemand darum, ob jemand umgebracht wird oder nicht.»

Saihung untersuchte die Leiche. Es war ein kräftiger buddhistischer Mönch, dessen kahlrasierter Kopf so groß wie eine Kanonenkugel war. Er hatte dichte, schwarze Augenbrauen und runde Nasenlöcher. Sein Mund war geöffnet, ein gähnendes Loch mit rotviolettem Rand, in dem Spuren von geronnenem Blut auf den eingeschlagenen Zähnen zu erkennen waren. Um den Hals trug er einen Rosenkranz aus schweren Eisenperlen, von denen jede einen Durchmesser von vier Zentimetern hatte. Er hatte ein graues Gewand und lange Hosen an. Unter seiner Kleidung kamen eine breite Brust und Arme wie Baumstämme zum Vorschein. Wuch'üan zog sein Schwert aus der Scheide und schob mit der Schwertspitze das Gewand beiseite. Unter dem rechten Schlüsselbein war ein brauner Fleck zu erkennen, ein weiterer unter dem linken Ohr. Die auffallendste Wunde jedoch war eine blaurot angelaufene Prellung in Form einer menschlichen Handfläche über seinem Herzen.

«Wir wissen nicht, wer ihn getötet hat», erklärte der Leichenbeschauer in dozierendem Tonfall. «Aber es ist schnell gegangen. Seine Waffe war zerbrochen.»

Sie warfen einen Blick auf eine zerschmetterte Waffe, die man achtlos neben die Leiche geworfen hatte. Es war ein Mondspaten, eine lange, schwere Waffe, die vor allem von Shaolin-Mönchen benutzt wurde. An einem Ende befand sich eine große, spatenförmige Klinge, eine Weiterentwicklung der Schaufel, mit der man Kräuter ausgrub. Am anderen Ende war eine halbmondförmige Klinge angebracht. An beiden Enden hingen Stahlringe herab, die während des Kampfes klirrende Geräusche machten. Der stabile Teakholzschaft mußte unter einem gewaltigen Schlag zerbrochen und zersplittert sein.

Saihung bat den Leichenbeschauer, sie ein paar Minuten allein zu lassen, und wandte sich an Wuyung.

«Was hat dein Informant dir erzählt, und was hat das mit Schmetterling zu tun?»

Wuyung nahm eine Sturmlaterne und stellte sie auf den Sargrand. Sie warf ein grelles gelbes Licht auf den Leichnam.

«Die Sache hat sich angeblich so zugetragen», begann er. «Vor zwei Tagen kam dieser Mönch nach Peking. Er verfolgte ein ähnliches Ziel wie wir: Er wollte verhindern, daß Schmetterling und seine Geliebte noch mehr Verbrechen begehen. Du kennst ja die Regel der Kriegerwelt: Gut und Böse müssen einander bekämpfen.

Er wollte die Tigerin mit Hilfe ihres Bruders aus dem Haus locken. Von Informanten aus der Unterwelt wußte er, daß der Junge das Haus immer um die gleiche Zeit verließ. Der Mönch stellte sich ihm in den Weg und schleuderte zwei Bleikugeln mit solcher Wucht in den Boden, daß sie tief in die Erde einsanken. Mit einem Satz sprang er auf die Kugeln und forderte den Jungen heraus: Wenn es ihm gelänge, ihn von den Kugeln herunterzustoßen, so werde er ihm seine Kunst beibringen. Natürlich griff der Junge ihn sofort an. Er vertraute auf seine Fähigkeiten und war wie alle echten Kämpfer von dem Wunsch besessen, noch mehr zu lernen. Deshalb ließ er bei seinem Angriff keinerlei Vorsicht walten. Der Mönch versetzte ihm mit der flachen Hand einen Schlag oberhalb des Herzens. Da spie der Junge Blut und floh.

Er zeigte die Wunde seiner Schwester, und sie erkannte darin die Handschrift eines Meisters der Eisernen Hand. Nur ein Mann, der seine Hände durch Tausende von Schlägen gegen harte Gegenstände trainiert und in speziellen Kräuterlösungen gebadet hatte, konnte ihrem Bruder eine solche Verletzung beibringen. Sie verließ sofort das Haus, um ihn zu rächen. Der Mönch wartete auf sie. Zuerst bekämpfte er sie mit bloßen Händen, doch ihre Kraft und ihr Geschick verblüfften ihn. Schließlich blieb ihm nichts anderes übrig, als zu seiner Waffe zu greifen. Trotzdem, so berichten Augenzeugen, gelang es ihr, diesem kampferprobten Mönch seinen Mondspaten zu entreißen. Wütend brach sie den Schaft entzwei und versetzte dem Mönch solch einen Schlag wie den, der ihren Bruder getroffen hatte. Sie stürzte sich auf ihn, und ihre tödlichen Fingerspitzen zerrissen seinen Lebensfaden.»

Saihung untersuchte den starren Leichnam eingehender. Die Wunden und geschwollenen Stellen sprachen eine deutliche Sprache. Sie warnten vor einer Kämpferin, die ihren Namen zu Recht trug.

«Gehen wir», sagte er. «Vielleicht weiß Schmetterling schon, daß wir in Peking sind. Wir werden sie heute nachmittag in ihrem Haus angreifen.»

Die beiden Mönche stimmten zu. Sie gaben dem Leichenbeschauer ein Teegeld und machten sich auf den Weg ins nordwestliche Viertel der Stadt.

«Es bringt Unglück, am Tage eines Kampfes in ein Leichenschauhaus zu gehen», murmelte Wuyung.

Wuch'üan fluchte über den Aberglauben seines Bruders. «Wer glaubt denn schon an so etwas? Bloß dieser Gestank, der war wirklich schlimm.»

«Im Vergleich dazu riecht die Stadt direkt angenehm», meinte Saihung.

Wuyung atmete tief ein. Der Gestank nach Kohlenrauch, dieser herbe Geruch, der an brennendes Öl und Schweineschmalz erinnerte, hing schwer in der Luft. Er hustete.

«Verdammt», schimpfte er. «So ein großer Unterschied ist es nun auch wieder nicht.»

Die drei wanderten durch eines der ältesten Viertel Pekings. Zwischen den grauen Gebäuden, die sich in der Mitte gesenkt hatten, und den halbverfallenen Mauern schlängelten sich schmale, gewundene Gassen hindurch: Es sah aus, als seien sie nach dem Bau der Häuser wie zufällig frei geblieben. Zwar hatten die Geomanten, welche die Stadt geplant hatten, ihr ein präzises Gittermuster zugrunde gelegt, doch inzwischen regierten längst Unordnung und das Chaos des Individualismus. Um so verblüffender war der Gegensatz, als sie nun um eine Ecke bogen und eine lange, unbeschädigte, makellos graue Backsteinfläche vor sich sahen. Die Mauer, die das Anwesen der Tigerin umgab, war über neun Meter hoch und von grünen, glasierten Ziegeln gekrönt. Rechts und links des Tores standen rote Säulen, und das Holz der zinnoberroten Türen war so dick, daß es selbst einem Panzer standgehalten hätte. Glatte graue, rote und grüne Flächen waren das einzige, was man erkennen konnte. Es gab keine Öffnung, keinen einfachen Weg hinein. Und keiner konnte so hoch springen wie Schmetterling. Sie mußten die Mauer mit Hilfe eines Seils erklettern.

Die Schönheit der Gärten, die hinter der düsteren Mauer lagen, beeindruckte Saihung. Dieses farbenfreudige kleine Paradies wirkte inmitten der einfarbigen Trostlosigkeit der alten Stadt wie eine erlesene Intarsienarbeit. Man sah den Gärten und dem Haus ihre langjährige Pflege an. Eine so vollkommene Harmonie zwischen Architektur und Landschaft konnte nur im Laufe vieler Jahre entstanden sein. Der Vater der Tigerin mußte dieses Juwel vor dem Kaiser versteckt gehalten haben. Hätte der Herrscher es gekannt, so hätte er seinen Ritter sicherlich aus Neid beseitigt.

Vor dem Haus lag ein künstlicher Teich, und ein langer Bach schlängelte sich in Richtung Westen bis hinter das Haus. Das Wasser war von einem schmutzigen Grün, doch in seiner trüben Oberfläche spiegelten sich die vielen Trauerweiden, die an den Ufern wuchsen. Die Ufer waren von unregelmäßig angeordneten Steinen eingefaßt, die Wind und Wetter zu den eigenartigsten asymmetrischen Formen abgeschliffen hatten. Die Szenerie stellte einen märchenhaften Gebirgszug dar, der sich aus den vier Meeren erhob. Es sah aus wie eine zu einem seltsamen Wall verkleinerte Nachbildung des berühmten Steinwaldes der Provinz Yünnan.

Der Garten schien für die Kontemplation bestimmt. Da den Gärtnern viel Platz zur Verfügung stand, hatten sie einen langen, überdachten Weg durch den Garten angelegt. Die eigenartigen Winkel, die er bildete, gehorchten keiner erkennbaren Sym-

metrie. Sie dienten dazu, dem Spaziergänger möglichst schöne
Ausblicke zu bieten. Das grüne Ziegeldach und die roten Säulen
ließen dieses kunstvoll angelegte Wunderwerk eines erlesenen
Geschmacks noch prachtvoller erscheinen. Das Sonnenlicht, das
durch das Laub der Pappeln, Kiefern und Zedern drang, spren-
kelte den Boden mit tausend weißen Lichtflecken, die Lotusblu-
men auf dem Teich erglühten in tiefroten Blütenblättern, und
die Chrysanthemenblüten wiegten sich in gelben, purpurnen
und rostroten Farbtönen im Wind. Der Garten war mehr als nur
eine Anordnung sorgfältig plazierter Bäume, mehr als das Hell-
dunkel der Schatten, mehr als der matte Glanz der unbewegten
Wasseroberfläche des Teiches: Er erschimmerte in ätherischer
Anmut und atmete eine stille, friedliche Gelassenheit, die nicht
von dieser Welt zu sein schien.

Vorsichtig schlichen die drei sich an das Wohnhaus heran, ein
stattliches zweistöckiges Gebäude aus traditionellem Gitterwerk, dicken Säulen und Ziegeldächern, die an den Ecken nach
oben gebogen waren. Am Rande des steinernen Säulenganges
standen säuberlich aufgereiht, glasierte Tontöpfe mit Kakteen.
Die Türen waren rot lackiert und mit Perlmuttintarsien verziert,
die wunderbare Erinnerungen an die Farben des Meeres
weckten.

Saihung riß sich von der Schönheit dieser Umgebung los und
zog sein Übergewand aus. Darunter trug er ein engeres Hemd.
Um seinen Körper hatte er ein Seil geschlungen, an dessen Ende
eine Klinge hing. Saihung warf seinen Gefährten einen Blick zu.
Das war das Signal für sie, die Schwerter zu zücken. Die nackten
Klingen funkelten in der Sonne. Li Ch'üan, der Gelehrte der
T'ang-Dynastie, hat recht gehabt, dachte Saihung, als er sagte:
«Waffen bringen Unglück.» Ein Schwert wollte auch benutzt
werden.

Er wandte sich zur Tür. Sie mußten sich bemerkbar machen.
Brutal trat Saihung die Tür ein. Sie fiel mit lautem Krachen zu
Boden. Unter der Wucht seines Fußtritts splitterte der Lack ab.

Saihung und seine Begleiter drangen ein und sahen sich um.
Sie befanden sich in einer Empfangshalle von klassischer Sym-
metrie. In der Halle standen zwei Reihen von Ebenholzstühlen,
die mit kunstvollen Schnitzereien verziert und mit seidenen Kis-

sen gepolstert waren. Dazwischen waren Teetische aufgereiht. Auf dem Boden lag ein verschwenderisch großer Seidenteppich, der mit Blüten und den Symbolen des langen Lebens gemustert war. Die Wände waren mit kostbaren Bildrollen und Keramiken geschmückt. Am oberen Ende der Halle hing ein riesiges Bild im Querformat, das leuchtendrote Pfingstrosen darstellte. Das Licht war gedämpft, und ein leicht moderiger Geruch hing in der Luft. Die Mönche hörten hastige Schritte und eine Frauenstimme, die den Dienern befahl fortzugehen.

Gleich darauf traten drei Personen aus den beiden Türen rechts und links am hinteren Ende der Halle. Die erste war eindeutig die Tigerin. Sie war mittelgroß und bewegte sich anmutig. Sie trug eine golden und blau gemusterte Tunika und eine Hose in der gleichen Farbe. Ihre wohlgeformte Gestalt war schlank und athletisch. Sie hatte ihre kräftigen Füße nicht gebunden. Ihre Haut war glatt und weiß wie durchscheinende Jade, und ihre großen Augen mit den dunklen Wimpern liefen außen in einer langen, feinen Spitze aus. Ihre Gesichtszüge waren zart und fein. Ein paar Sekunden lang vergaß Saihung beinahe, warum er hier war und wie brutal er in das Haus eingedrungen war. Als ihm ihr zartes Parfüm in die Nase stieg, dachte er, daß vielleicht auch er imstande gewesen wäre, dem Leben auf dem Berg den Rücken zu kehren, wenn ihn je eine Frau wie die Tigerin in Versuchung geführt hätte.

Hinter ihr stand ihr Bruder, ein schlanker junger Bursche mit kahlrasiertem Kopf und neugierigem Blick, der sich von seiner kürzlichen Verwundung schon wieder erholt zu haben schien. Er trug ein rotes Seidengewand, dessen Saum er sorgfältig in seine schwarze Schärpe steckte, damit es ihn nicht bei seiner Beinarbeit behinderte und er rasche Fußstöße austeilen konnte. Sein Speer war fast so groß wie er selber und mit einer roten Quaste verziert, die hin und her tanzte, als er seine Spitze auf die drei Mönche richtete. Er grinste. Seine Zähne waren weiß und ebenmäßig.

Die beiden Geschwister traten in die Mitte des Zimmers, doch die dritte Person blieb in der Nähe der Tür stehen. Das war Schmetterling. Aber er war plötzlich gar nicht mehr der forsche, selbstbewußte Mann, als den Saihung seinen älteren Bruder kannte, sondern machte eher einen stillen, zurückhaltenden Eindruck. Er warf Saihung und seinen beiden Gefährten einen Blick von beinahe fatalistischer Ergebenheit zu.

«Wir sind gekommen, um dich zu holen, Schmetterling!» rief Saihung quer durch die Halle.

Schmetterling sah auf, wandte den Blick aber dann wieder ab.

«Der Meister will dich. Du bist zu weit gegangen. Er kann dein Verhalten nicht länger hinnehmen. Und jetzt komm mit!»

«Das ist mein Haus!» sagte die Tigerin wütend. «Hier habt ihr nichts zu befehlen.»

«Halt du dich da raus, sonst ist es mit meiner Höflichkeit vorbei», erwiderte Saihung heftig. Er warf Schmetterling einen Blick zu. Der trat einen Schritt zurück.

«Angriff!» schrie Saihung und stürmte vorwärts.

Mit Leichtigkeit wehrte die Tigerin seine Attacke ab. Saihung merkte, daß er in einer ungünstigen Position war. Sie kämpfte besser als er. Es war keine Frage der Kraft. Instinktiv spürte er, daß er ihr zwar an Gewicht und Muskelkraft weit überlegen war, doch mit ihrer Wendigkeit und Schnelligkeit brachte sie ihn zur Verzweiflung. Sie machte sich nicht einmal die Mühe, seine Schläge abzuwehren, sondern wich ihnen einfach aus. Als sie dann zum Gegenangriff überging, blieb Saihung nichts anderes übrig, als zurückzuweichen. Dadurch, daß sie mit den Fingerspitzen zuschlug, hatte sie eine größere Reichweite. Sie war eine tödliche Gegnerin.

Saihung sprang zur Seite und wollte sich auf Schmetterling stürzen. Aber der wich nur ruhig zurück. Da sprang die Tigerin mit einem Satz auf Saihung zu. Er wich aus. Sie trieb ihn zurück und versetzte ihm schließlich einen gewaltigen Fußstoß gegen die Brust. Metall blitzte auf. Einen Moment lang hielten die beiden Gegner überrascht inne. Die Tigerin hatte vorn in ihrem Stiefel eine Klinge verborgen, und Saihung trug einen eisernen Brustharnisch.

«Du feiger Mönch», empörte sie sich.

Saihung grinste. Er ging lieber kein Risiko ein. Er nutzte den kurzen Augenblick, um am Knoten seines Seils zu ziehen, und wirbelte herum. Die Seilklinge schoß in die Länge und auf sie zu.

Die Tigerin von Peking

Er gab sich nicht der Illusion hin, sie zu treffen, denn dazu war sie zu geschickt. Aber er hoffte sie damit zumindest aus dem Rhythmus zu bringen. An der Seilklinge war eine Pfeife befestigt, die einen hohen Ton von sich gab. Man mußte das Seil straff halten und nach jedem Wurf wieder einholen. Dabei konnte Saihung es um Handgelenk, Ellbogen oder Beine wickeln und dann in irgendeiner Richtung, mit welcher der Gegner nicht rechnete, wieder von sich schleudern. Er konnte damit auch alle möglichen horizontalen Bögen beschreiben. Aber das beeindruckte die Tigerin überhaupt nicht. Sie bedrängte ihn nur noch härter. Ein meterlanges Seil und eine messerscharfe Klinge waren das einzige, womit er sie sich vom Leibe halten konnte. Er hoffte, daß Wuyung und Wuch'üan sich besser schlugen als er. Die beiden Kriegermönche waren gute sechzig Zentimeter größer als ihr Gegner, und wahrscheinlich wog auch jeder von ihnen fünfzig Pfund mehr. Aber der Junge glich diesen Nachteil durch seine Wendigkeit und die große Reichweite seines Speers aus.

Zwei Schwertkämpfer waren kein Problem für ihn. Er begegnete ihren verwirrenden Drehungen und genau berechneten Hieben mit einer besonderen Eigenart seiner Waffe. Der Schaft seines Speers war aus dem Holz einer zähen Kletterpflanze und hatte seine Biegsamkeit behalten, weil er lange mit speziellen Ölen getränkt worden war. Wenn er einem der beiden Mönche einen Hieb mit dem Schaft seines Speers versetzte, würde der biegsame Schaft herumschnellen, und die Speerspitze würde sich dem Gegner ins Fleisch bohren. Außerdem konnte er mit dem Speer auch noch zustoßen, parieren, Hiebe austeilen und auf den Gegner einschlagen wie mit einem Stock. Saihung sah, daß der junge Bursche ein meisterhafter Kämpfer war.

Wieder griff die Tigerin Saihung an. Er wehrte sich heftig und schleuderte die Seilklinge nach ihr. Rasch wich sie seitlich aus, aber wurde trotzdem an der Schulter leicht verletzt. Er trat einen Schritt vor. Pfeifend kam die Klinge zu ihm zurückgesaust. Mit ungeheurer Wucht zerrte das Seil in seinen Händen, und er spürte einen brennenden Schmerz, als es ihm in die Finger schnitt. Saihung mußte es in Bewegung halten, um es kontrollieren zu können. Er ließ das Seil einmal kreisen und noch einmal. Eine schnelle Körperdrehung, um Schwung zu holen, und rücklings versetzte er ihr einen Tigerschwanztritt. Mit derselben Bewegung entließ er die Klinge, die mit einem widerlichen Pfeifen auf den Jungen zuschoß und ihn so hart traf, daß die Zehn-Zentimeter-Klinge tief in seinen Körper eindrang. Saihung machte einen Satz nach vorn und warf ihm unbarmherzig eine Schlinge um den Hals. Ohne zu zögern, durchbohrten die beiden Brüder ihn mit ihren Klingen.

Die Tigerin war außer sich vor Zorn und Kummer und stürzte sich wie wild auf die drei Mönche. Jetzt kannte sie keine Zurückhaltung mehr, keine vorsichtige Strategie, keine anmutigen Bewegungen. Es ging eine ungeheure, tückische Kraft von ihr aus. Sie versetzte Saihung einen so heftigen Schlag wie ein Mann. Er drehte sich zur Seite, um die Wucht ihres Angriffs abzumildern. Trotzdem geriet er aus dem Gleichgewicht und taumelte rückwärts. Sie folgte ihm und zielte mit einem Fingerschlag nach seiner Kehle. Er erhaschte einen Blick auf ihre Augen, in denen Haß und Tränen funkelten, und hörte das leise Zischen ihres Ausatmens, als sie die ganze Kraft ihrer inneren Energie präzise auf ihr Ziel richtete.

Doch er spürte keinen Stich. Statt dessen nahm er eine blitzschnelle, verschwommene Bewegung wahr: Wuch'üan hatte ihr die Hand abgehackt. Das tödliche Zischen ging in einen Schmerzensschrei über, als ihre kostbare Waffe zu Boden fiel und das heiße Blut aus ihrem Armstumpf hervorspritzte. Sie wich zurück und blickte die drei Mönche so wild an, daß sie unwillkürlich innehielten.

Mit großer Mühe brachte sie ihre Atemzüge wieder unter Kontrolle und richtete sich auf. Sie sah ihren toten Bruder am Boden liegen. Dann blickte sie sich im Zimmer um und stellte fest, daß ihr Geliebter sie verlassen hatte. Und was noch viel schlimmer war: Sie hatte ihre Hand verloren. Damit war sie gekränkt und entehrt. Es hätte keine schlimmere Demütigung für sie geben können. Sie war berühmt für ihre Finger. Ihre kämpferischen Fähigkeiten waren ihr ganzer Stolz. Nun hatte sie alles verloren. Ein echter Kämpfer gab nie seinen Stolz auf, selbst wenn alles andere verloren war. Das Spiel war aus. Sie tat das einzige, was ihr zu tun blieb.

Die Tigerin, die imstande war, einen Menschen mit einem gestreckten Finger zu töten, konnte all ihre Kräfte auf einen Punkt richten und beherrschte die Fähigkeit, *ch'i* und Blut im Bruchteil einer Sekunde an jede beliebige Körperstelle zu lenken. Jetzt ließ sie beides in ihre Zunge aufsteigen, die Nahtstelle zwischen ihrem Lenker- und Diener-Meridian. Nachdem sie ihre ganze Lebenskraft an diesem einen Punkt konzentriert hatte, biß sie sich mit letzter Endgültigkeit auf die Zunge. Das Blut schoß ihr in die Kehle, und ihr Geist entwich durch die Wunde, die sie sich selbst zugefügt hatte. Sie warf sich herum wie ein vom Jäger erlegtes Wild. In einem Regen karminroter Blutstropfen taumelte die schöne Tigerin in ihrem letzten Tanz zur Erde herab.

Saihung wickelte sein Seil von der Leiche des Jungen ab. Der tote Körper war schwer, denn er gehorchte jetzt nicht mehr dem Gesetz des Lebens, sondern dem der Schwerkraft. Saihung rollte das blutbesudelte Seil auf, das er gegen ein neues eintauschen mußte, und reinigte die Klinge gründlich. Blutgeruch erfüllte die Halle, ein unangenehmer Kontrast zu dem Parfümduft, der immer noch in der Luft hing. An der Tür entdeckte er eine Öllampe. Schnell hatte die brennende Flüssigkeit den Teppich durchtränkt, und die blutüberströmten Leichen gingen in einem orangeroten Flammenmeer auf.

An den nächsten Tagen stellten Saihung, Wuyung und Wuch'üan Nachforschungen im großen Netz der Spione der Unterwelt an, um Schmetterling auf die Spur zu kommen. Saihung erinnerte sich an einen Abschnitt aus der *Kunst des Krieges,* der berühmten Abhandlung über militärische Strategie von Sun Tzu (aus dem 3. Jh.v. Chr.): «Kluge Strategen sind den gewöhnlichen Menschen überlegen, weil sie mehr Vorwissen haben. Dieses Vorwissen bekommt man nicht von Geistern oder Göttern und nicht aus Berechnungen und Vergleichen mit früheren Ereignissen. Man muß es sich von denen beschaffen, die die Situation des Feindes kennen.» Diese Spione bildeten das, was Sun Tzu als Göttliches Gewebe bezeichnete. Wenn man Beziehungen hatte, konnte man sich dieses Netzes bedienen.

Sie verloren kostbare Zeit mit der Verfolgung unwahrer Gerüchte und falscher Anhaltspunkte. Nachdem sie fünf Tage lang verschiedene Städte und das umliegende Land abgesucht hatten, kamen sie in ein Dorf namens Tahung in der Provinz Hupei. Dort stießen sie in einer schäbigen Kaschemme auf einen Informanten, einen kleinen Schieber und Dieb. Ein paar Silbermünzen machten ihn gesprächig.

«Euer Kamerad befindet sich in Gesellschaft der Drei Tiger von Hupei. Der erste ist ein Meister der Hand der Acht Trigramme namens Li. Dessen Lehrer war ein Ch'an-Mönch, der bei Yin Fu gelernt hatte, dem Meister, der die Kaiserinwitwe Tzu-hsi (1835–1908) im Jahr 1900 auf ihrer Flucht aus Peking beschützt hatte. Der zweite Tiger heißt Wang. Er ist ein Schüler des berühmten Sun Lu-t'ang und ein Meister im *hsing-i*-Stil und im Schwert der Sechs Harmonien. Den dritten im Bunde nennt man Fliegende Katze, ein kleiner, aber ziemlich gefährlicher Kämpfer, der eine umfassende Ausbildung bei einem der letzten Ritter der Ch'ing-Dynastie, dem Fliegenden Göttlichen Panther, erhalten hat. Diese drei Männer sind über Fünfzig, also in der Blüte ihrer kämpferischen Fähigkeiten. Ihr dagegen seid wohl zu jung, um sie zu besiegen.»

«Trotzdem», erwiderte Wuch'üan, «sag uns bitte, wo wir sie finden können.»

Der Spion dachte einen Augenblick nach. Dann lachte er. «Na schön. Dann weiß ich wenigstens, wohin ich eure Särge schikken soll.»

Sie ließen den grinsenden Gauner stehen und begannen Pläne zu schmieden. Jetzt war das Ganze eindeutig eine *wulin*-Angelegenheit, und somit war eine persönliche Herausforderung die einzige Möglichkeit weiterzukommen. Da es unehrenhaft gewesen wäre, zu dritt auf die Drei Tiger loszugehen, durfte nur ein einzelner die drei herausfordern. Saihung stellte sich freiwillig zur Verfügung und versandte sofort die Briefe mit den Herausforderungen.

In den nächsten Tagen wurde es immer heißer, und das machte Saihung noch reizbarer und ungeduldiger. Innerhalb von zwei Tagen war er gegen Li und Wang angetreten und hatte beide besiegt. Lis anmutigem, wendigem Acht-Trigramm-Stil war er mit den brutalen Griffen des mongolischen Ringkampfs begegnet, bei denen der Gegner immer wieder zu Boden geworfen wurde. Ein fünfzigjähriger Mann konnte es einfach nicht mehr verkraften, allzuoft auf den harten Boden aufzuschlagen. Im folgenden Kampf gegen Wang setzte Saihung dann Lis Stil ein. Die Drehungen und kreisförmigen Schläge dieses Stils waren die ideale Waffe gegen das geradlinige, vernichtende Vordringen des Gegners beim *hsing-i*-Stil. Saihung tötete keinen der beiden. Das gebot die Kriegerehre, denn sie hatten Schmetterling nur aus Freundschaft beschützt.

Nachdem Wang aufgegeben hatte, klärte Saihung das Mißverständnis. Erst da wurde den beiden Meistern klar, in was für Schwierigkeiten Schmetterling steckte. Sie rieten Saihung, rasch in Richtung Süden weiterzufahren. Schmetterling befinde sich in Begleitung von Fliegender Katze auf dem Weg zum Yangtse.

Die drei eilten zum Bahnhof, verpaßten jedoch den Zug, was Wuyung sofort als schlechtes Omen deutete. Es dauerte vier Stunden, bis der nächste Zug nach Nanking kam. So blieb ihnen nichts anderes übrig, als zu warten. Vierundzwanzig Stunden später waren sie am nördlichen Ufer des Yangtse. Es führte keine Brücke über den breiten Fluß, und es würde Stunden dauern, bis man den Zug mit der Fähre ans andere Ufer transportiert hatte. Die drei begaben sich rasch ans Ufer und mieteten ein kleines Boot, das sie über den Fluß bringen sollte.

Im Hafen von Nanking wimmelte es von Leuten, die versuchten, in Dschunken, Dampfer und Frachtschiffe einzusteigen. Überall waren Kisten, Körbe mit Waren und Käfige mit Enten und Gänsen aufgestapelt. Es stank nach Benzin, Öl, Abfällen und Schweiß.

Obwohl es noch früh am Morgen war, herrschte bereits drückende Hitze. Saihung wischte sich mit dem Ärmel den Schweiß von der Stirn. Die Sonne blendete ihn. Er kniff die Augen zusammen und entdeckte zu seiner Verblüffung Schmetterling, in seinem prächtigen himmelblauen Seidenanzug eine auffallende Gestalt auf dem düsteren, schmuddeligen Pier. Unter seinem Obergewand trug er ein offenes, makellos weißes Hemd. Gemächlich schlenderte er neben einem schwarzgekleideten Mann her und lächelte.

Rücksichtslos drängte Saihung sich durch die Menschenmenge. Durch die Protestschreie der Menschen wurde Fliegende Katze aufmerksam. Kaum hatte Saihung den letzten der Umstehenden beiseitegedrängt, flog auch schon ein Gegenstand mit schrillem Zischen auf ihn zu. Fliegende Katze, ein Meister der Seilklinge, hatte sich Saihung zum Ziel erkoren.

Kreischend wichen die Leute zurück, ohne sich allzuweit zu entfernen. In einer Mischung aus Angst und Neugier blieben sie stehen. In dieser Arena aus Körpern gingen Saihung und Fliegende Katze in Kampfstellung. Fliegende Katze umkreiste Saihung wachsam. Er war ein dünner, kleiner Mann. Sein Gesicht hatte die Form eines Olivenkerns, seine Haut war braun und lederig. Sein pechschwarzes Haar war von einer dicken Pomadeschicht bedeckt, seine schmalen Augen blickten scharf und wachsam drein.

Zischend kam die Seilklinge auf Saihung zugeschossen. Schnell holte dieser seine eigene Waffe hervor, einen Stahlfächer. Er ließ ihn aufschnappen, benutzte ihn wie einen Schild und ging zum Gegenangriff über. Doch zu seinem Erstaunen wich Fliegende Katze nicht nur seinen Fausthieben aus, sondern sprang mit erstaunlichem akrobatischem Geschick über seinen Kopf hinweg. Noch im Sprung trat er nach Saihung und griff ihn erneut mit der Seilklinge an.

Saihung stürzte auf die Holzplanken und spürte einen brennenden Schmerz, als ein paar Splitter in seine Handfläche drangen. Wütend sprang er wieder auf, gerade noch rechtzeitig, um das Seil abzuwehren. Fliegende Katze machte sich gar nicht die Mühe, das Seil mit der Klinge wieder ganz einzuholen. Er konnte ihm hinterherspringen, es in der Luft wirbeln und dann im Sturzflug nach unten sausen lassen. Beim nächsten Luftsprung seines Gegners klappte Saihung den Fächer zu und machte ihn mit einem Ruck wieder vor sich auf. Dabei drückte er auf einen Geheimknopf an der äußersten Fächerrippe. Ein Schnappen des Handgelenks ließ dreizehn dünne Nadeln mit Federdruck hervorschießen. Die Salve traf Fliegende Katze ins Bein.

Jetzt schalteten sich Wuyung und Wuch'üan ein. Da sie ihre Schwerter in dem Gedränge nicht zücken konnten, kämpften sie mit bloßen Händen. Trotz seiner Verwundung wehrte sich Fliegende Katze tapfer, doch bald hatten seine Gegner ihn bewußtlos geschlagen.

Saihung drängte sich durch die Menge, lief ans Ende des Piers und sah ein Boot ablegen. An Deck stand Schmetterling.

«Du weißt, warum ich hinter dir her bin!» rief Saihung ihm wütend zu. «Weder Himmel noch Erde können dich verbergen. Ich kriege dich! Ich schwöre dir, daß ich dich kriege!»

Er war erstaunt über Schmetterlings teilnahmslosen Blick. Sein älterer Bruder wirkte zerstreut und unentschlossen. Saihung sah, wie das Boot davonfuhr, und wartete auf Schmetterlings Antwort. Aber es kam keine. Verdammt! Warum redeten die Menschen in seinem Leben nie dann, wenn es darauf ankam?

Auf einem uralten, überfüllten Dampfer setzten sie Schmetterlings Verfolgung fort. An die Reling gelehnt, blickte Saihung ins Wasser. Gewaltig strömte der Yangtse dahin. Dieses Gewässer war sogar zu riesig für eine Bezeichnung wie Strom. Es war ein Ozean: tief, tückisch, breit und gewaltig. Auf seiner schlammiggelben Oberfläche trieben alle möglichen Abfälle, die aus den Booten hineingeworfen wurden. Langsam legte ihr Dampfer ab, und die braune Wasserfläche weitete sich allmählich. Saihung empfand ein Gefühl der Freiheit, das große Abenteuer verhieß.

Er sah, wie sich das Wasser zu beiden Seiten des Bootes kräuselte. Es schäumte kaum. Hier war die Welt sehr einfach. Sie bestand aus drei waagerechten Streifen – blauer Himmel, grüne Felder, braunes Wasser. Er betrachtete den grünen Uferstreifen, der an ihnen vorbeizuziehen schien. Manchmal fiel das Ufer sanft ab wie ein Strand, dann wieder bildete es einen lokkeren Erdwall, von dem immer wieder Stückchen abbröckelten und ins Wasser fielen. Manchmal ragte auch ein unterhöhlter Felsbrocken aus dem Wasser, der den Strömungen trotzte. In der Ferne konnte man Felder und verstreute Häuser aus Lehm und Backstein erkennen. Nur selten wurden diese gleichförmigen blauen, grünen und braunen Streifen von einer Stadt unterbrochen.

Stromaufwärts fuhr ein anderer Dampfer an ihnen vorbei, auf dem sich Flüchtlinge aus den besetzten Zonen drängten. Saihung starrte sie an. Es waren zerlumpte, verzweifelte, ängstliche Menschen. Aber es fuhren auch erstaunlich viele Leute stromabwärts, um nach Verwandten oder nach Arbeit zu suchen. «Heutzutage findet man schwer Arbeit», hörte er einen Mann sagen. «Selbst in der besetzten Zone zu arbeiten ist immer noch besser, als zu verhungern.»

Plötzlich kam Unruhe an Bord auf. Eine Leiche trieb erstaunlich rasch vorbei. Ihr folgte eine zweite Leiche. «Habt ihr das gesehen?» fragte Wuyung aufgeregt. «Ein schlechtes Zeichen!»

«Ja», sagte Saihung. «War die letzte Leiche eigentlich ein Mann oder eine Frau?»

«Weißt du, woran man das merkt?» fragte Wuch'üan. «Wenn eine Leiche mit dem Gesicht nach unten auf dem Wasser treibt, ist es meistens ein Mann. Eine Leiche mit dem Gesicht nach oben dagegen ist fast immer eine Frau.»

«Wo hast du denn diese seltsame Weisheit her?» fragte Saihung verwundert.

«Das habe ich unterwegs gelernt», erklärte Wuch'üan beiläufig. «Eine Frau hat schwerere Hüften, deshalb zieht ihr Unterleib sie hinunter, und ihr Gesicht dreht sich nach oben. Ein Mann hat einen schwereren Kopf. Deshalb schwimmt er mit dem Gesicht nach unten.»

In diesem Augenblick trieb noch eine Leiche vorbei. Sie versuchten festzustellen, ob Wuch'üans Theorie stimmte. Leider war bei dieser Leiche der Kopf halb weggeschossen.

Saihung bahnte sich seinen Weg durch die lärmende Menschenmenge bis zum Bug des Schiffes. Wieder blickte er unverwandt auf das große, wäßrigbraune Dreieck des Stroms. Die Wellen übten eine hypnotische Wirkung auf ihn aus. Der Großmeister hatte ihm einmal erklärt, daß Wasser eine besondere Bedeutung für ihn habe, und ihm geraten, den Blick möglichst oft auf seiner Oberfläche ruhen zu lassen. Das werde Ruhe in seine Seele einkehren lassen und seine Meditation fördern.

In Peking hatte er gemordet. Wer wußte, wie viele Menschen er in seinem Leben schon getötet hatte? Er war Sohn einer Kriegerfamilie, die Kunst des Tötens war ein Vermächtnis seines Clans. Schon in seiner Kindheit hatte er erlebt, wie seine Familie gegen Überfälle kämpfen mußte. Später hatte er seine Kräfte mit vielen Herausforderern gemessen, und im Krieg hatte er als Guerillasoldat gekämpft. Wie alle Kämpfer begriff Saihung, daß dies der Preis war, den man als Krieger zu zahlen hatte. Auch die Tigerin und ihr Bruder hätten das sicherlich so gesehen. Trotzdem empfand er ihren Tod als sinnlose Tragödie. Er hatte Schmetterlings Geliebte umgebracht. Wahrscheinlich war das der Grund, warum er sich diesmal ganz anders fühlte als nach seinen früheren Kämpfen, nicht als Held, sondern als Zerstörer. Er war ein Mann, der alle, die ihn an der Erfüllung seines Auftrags hinderten, rücksichtslos niedermähte, und kein idealistischer Mönch mehr. Er hatte eine Mission zu erfüllen und Herausforderungen zu bestehen. Darin lag eine ganz andere Ethik, nämlich die des Erfolgs.

Die Herausforderung stand im Mittelpunkt des ritterlichen Ehrenkodexes, an den Saihung gebunden war. Doch in *ich'i* (wörtlich: Gerechtigkeitssinn) lag auch der Schmerz verborgen, den man empfand, wenn man alle anderen Prinzipien opfern mußte. Schon seit Menschengedenken hatten Männer solche ritterlichen Aufträge erfüllt. Doch in ihren Gesängen verrieten die Dichter nie, wie aus Jungen Männer wurden: weil sie nach und nach ihre hehren Ideale und Illusionen opfern mußten, bis sie sich schließlich mit der Diskrepanz von Ethik und Wirklichkeit abfanden. Als Kämpfer und moderner Ritter liebte Saihung Herausforderungen. Der Konflikt zwischen Prinzipien und Umständen zog ihn magisch an. Doch bei jeder neuen Herausforderung mußte er sich aufs neue darüber klarwerden, daß es nicht ohne Opfer und Kompromisse abging. Hier an der Dampferreling hatte er sich damit abzufinden, daß er getötet hatte, daß seine Seele darunter leiden würde und daß er einen hohen Preis dafür zu zahlen hätte, wenn er seinen Bruder gefangennahm. Ein Gefühl der Auswegslosigkeit überkam ihn. So war es nun einmal, wenn man sich für eine ritterliche Sache einsetzte.

Saihung ließ seinen Blick auf dem braunen Wasser ruhen, das mit müheloser Leichtigkeit an ihm vorbeiströmte. Ich bin immer noch viel zu gefühlsbetont, dachte er. Er erinnerte sich an eine Frage, die er dem Großmeister vor langer Zeit einmal gestellt hatte, als er versuchte, die Idee des *wu wei* (Nicht-Tun) zu begreifen.

«Was bedeutet *wu wei?*» hatte er gefragt.

«Es bedeutet», hatte der Großmeister geantwortet, «daß alles, was du tust, spontan, natürlich und vollkommen ist. Nichts berührt dich, nichts wühlt deine Emotionen auf und stört die kostbare Stille, die du beständig in deinem Inneren gepflegt hast.»

«Nichts berührt dich?»

«Nichts.»

«Und wenn du meditierst, und jemand kommt und will dich umbringen?» fragte Saihung.

«Dann töte ich ihn zuerst.»

«Und dann?»

«Dann setze ich mich wieder hin und meditiere weiter.»

«Und das ist alles?»

«Ja.»

«Macht es dir denn nichts aus, einen anderen Menschen zu töten?»

«Nicht in diesem Fall. Schließlich ist er gekommen und hat mich angegriffen. Ich habe ihn nur dabei unterbrochen.»

«Du würdest also überhaupt nicht darunter leiden?»

«Nein. Das ist *wu wei*. Die Ereignisse kommen und gehen. Wenn du wirklich *wu wei* lebst, bist du immer ruhig und gelassen.»

Das hatte Saihung sehr verwirrt. Schließlich hatte der Großmeister ihm die Sache folgendermaßen erklärt: «*Wu* bedeutet Negation. *Wei* hat mehrere Bedeutungen. Einmal heißt es ‹für› oder ‹zu›, aber es kann auch ‹Tun›, ‹Ergebnis› oder ‹Folgen› ausdrücken. *Wu wei* bedeutet, daß das, was du tust, keine Folgen hat, weder im metaphysischen Sinn noch in deinem eigenen Inneren.»

«Noch in deinem eigenen Inneren...», wiederholte Saihung leise und lehnte sich nachdenklich über die Reling. Die meditative Ruhe von früher schien so fern zu sein. Auf dem Berg hatte er diese Ruhe gekannt, doch jetzt, wo er sich der Erfüllung seines Auftrags widmete, war sie hinter einem Schleier von Emotionen verborgen.

Wieder trieb eine Leiche vorbei. Diesmal war es eine Frau.
Der Yangtse schien voller Leichen zu sein. Saihung hatte plötz-
lich das Gefühl, sich in einem Leichenzug zu befinden. Die
Toten fahren zur Hölle, dachte er. Er und die Leichen trieben
auf das gleiche Ziel zu, die Stadt an der Mündung des langen
Flusses: Shanghai.

Sieben
Spurensuche in Shanghai

Ob so die Hölle ist, fragte Saihung sich, als er am Hafen von Shanghai stand. Dieser Anblick war völlig fremd und verwirrend – es hätte tatsächlich so etwas wie die Hölle sein können. Er bahnte sich einen Weg durch die schreiende, spuckende, stinkende Menschenmenge, unter deren Gewicht sich der Landungssteg durchbog, und sah die Skyline von Shanghai vor sich. Ein meilenlanger Wall aus hohen Stahl- und Betonbauten säumte den Bund, die berühmte Uferstraße. Außer den Bergen hatte Saihung noch nichts Höheres gesehen. Mit ihren geraden Linien und rechteckigen Fenstern, ihren Anklängen an die griechisch-römische Architektur und ihren imposanten grauen Säulen und Mauern waren diese Gebäude gleichzeitig auch das Eigenartigste, was ihm bis jetzt begegnet war. Die protzigen Zeugen der europäischen Gegenwart zerklüfteten den Himmel.

Früher war das hier sicher einmal ein ganz hübsches Fleckchen Erde, dachte Saihung. Hoch oben am blaßblauen Himmel trieben Wolken dahin, und der Meereswind wehte über das flache Deltaland. Zwei Flüsse durchzogen Shanghai, der Huangp'u- und der Suchou-Fluß. Etwas weiter nördlich mündete der Yangtse ins Ostchinesische Meer. Im Westen von Shanghai erstreckte sich weites, fruchtbares Ackerland. Obwohl der Krieg es verwüstet hatte, konnte es die Stadt immer noch mit frischem Gemüse beliefern. Jetzt, wo das klare Licht auf Shanghai fiel, dessen Name schlicht und einfach ‹Am Meer› bedeutete, hätte es wirklich eine schöne Stadt sein können. Aber die Uhrtürme, Hotels und Bürogebäude empfand Saihung als häßlich, und die Hafenanlagen, in denen es nach Fisch und schwitzenden Arbeitern stank, waren ihm widerwärtig. Bei diesem Höllenlärm von Motoren, Autohupen und Menschengeschrei war die Stadt

wirklich alles andere als ein Paradies, und Saihung war nun ein
Teil dieser Großstadt, ein Staubkorn inmitten dieser felsenähnli-
chen Gebäude. Sie betraten den Landungssteg und kamen sich
plötzlich vor wie kleine Kinder bei einem Umzug. Das Gedränge war unerträglich. Sich darin vorwärtsbewegen zu wollen war beinahe aussichtslos. Selbst als Saihung sich mit den Ellbogen seinen Weg durch die Masse zu bahnen begann, kam er
nur langsam voran. Schon an der ersten Straßenecke waren seine
Sinne bereits ganz überwältigt von den vielen verschiedenen
Gerüchen und Geräuschen, die auf ihn einstürmten. Wo war die
frische Luft, die er auf dem Fluß geatmet hatte? Hier nahm er nur
einen Geruch nach brennendem Öl wahr. Er schaute sich die
Straßen an: ein wildes Wettrennen von Rikschas, wackeligen
kleinen Vehikeln, gezogen von sonnengebräunten Männern, die
mit den hölzernen Stangen in den Händen alt wurden. Andere,
seltsame Fahrzeuge hätten Saihung beinahe überfahren: Autos.
Von ihnen kam, wie er jetzt feststellte, der Geruch nach brennendem Öl. Diese entsetzlich dröhnenden, rauchspeienden, verdächtig schwarzen, metallisch glitzernden Wagen flitzten mit
ihren gutgekleideten Insassen in leichtsinnigem Tempo durch
die überfüllten Boulevards.

Die vielfältigen Eindrücke der Stadt stürmten auf Saihung,
Wuyung und Wuch'üan ein: Imposante Eingänge, die koloniale
Macht verhießen; die vergitterten Fenster der Bank von Hongkong und Shanghai; eine Russin, die angeberisch aus einem
Rolls Royce stieg; wohlhabende Schiffsmakler in Teehäusern;
ein starrer Leichnam im Rinnstein; alte, verhutzelte Straßen-
händler, die kandierte Äpfel verkauften; ein asiatischer Bankier
mit Cut und Melone; ein schniefender Heroinsüchtiger; betrun-
kene Matrosen. Als Saihung sich seinen Weg durch den Tumult
der Nanking-Straße bahnte, wurden diese Eindrücke von Häuserblock zu Häuserblock verwirrender und vielfältiger.

An fast allen Straßenecken sah er zwielichtige Gestalten stehen: junge, arrogante, brutal wirkende Männer, die sich das
Recht nahmen zu belästigen, wen sie wollten. Sie waren in
leuchtende Farben gekleidet und trugen ihre Jacken angeberisch
aufgeknöpft. Darunter schauten ebenfalls aufgeknöpfte Hemden hervor. Im Gegensatz zu den anderen Passanten hatten sie

auch ihre Ärmel hochgekrempelt. Sie kombinierten ihre traditionellen chinesischen Anzüge gern mit Elementen westlicher Kleidung. Weiche Filzhüte, dunkle Sonnenbrillen, breite Ledergürtel und Lederschuhe galten als sehr modisch. Doch unter ihrer Kleidung trugen sie die traditionellen Waffen aller Gangster: Messer, Schlagringe, Totschläger und Pistolen. Saihung interessierte sich sehr für diese Gauner, denn nur mit Hilfe der Unterwelt konnte man in Shanghai etwas erreichen. Sie beherrschte die Stadt und hatte Banken, Regierung und Polizei unter Kontrolle. Das Gangstertum gedieh im Freiraum zwischen europäischer Kolonialherrschaft und der sich auflösenden chinesischen Gesellschaft. Die Millionen Dollar, die in einem Strom, mächtiger als der Yangtse, durch die Stadt zirkulierten, gingen fast ausnahmslos durch die schmutzigen Hände der Unterwelt. Industrie, Reedereien, Opium-, Heroin- und Menschenhandel – das organisierte Verbrechen kontrollierte alles.

Wer in Shanghai etwas wollte, kam um den Kontakt mit der Rotblauen Bande und dem Grünen Zirkel nicht herum. Selbst berühmte Leute wie T. A. Soong, H. H. Kung, die Soong-Schwestern, Sun Yatsen, Mao Tse-Tung und Chou En-lai hatten alle mit ihnen zu tun gehabt, und es hieß, daß Chiang Kai-shek nur mit Hilfe des Geldes, der Intrigen und brutalen Taktiken Tu Yüeh-shengs, des Paten von Shanghai, an der Macht blieb. Dieser Mann repräsentierte die Extreme der Stadt: auf der einen Seite höchste Kultur und Eleganz, auf der anderen Seite tiefste Abgründe der Ausschweifung.

Aus den Hotels hörten die drei Mönche Musik und Gelächter, und der Geruch europäischen Essens stieg ihnen in die Nase: frischgebackenes Brot, gebratener Schinken. Ab und zu mischte sich der süßliche Duft von Opiumrauch in den Meereswind und die scharfen, beißenden Gerüche der Straßen. Wuyung erklärte Saihung, daß die Ausländer sogar anders rochen als die Einheimischen. Aber sie kamen ihnen nie so nahe, daß sie es wirklich hätten feststellen können. Angeblich war es ein Geruch nach Blüten und Gewürzen, Leder und Holz.

Bisher hatte Saihung nur selten Ausländer zu Gesicht bekommen. Bei den größeren Empfängen im Haus seiner Familie hatte er zwar ein paar kennengelernt, aber hier sah er nun eine ganze

Stadt voller Ausländer. Er zitterte bei dem Gedanken an all die furchterregenden Gerüchte, die er über sie gehört hatte. Hatten sie Schwänze? Waren sie am ganzen Körper behaart? Fraßen sie ihre Kinder auf? Glaubten sie wirklich, daß sie vom Affen abstammten? Es waren eigenartige Lebewesen, die man sich mit aller taoistischen Weisheit nicht erklären konnte. Erst in ihrer billigen Absteige erfuhr Saihung mehr über die Geschichte der Ausländer in Shanghai, denn Wuch'üan erklärte ihm einiges. Im Laufe vieler Jahrzehnte, so erzählte Wuch'üan, hatten die Ausländer die Stadt in die bekannten ausländischen Konzessionen eingeteilt. Die Briten hatten das beste Land an der Spitze des Bund für sich beansprucht, und die Franzosen hatten die Fläche zwischen dem britischen Gebiet und der ummauerten Altstadt im Süden übernommen. Jenseits des Suchou-Flusses im nördlichen Distrikt der Stadt befand sich das amerikanische Gebiet. Doch da die Amerikaner in der Verwaltung ihres Territoriums nicht die verderbte Grandeur der Briten besaßen, hatten sie sich mit ihnen zum International Settlement zusammengeschlossen.

Das Settlement besaß einen Stadtrat, der sich aus Taipans und anderen mächtigen Reedern zusammensetzte. Die Franzosen hatten eine ähnliche Verwaltung. Beide verfügten auch über eine eigene Polizei, aber das war lediglich ein Zugeständnis an die koloniale Mentalität. In Wirklichkeit blühte unter diesem Arrangement das Verbrechen. Man brauchte nur ein paar hundert Meter weiterzugehen, und schon unterstand man einer anderen Rechtsprechung. Das machten die Gangster sich zunutze. Für die Polizei war es in jedem Fall lohnender, mit den Verbrechersyndikaten zu kooperieren, als sie zu bekämpfen.

Als im Jahr 1937 die Japaner in die Stadt einmarschierten und die meisten westlichen Anwohner in dem häßlichen Hochhauskomplex namens ‹Shanghai Mansions› zusammenpferchten, verblaßte der europäische Glanz in Shanghai. Doch auch die Japaner ließen sich von der Korruption und Verruchtheit dieser Stadt verführen. Das japanische Militär war immer noch eine gefährliche Macht. Die Soldaten tyrannisierten die Bevölkerung, betranken sich, plünderten und vergewaltigten. Vor ihnen mußten die drei Mönche sich in acht nehmen. Aber noch wichtiger war es, sich der unheimlichen Macht zu entziehen, mit der diese Stadt jeden in ihren Bann zog. Drogen und Sex bildeten das Fundament der Gesellschaft von Shanghai. Obwohl manchmal auch Leidenschaft, Politik, Handel und in seltenen Fällen sogar Liebe im Spiel waren, ging es im Grunde nur um Geld. Mit Geld konnte man sich jede Sorte Opium, Morphium oder Heroin kaufen, um die Leiden seines Lebens zu lindern oder den quälenden Hunger einer langjährigen Sucht zu stillen. In den Opiumhöhlen und Bordellen gab es ‹Rauch und Blumen›: Opium und Frauen. In Shanghai konnte man sich jede Frau kaufen, die man wollte: von den kultivierten Kurtisanen oder Geishas in den teuren Salons bis hin zu den billigen Straßenmädchen, die an jeder Mauer standen. Und auch die Homosexuellen kamen nicht zu kurz: Junge Burschen waren in ebenso großer Menge und Vielfalt zu haben wie Mädchen. Einfach alles war zu haben, und die Banden hatten diese Geschäfte sehr gut organisiert.

Im Laufe der nächsten Tage bahnten sich Saihung und seine Gefährten mit Bestechungsgeldern und Überredungskünsten ihren Weg durch die Hierarchie der Unterwelt von Shanghai, verfolgten Spuren in Opernhäusern und bewirteten Informanten in Teehäusern. Sie mußten auch kämpfen, um ihre Fähigkeiten unter Beweis zu stellen. Schließlich gelang es ihnen, sich eine Audienz beim Grauen Schwan zu verschaffen, einer der Schlüsselfiguren der Shanghaier Unterwelt. Grauer Schwan war vorsichtig: Aus Angst vor Mordanschlägen empfing sie Besucher immer nur einzeln. So ging Saihung alleine.

An dem Tag ihrer Verabredung war es sonnig, aber drückend schwül. Die Kleider klebten ihm am Leibe, und der Schweiß rann ihm in den Nacken, als er das französische Konzessionsgebiet durchquerte. Er suchte den Schatten der Bäume, welche die Straße säumten. Das Atmen fiel ihm schwer. Die Luft war wie Wasser. Hinter hohen, grauen Mauern erkannte man stattliche Herrenhäuser in fremdartigem Baustil.

Schließlich gelangte er zu einem sorgfältig bewachten Anwesen. Die Männer an den Stahltoren trugen alle Pistolenhalfter. Sie durchsuchten Saihung gründlich, um sicherzugehen, daß er auch keine Waffen bei sich trug. Dann begleiteten sie ihn eine Auffahrt entlang, die sich zu einem niedrigen, häßlichen Ge-

bäude schlängelte. Bei der Gestaltung der Fassade war es dem
Erbauer offensichtlich nur auf Stabilität und Prunk angekom-
men. Rechts und links der schweren Eichentür standen imitierte
Steinsäulen. Als Saihung die mit einem Teppich ausgelegte Ein-
gangshalle betrat, stieg ihm ein unangenehmer Geruch in die
Nase: eine Mischung aus Kampfer und Moder.

Sechs Männer geleiteten ihn ins Wohnzimmer, das im erle-
sensten chinesischen Stil eingerichtet war. Saihung war überrascht. Er wußte, daß viele Gangster, die es zu etwas gebracht
hatten, sich angeberisch mit Kunst und Kultur umgaben. Aber
normalerweise hatten diese Leute eine Vorliebe für alles, was
groß und bunt war. Doch das Porzellan, die Jade und die Schriftrollen in diesem Haus wären eines Museums würdig gewesen.
Diese kleinen Kostbarkeiten wirkten neben den ungehobelten
Männern, die in dem Zimmer herumstanden, zerbrechlich und
vergänglich.

«Der Graue Schwan!» stellte einer der Leibwächter vor.

Am vorderen Ende dieses cremefarbenen Zimmers, von
Kunstgegenständen umgeben und von Mördern bewacht, saß
eine schlanke Frau. Sie trug eine kunstvolle Frisur: eine duf-
tende, schwarze Wolke, in der Nadeln aus Gold, Silber und Jade
steckten. Ihr Gesicht war ein wohlgeformtes Oval mit hohen
Backenknochen, geschwungenen Augenbrauen und schmalen
Lippen. Mit ihrem kräftigen Make-up wirkte sie wie eine Frau,
die die Blüte ihrer Jahre schon hinter sich hatte. Ihre Schultern
waren ein wenig zu breit, aber sie hatte wohlgerundete, volle
Brüste. Ein Schlitz in ihrem engen Brokatkleid enthüllte lange,
glatte Beine. Sie hatte eine affektierte Art, mit einem baumeln-
den Ohrring zu spielen.

«Ah! Was für ein hübscher Junge!» rief Grauer Schwan, als sie
Saihung sah. Saihung errötete.

«Schon bei deinem Anblick bekomme ich weiche Knie! Was
für ein schöner Körper! Oh, da läuft einem ja das Wasser im
Mund zusammen!»

Sie wandte sich an einen Leibwächter mit den Proportionen
eines Frankenstein.

«Der gefällt mir», lächelte sie. «Er hat so eine schöne weiche
Haut, nicht so wie ihr grobschlächtigen Kerle!»

Der Leibwächter grinste und entblößte etliche Zahnlücken.
«Bist du gekommen, um dich mit mir zu vergnügen?» fragte
sie mit einschmeichelnder Stimme.

«N-nein, tut mir leid», stotterte Saihung. «Ich suche einen
Kameraden, der zum Grünen Zirkel gehört.»

«Wie förmlich du bist!» schmollte sie. «Das ist das Problem
mit euch Männern. Ihr wollt immer gleich über Geschäfte
reden. Natürlich weiß ich, warum du hier bist. Wenn du diesen
Mann so dringend suchst, können wir dir verraten, wo er ist.
Aber was bekomme ich dafür?»

«Was möchtest du denn?»

«Eine Nacht allein mit dir, das wäre der Gipfel der Wollust!»
seufzte Grauer Schwan. «Ich kann es mir genau ausmalen.
Schenke mir eine Nacht der Lust, und ich beschaffe dir dafür
deinen Kameraden.»

Saihung spürte, wie seine Halsschlagadern nervös zu pochen
begannen.

«Es tut mir leid, aber ich habe der Welt entsagt. Ich habe Gelübde abgelegt», erklärte er. «Ich bin Taoist.»

«Na und? Warum willst du kein Gigolo des *tao* sein?» fragte
sie mit einem koketten Lächeln.

«Ausgeschlossen!»

Grauer Schwan lachte. «Wie erfrischend, so einen unverdor-
benen jungen Mann zu sehen! Schaut ihn euch genau an, ihr
Rüpel! So etwas hat es in Shanghai noch nie gegeben.»

Die Leibwächter lachten sarkastisch.

Saihung faßte sich. «Mein Kamerad ist ja gar nicht bei dir.
Also wäre es sowieso kein fairer Tausch.»

«Stimmt», sagte sie, und ihre Augen wurden schmal. «Du bist
nicht nur hübsch, sondern dazu auch noch clever.»

«Ich sehe schon, hier vergeude ich nur meine Zeit. Bitte er-
laube mir, mich zu verabschieden.»

«Ohne meine Erlaubnis könntest du gar nicht gehen», gurrte
Grauer Schwan. «Aber es gibt noch jemanden, der an dir interessiert ist. Ich soll dich ihm vorstellen.»

«Wer denn?»

«Tu Yüeh-sheng.»

Saihung wurde hellhörig. Tu war berühmt. Er war der König

der Unterwelt. Es war nicht unbedingt ein gutes Zeichen, daß er sich für Saihung interessierte; andererseits wußte Saihung, daß in Shanghai nichts Wichtiges ohne Tus Wissen passierte.

«Was verlangst du dafür, wenn du ihn mir vorstellst?»

«Du und ich, wir gehören beide zur Welt der Krieger. Ich tue es aus Ritterlichkeit.»

«Und das ist alles?»

«Ja. Du mußt nicht denken, daß Habgier das einzig Wahre ist.»

«Das scheint in Shanghai aber die Regel zu sein.»

«Ja, ja», lachte Grauer Schwan, «aber vielleicht habe ich heute zuviel Opium geraucht.»

Saihung verfluchte sie im stillen. Vermutlich hatte Tu ihr genaue Anweisungen gegeben.

«Du darfst jetzt gehen», sagte sie. «Morgen wirst du Tu Yüeh-sheng kennenlernen. Meine Männer werden dich zu ihm bringen.» Saihung willigte ein und wandte sich zum Gehen.

«Viel Glück!» rief ihm da plötzlich eine Männerstimme nach. Verblüfft fuhr Saihung herum. Es konnte doch nicht sein, daß einer der Leibwächter zu sprechen wagte. Er blickte sich um und sah Grauen Schwan lachen. Er war bestürzt. Es war das Lachen eines Mannes. Grauer Schwan war Transvestit.

«Viel Glück, habe ich gesagt», wiederholte er. «Oh, was für ein Spaß das gewesen wäre, dich im Bett zu haben!»

Mit verbundenen Augen wurden Saihung, Wuyung und Wuch'üan zum Treffen mit Tu gefahren. Als die Limousine haltmachte, wurden ihnen die Augenbinden abgenommen. Sie standen vor einer dreistöckigen Villa aus Beton und Stuck. Die Fensterrahmen und Balustraden waren braunrot gestrichen. Im schmalen Vorderhof parkten noch ein paar andere Limousinen. Saihung blickte sich um. Die Mauern waren ungefähr dreieinhalb Meter hoch. Das Tor bestand aus Stangenstahl mit schweren Panzerplatten. In einer Ecke befand sich ein kleiner Garten mit welken Pflanzen und einem viel zu großen, rot und grün gestrichenen chinesischen Aussichtstürmchen. Jenseits der Mauern sah man noch andere Häuser im französischen Stil.

Sie stiegen ein paar Treppen hoch zum säulenbestandenen

Eingang, neben dem Kakteen, Sukkulenten und Palmen in Töpfen standen. Die Inneneinrichtung war in dunklen Farbtönen gehalten: Wände aus gebeiztem Mahagoni, Böden aus Hartholz und ein dunkelkarminroter Teppich. Die ebenfalls dunkel gekleideten, allgegenwärtigen Leibwächter standen unbeweglich da wie alte Rüstungen in einem Spukschloß. Im Gegensatz zu dem Gesindel, das an den Straßenecken herumlungerte, waren diese Männer altergraute, unerschütterliche Profis. Die Ausbuchtungen ihrer Uniformen deuteten auf Muskeln und Schußwaffen hin.

Einer der Leibwächter öffnete eine doppelte Schiebetür aus Eichenholz. Sie führte in ein großes Zimmer, an dessen Wänden noch mehr Männer postiert waren und in dem große Sofas und Sessel im westlichen Stil standen, alle mit tiefen Polstern und schäbigen braunen Schonbezügen. An den Wänden hingen Fotos und ein paar düstere alte Gemälde. Über dem schwarzen, leeren Kamin war ein Spiegel mit vergoldetem Rokokorahmen angebracht. An den Fenstern reckten sich ein paar Palmen in Töpfen dem Licht entgegen, doch die schweren Vorhänge waren alle halb zugezogen. An der hohen Decke hing ein Kristallüster mit Glühbirnen. Neben einer grünen Lampe am hinteren Ende des Zimmers saß Tu Yüeh-sheng.

Er gab ihnen ein Zeichen näherzutreten. Saihung musterte ihn aufmerksam. Tu Yüeh-sheng hatte ein rechteckiges Gesicht, einen Bürstenschnitt und bereits eine ziemlich hohe Stirn, aus der die dichten, schwarzen, geschwungenen Augenbrauen weit hervorragten. In seinen Augen glitzerte eine instinktive Grausamkeit. Seine Nase war wie ein gerader Keil, der unten in großen, geblähten Nasenlöchern auslief, der Mund breit mit sinnlichen Lippen. Seine abstehenden Ohren hatten ihm den verhaßten Spitznamen Großohr-Tu eingetragen. Seine Haut war glatt, seine Muskeln fest. Beim Anblick seines Gesichts fühlte man sich an einen Affen erinnert.

Tus Schultern waren früher wohl kräftiger gewesen, doch jetzt wirkten sie schmal. Unter seinem hochgeschlossenen Gewand verbarg sich ein harter, sehniger, gestählter Körper. Tu Yüeh-sheng war damals fünfundvierzig Jahre alt, erfahren und fähig, und befand sich auf der Höhe seiner Macht. Ob in Hong-

kong, Chungking oder Shanghai, er hatte alles unter Kontrolle –
vom Verladen des Opiums im Hafen bis hin zu den Machenschaften der Geheimgesellschaften, die Chiang Kai-shek an der
Macht hielten.
Sein ausdrucksloses Gesicht verriet nichts von seinem bewegten Leben. Er war in P'utung jenseits des Flusses Huangp'u zur
Welt gekommen und hatte in der Zeit, als Prostitution und Korruption in Shanghai in voller Blüte standen, als kleiner Rausch-
giftschmuggler und Zuhälter begonnen. Dann wurde er von
Huang Chin-jung protegiert und gelangte bald zu Rang und
Ansehen im Grünen Zirkel. Er hatte mitgeholfen, den Opiumhandel und alle anderen kriminellen Aktivitäten zu zentralisie-
ren, indem er mit den anderen Banden entweder einen Pakt
schloß oder sie ausschaltete. Im Jahre 1927 unterstützte er
Chiang Kai-shek bei der Machtübernahme. Tu war überzeugter
Antikommunist. Bei dem grauenhaften Massaker im Jahre
1927, als seine Männer in den Straßen von Shanghai fünftausend
(manchen Quellen zufolge sogar zehntausend) Kommunisten
ermordeten, war er der führende Kopf gewesen. Das Blutbad
hatte Stunden gedauert, und man hatte Tage gebraucht, um die
vielen Leichen wegzuschaffen.

Nach und nach war Tu auch zu einer wichtigen Figur in den
angesehenen Bankierskreisen geworden. Das war damals nicht
ungewöhnlich, denn Korruption und Mißbrauch von Macht
und Reichtum waren in den wohlhabenden Kreisen Shanghais
an der Tagesordnung. Tu trug feine Seidenkleidung, Smokings
und Zylinder und ließ sich in teuren zweifarbigen Limousinen
durch die Straßen von Shanghai chauffieren, während seine
Leibwächter auf dem Trittbrett mitfuhren. Außerdem war er
Leiter des Bürgerverbandes von Shanghai, einer der Direktoren
der Bank von China, Mitglied des Devisenreservenkomitees
sowie Gründer einer Knabenschule und einer Vereinigung
zur Förderung gemeinsamer Interessen namens ‹Constancy
Society›.

Tu war ein glühender Nationalist und haßte die Japaner, doch
das hielt einzelne Gruppen seiner immer größer werdenden
Bande allerdings kaum davon ab, beim Drogenhandel mit den
Besatzungstruppen zu kooperieren. Als die Japaner 1937 in

Tu Yüeh-sheng im Alter von Mitte Vierzig

Shanghai einmarschierten, hatte er sich erboten, eine ganze Flotte seiner Schiffe zu versenken, um den Hafen zu blockieren. Noch jetzt leisteten manche Gruppen seiner Bande im Untergrund Widerstand gegen die Japaner.

Es fiel schwer, die vielen Seiten von Tus Persönlichkeit miteinander in Einklang zu bringen: den grausamen Mörder, den Opiumraucher, den angesehenen Bankier, den schamlosen Frauenhelden, den überzeugten Nationalisten, den Drogensüchtigen, den Opernliebhaber und den reichen Salonlöwen. Ein Schlüssel zu Tus Persönlichkeit lag in seinem Glauben an den kriegerischen Ehrenkodex. Als Meister der Kampfkunst, als Ältester und Pate des Kriegertums rund um das Yangtse-Tal vertrat er die Tugenden des *ich'i,* ein Wort, das sich schwer übersetzen läßt. Damit verbinden sich Begriffe wie Ehre, Gerechtigkeit, Prinzipientreue, Ritterlichkeit und Großzügigkeit. Tu fühlte sich fast wie ein fahrender Ritter, der sich für die Gerechtigkeit einsetzte. Er hatte das Gefühl, seine Mitmenschen fair zu behandeln und nur jene zu bestrafen, die sich gegen seinen Ehrenkodex vergingen. Ein Paladin zweifelt nicht an seinem Herrn, sondern vernichtet ohne zu Zögern dessen Gegner. Tus Herr war die unheilige Dreifaltigkeit aus Macht, Opium und Geld. Tu besaß einen primitiven, brutalen, durch keinerlei Zweifel getrübten Gerechtigkeitssinn. Dieses Ehrgefühl, so einseitig es auch sein mochte, hob ihn über bloßes Gangstertum hinaus. Obwohl er in späteren Darstellungen geradezu als Inbegriff des Verbrechers abgestempelt wurde, als abgrundtief schlechter Mensch, war er in Wirklichkeit eine viel komplexere Mischung aus Großzügigkeit und Gangstertum, Idealismus und Opportunismus.

Doch er war ohne Zweifel ein furchterregender Mann. Instinktiv spürte Saihung seine Grausamkeit, als sie sich in die Augen sahen. Tu ergriff als erster das Wort.

«Du suchst einen Mann», stellte er ohne Umschweife fest.

«Ja», antwortete Saihung, «und im Namen der *wulin* bitte ich dich, mir dabei zu helfen.»

«Vielleicht.»

Dann trat ein langes Schweigen ein. Saihung war sich nicht sicher, ob Tu nachdachte oder einfach nur geistig weggetreten war.

Alle standen ehrerbietig um Tu herum, der völlig in sich zusammengesunken zu sein schien. Manche großen Männer haben eine glanzvolle, charismatische Ausstrahlung, aber bei Tu Yüeh-sheng hatte man auf den ersten Blick nicht diesen Eindruck. Er saß lange Zeit schweigend da, eine leichenähnliche, reglose Gestalt. Doch als Saihung ihm in die Augen sah, merkte er, daß sie lebendig und hinterlistig dreinblickten, wachsam.

«Du bist doch ein Meister der Kampfkunst?» fragte Tu nun mit etwas lauterer Stimme.

Saihung nickte.

«Dann zeig mir, was du kannst!»

Saihung steckte den Saum seines Gewandes hoch und begann schwungvoll eine Form, die zu seinen Spezialitäten gehörte: die berühmte Weidenblatt-Hand. Schon nach der Grußform kam Leben in Tus Augen. Saihung wußte, daß er ihn beeindrucken mußte.

Er spürte das Spiel seiner Muskeln. Seine Füße bildeten ein festes Fundament für die Hiebe, die er mit der Geschwindigkeit eines Wirbelwinds vollführte. Seine Hüfte drehte sich mit gewaltigem Schwung von einer Seite zur anderen, seine Arme bewegten sich in Bögen und Kreisen aus den Schultern heraus. Saihung empfand eine ungeheure Freude, eine leidenschaftliche Begeisterung. Stolz gab er sich der Pantomime des Kampfes hin.

«Hervorragend! Hervorragend!» rief Tu, als Saihung seine kurze Vorführung beendet hatte.

Saihung war verblüfft. Dieser Mann, der vorher noch reglos dagesessen hatte, erwachte plötzlich wieder zum Leben.

«Und was ist mit euch beiden?» wandte Tu sich an Wuyung und Wuch'üan.

Die beiden führten eine vorher vereinbarte Partnerform des *hsing-i* vor. Das war ein inneres Kampfkunstsystem mit vernichtenden, direkten Schlägen. Die Gegner gingen dabei nur selten zurück, sie wichen sich durch Seitenschritte oder Drehungen aus. Jede Bewegung war ein direkter Angriff, jede Abwehr ein Gegenangriff. Tus Erregung wuchs. Er winkte einem seiner Männer, ihm eine Wasserpfeife zu bringen. Der Mann stopfte

die Pfeife mit etwas, was wie ein schwarzes Teerkügelchen aussah, und reichte sie ihm. Tu zündete ein Streichholz an, und das
schwarze Opium begann rot zu glühen. Als er es inhalierte, gab
die Pfeife ein gurgelndes Geräusch von sich, und eine blauweiße
Rauchwolke stieg auf und hüllte ihn ein. Der unnachahmliche
Geruch nach Opium, duftend, süß und angenehm, erfüllte den
Raum.

Als die beiden Brüder ihre Demonstration beendet hatten,
war Tu begeistert und sprühte förmlich vor Energie. Saihung
sah, daß er ein enthusiastischer Anhänger der Kampfkunst war,
einer jener Leute, bei denen die Begeisterung fast schon irrationale Züge aufweist.

«Ich grüße euch, meine jungen Helden», rief er mit einem jun-
genhaften Lächeln und faltete die Hände zum Gruß. «Ich will
euch auch etwas zeigen!»

Ein Leibwächter brachte ihm zwei in der Scheide steckende
Breitsäbel. Tu Yüeh-sheng zog die beiden funkelnden Klingen
heraus. Saihung hörte ein schabendes Geräusch. Das bedeutete,
daß sich in der Scheide ein Wetzstahl befand. Immer wenn man
einen Säbel aus der Scheide zog oder wieder zurückgleiten ließ,
wurde die Klinge automatisch geschärft.

«Doppelsäbel der Acht Trigramme!» verkündete Tu und
führte ihnen eine einmalige Säbel-Form vor.

Sie begann damit, daß Tu die beiden Säbel parallel zueinander
hielt, damit je einen Hieb nach rechts und links vollführte, sie
dann in den Händen drehte und wieder nach links und nach
rechts hieb. Waagerecht, senkrecht und in weiten Bögen sausten
die Säbel durch die Luft. Dann schlug und stieß Tu mit ihnen in
verschiedene Richtungen oder wehrte mit dem einen Säbel
einen imaginären Angriff ab, während er mit dem anderen zur
Attacke überging. Manchmal sausten beide Säbel parallel zueinander von oben nach unten. Tus lange Arme glichen den
Schwingen eines großen Vogels: Von einer Säbelspitze zur anderen hatte er einen Aktionsradius von über drei Metern. Das
machte ihn zu einem gefährlichen Kämpfer, denn die Verteidi-
gungsmauer dieser Klingen, die durch die Luft wirbelten wie
Propeller, war kaum zu durchdringen. Und selbst wenn das ge-
lingen sollte, Tus Fußstöße, Sprünge, fliegende Fußtritte und

Schläge aus der Luft hätten auch einen sehr erfahrenen Kämpfer beeindruckt.

Allmählich wurden Tus Bewegungen schneller. Saihung bemerkte einen erregten Ausdruck in seinem Gesicht. Das Opium hatte gewirkt, das Blut war ihm ins Gesicht gestiegen, und die Wucht seiner raschen Säbelhiebe bereitete ihm sichtlich Vergnügen. Die Klingen wirbelten so rasch durch die Luft, daß es klang, wie wenn man ein Bettlaken mit einem Ruck auseinanderreißt. Nur hin und wieder erstarrten die Lichtreflexe der blitzenden Klingen für einen Moment in einem meisterhaften Hieb, einer präzisen Abwehr oder einem scherenförmigen Angriff, bei dem beide Säbel in einem wahren Ballett durch die Luft tanzten. Anmut, Kraft und Geschwindigkeit gingen bei dieser Säbel-Form mit einem absolut mörderischen Impuls einher. Auf Tus Haut zeigte sich ein feuchter Schimmer. Dann verzog sich sein Gesicht zu einem verkniffenen, befriedigten Grinsen.

Nun war auch Saihung aufgeregt. Auch er hatte den Säbel-Stil der Acht Trigramme gelernt, aber nur mit einem einzigen Säbel. Dies hier war eine atemberaubende und grausame Form, die den Gegner nicht schonte. Saihung hätte sie gern gelernt.

Tu bemerkte das Glitzern in Saihungs Augen, das allen Kampfkunstfanatikern so vertraut ist.

«Na, hat dir das gefallen?» fragte er.

«O ja, sehr!» antwortete Saihung.

«Möchtest du es gern lernen?»

«Natürlich!» Für ein paar Minuten war sein Auftrag vergessen. Doch Tu, gründlich wie immer, brachte das Gespräch wieder darauf zurück.

«Du willst Schmetterling finden. Ich werde dir erlauben, in meinem Territorium nach ihm zu suchen. Aber ich erwarte eine Gegenleistung dafür.»

«Was willst du haben?» fragte Saihung.

«Der Huashan ist berühmt für seine Kampfkunst. Das habt ihr drei gerade bewiesen. Ich habe von einem fünfbändigen geheimen Handbuch gehört, geschrieben von einem Mann, der die *Sieben Bambustafeln* gemeistert hatte. Dieses Werk enthält tödliche Kampfkunsttechniken, die auf der Kultivierung der

Tu Yüeh-sheng als junger Mann mit seinen Säbeln

inneren Energie beruhen. Besorge mir dieses Buch, und ich beschaffe dir dafür Schmetterling.»

«Ich müßte es herbringen lassen», sagte Saihung zögernd. Tu verlangte einen hohen Preis, und er war nicht sicher, ob der Huashan die Herausgabe des Buches genehmigen würde.

«Gut. Besorg es mir innerhalb einer Woche! In der Zwischenzeit kannst du diese Säbel-Form lernen.»

An dem Tag, als ein Kurier die Bücher nach Shanghai brachte, war der Himmel grau und bewölkt. Die Wolken, dunkle Tintenflecken auf glatter, blasser Seide, verhießen keinen Sturm, sondern nur Nieselregen. Die Luft vor den schmutzigen Fenstern von Saihungs billigem Hotelzimmer war feucht und samtweich. Er legte das Paket auf den quadratischen Tisch und öffnete es. Die fünf Bände waren in verblichene rotviolette Seide gehüllt, die mit Elfenbeinnadeln zusammengesteckt war. Als Saihung eines der Bücher öffnete, fiel das matte Licht auf vergilbte Seiten mit schwarzen Schriftzeichen.

Er fragte sich, woher Tu Yüeh-sheng in Shanghai von diesen geheimen Büchern auf dem Huashan erfahren haben mochte. Daran ließ sich nicht nur Tus hohe Position ermessen, sondern auch die Geschwindigkeit, mit der sich Gerüchte, Legenden und Informationen im Kommunikationsnetz der Unterwelt ausbreiteten. Saihung begann zu lesen. Auf Anhieb erkannte er, daß Tu richtig informiert gewesen war. Das Buch beschrieb grundlegende Prinzipien für die Kultivierung der inneren Energie und zeigte, wie man diese Kräfte beim Kampf in den Körper des Gegners projizieren und damit dessen innere Organe verletzen kann. Natürlich war es ein Risiko, einem Mörder wie Tu solche tödlichen Techniken in die Hand zu geben. Saihung begriff, wieviel dem Großmeister daran gelegen sein mußte, Schmetterling zu fangen, wenn er bereit war, diese Bücher dafür herzugeben.

Mit einer Rikscha fuhr Saihung zu Tus Anwesen und traf ihn bei seiner üblichen Beschäftigung an, dem Opiumrauchen. Das Atmen schien ihm schwerzufallen, denn er war zeitlebens Asthmatiker gewesen, und unter den Augen hatte er rote, verschwollene Ringe. Das Opium war sein Vergnügen und sein

Laster, aber es linderte auch sein Keuchen und seine Kurzatmigkeit. Tu brauchte eine Opiumpfeife, um seine kämpferischen Fähigkeiten zu erwecken. Deshalb ließ er sich überallhin von einer Schar bewaffneter Leibwächter begleiten, und von dem Strom schwarzen Pulvers, der durch sein Territorium floß, kostete er stets reichlich.

Als Saihung die Bücher auswickelte, warf Tu ihm einen finsteren Blick zu.

«Das sind nur drei Bände.» Der Mann, der denen, die sein Mißfallen erregten, einen Sarg ins Haus zu schicken pflegte, wirkte aufgebracht.

«Du hältst mich doch wohl nicht für naiv», erwiderte Saihung beherzt. «Ich gebe dir drei Bände, weil ich dir vertraue. Aber wo ist mein Kamerad? Sobald ich ihn habe, bekommst du die beiden anderen.»

«Ich würde dir nicht raten, mich zu hintergehen», zischte Tu.

«Das habe ich nicht vor. Aber Geschäft ist Geschäft. Du bekommst die Bücher, sobald ich Schmetterling habe. Du erwartest doch sicher keine Bezahlung ohne Gegenleistung.»

«Also gut», sagte Tu, nachdem er Saihung einen prüfenden Blick zugeworfen hatte. «Ich verlange, daß du mir die letzten beiden Bände aushändigst, sobald du dein Ziel erreicht hast. Sonst wäre es mit unserer Freundschaft vorbei. Ich würde dich suchen lassen und deinen Tempel verbrennen.»

«Einverstanden», sagte Saihung mit einem diplomatischen Lächeln. «Kannst du mir jetzt verraten, wo ich ihn finde?»

«In der Provinz Shantung», erklärte Tu. «Er befindet sich im Hause seines Lehrers, des ehrwürdigen Göttlichen Adlers. Mehr Informationen kann ich dir für diese drei Bände leider nicht geben.»

«Danke. Das reicht.»

«Ich fahre heute abend nach Chungking», fuhr Tu fort. «Die Japaner werden allmählich mißtrauisch. Ich weiß nicht, wann ich wiederkomme oder ob wir uns je wiedersehen werden. Aber vergiß nicht: Den Grünen Zirkel gibt es in ganz China. Ich bin überall. Denke daran, ich will diese Bücher!»

«Geschäft ist Geschäft. Wenn ich Schmetterling in Shantung fange, bekommst du das, was du willst.»

«Ja», bekräftigte Tu leise, «ich bekomme immer, was ich will.»

Saihung verabschiedete sich und eilte ins Hotel zurück, wo Wuyung und Wuch'üan auf ihn warteten. Saihung hatte seine eigenen Pläne und erzählte den beiden deshalb nur, daß man Schmetterling in Shantung gesehen hatte und sonst nichts. Er schlug ihnen vor, sich zu trennen und auf dem T'aishan, dem wichtigsten Gipfel der Fünf Heiligen Berge Chinas, wieder zusammenzutreffen. Dieser Berg galt bei den Taoisten als heiliger Ort, zu dem man einmal in Leben gepilgert sein mußte. Selbst als Eingeweihte waren die beiden Brüder noch nie auf diesem Gipfel gewesen, deshalb erklärten sie sich sofort einverstanden. Auf die Idee, daß Saihung schon wußte, wo Schmetterling sich versteckte, kamen sie nicht.

ACHT
Schmetterlings Ende

Das Haus des Göttlichen Adlers war eine abgelegene, von Mauern umgebene Residenz in den zentralen Bergen der Provinz Shantung. Hier gab es keine schroffen, kahlen Felswände wie auf dem Huashan. Diese Berge waren älter und abgerundeter. Wind und Wetter hatten sie zerklüftet, zersplittert und abgeschliffen, zu Haufen aus Stein und Erde zerbröckelt. Sie waren von dichten Wäldern bedeckt, die in dem nebligen Klima gut gediehen. Die Landschaft bildete einen ätherisch wirkenden Hintergrund zu dieser Villa, die den Eindruck einer Festung machte. Die hoch aufragenden Mauern des Anwesens waren das einzige Bauwerk in dieser unwirklichen Bergwelt.

Der Göttliche Adler hieß Saihung herzlich willkommen, denn er war ein Freund seines Großvaters. Er war von einer geradezu legendären Statur. Seine Schultern waren kräftig, und seine Finger hatten den Durchmesser von Schienenbolzen. Sein weißbärtiges Gesicht war runzelig. Er hatte eine Beule an der Stirn und eine Hakennase mit leicht knolliger Spitze. Seine dichten Augenbrauen waren in der Mitte zusammengewachsen, und der durchdringende Blick seiner dunklen, ernsten, leidenschaftslosen Augen hatte etwas Beunruhigendes.

Er hatte Saihungs Nachricht erhalten. Zwar wollte er mit der Sache nichts zu tun haben, aber er hatte Schmetterling vorgeschlagen, dazubleiben und sich mit Saihung zu treffen, statt wieder vor ihm zu fliehen. Seiner Meinung nach nützte es niemandem etwas, diese Verfolgungsjagd noch länger hinzuziehen.

Die Jagd dauerte nun schon zwei Monate und hatte durch halb China geführt. Nun hatte er seinen älteren Bruder eingeholt. Er wusch sich, zog ein burgunderrotes Seidengewand an und ging in den Garten.

Durch die runde Öffnung eines Mondtores in einer makellos
weiß getünchten Mauer sah er eine vollendete Komposition –
einen Hof mit einem Arrangement aus verwitterten Felsblök-
ken und eine wuchtige, hoch aufragende Säule aus versteiner-
tem Holz, umgeben von Päonien. Er ging durch das Tor,
wandte sich nach rechts und gelangte zu einem sechseckigen
Torbogen. Darüber war eine Inschrift zu lesen: ‹Der Ewige
Duft des Altertums›.

Ein mit Schiefer eingelegter Weg führte in einen üppigen
Garten mit türkisgrünen Teichen, grauen Felsblöcken, Trauerweiden und alten Kiefern. Saihung ging den Weg entlang, bis
er an eine andere Mauer mit einem ovalen Tor gelangte. Er
durchschritt das Tor und kam an einem Pavillon vorbei. In
dem diesigen Licht schimmerte ein größerer Teich mit einer
kleinen, künstlich angelegten Insel. Eine Steinbrücke führte im
Zickzack über das Wasser, und an einer Seite der felsigen Insel
erhob sich ein rotgrünes Aussichtstürmchen. Schmetterling
stand dort in einem makellosen, kobaltblauen Seidengewand,
dessen Falten sich im Wind bewegten. Er hatte die Hände hinter dem Rücken gefaltet und den Blick auf die Gipfel in der
Ferne gerichtet.

Saihungs Schritte beschleunigten sich, als er über die Brücke
aus Granitplatten eilte. Die leuchtenden Farben des Aussichts-
türmchens und Schmetterlings regungslose Gestalt vor dem
Hintergrund der grünen Weiden spiegelten sich im Teich wider. Ein paar Sekunden später war auch Saihung ein Teil dieses
bunten Spiegelbildes.

«Endlich habe ich dich», sagte er unverblümt.

Langsam und anmutig drehte Schmetterling sich um. Sein
Gesicht war immer noch genauso hübsch und glatt wie früher.
Er wirkte überhaupt nicht beunruhigt. Ganz im Gegenteil, er
war ruhig, gelassen und schenkte Saihung ein offenes Lächeln.

«Du weißt, warum ich hier bin. Der Großmeister will dich
sprechen. Du hast uns große Schwierigkeiten bereitet.»

«So?» Schmetterling wies auf den achteckigen Marmortisch,
der zwischen ihnen stand, umgeben von vier trommelförmi-
gen Schemeln aus fein gemasertem, milchigem Marmor. Selbst
kleine Details wie die Nägel, mit denen das Trommelfell befe-

stigt war, und die Griffe waren naturgetreu nachgebildet. Auf einem schön bemalten Porzellantablett aus der Ming-Dynastie standen eine Teekanne in Form eines Kiefernstumpfes und zwei kleine Tassen.

«Möchtest du eine Tasse Tee, Kleiner Bruder?»

Saihung und Schmetterling setzten sich einander gegenüber. Behutsam stellte Schmetterling die Teetassen auf den Tisch und goß einen mit Narzissenblüten aromatisierten Tee hinein.

«Du weichst mir aus, Älterer Bruder», sagte Saihung ohne Umschweife. «Du hast große Verfehlungen begangen. Du hast viele Menschen getötet. Du mißbrauchst deine Fähigkeiten. Es ist eine Schande, und ich hatte keine Ahnung davon, wieviel Unrecht du getan hast.»

«Hast du denn nicht auch schon Menschen getötet? Hast du nicht meine Geliebte und ihren Bruder umgebracht?»

«Sie waren Krieger. Jeder muß damit rechnen, im Kampf zu sterben, wenn er in die Welt der Krieger eintritt.»

«Aber als Taoist begreifst du doch sicher, daß es Mord ist, einem anderen Menschen das Leben zu nehmen, gleichgültig, aus welchem Grund.»

«Dreh mir die Worte nicht im Mund herum! Du versuchst nur, von dir selber abzulenken.»

«Von mir? Wieso? Ich habe nichts zu verbergen.»

«Nichts? Schämst du dich nicht? Du stehst einfach hier in diesem Garten und tust so, als ob nichts geschehen wäre: die Frauen, die du verführt und als Prostituierte verkauft hast; die Menschen, die du mit Rauschgift ruiniert hast; die Unschuldigen, die sterben mußten, nur weil sie das Unglück hatten, dir im Weg zu stehen? Hast du denn gar keine Gewissensbisse? Keine Schuldgefühle?»

Nachdenklich leerte Schmetterling seine Teetasse und setzte sie wieder ab. Er blickte Saihung ruhig in die Augen.

«Schuldgefühle?» fragte er. «Du bist ja ein großartiger Redner geworden. Weißt du überhaupt, was Schuld ist?»

Bei dieser Frage verstummte Saihung.

«Schuld ist ein Schleier, hinter dem sich die mittelmäßigen Menschen verstecken. Sie begehen irgendein vermeintliches Vergehen und jammern dann über ihre Gewissensbisse. Wollen sie sich damit von den Folgen ihrer Missetaten reinwaschen? Sie behaupten, ihre Taten zu bereuen, und tun doch immer wieder das gleiche. Ihre Schuld lastet immer schwerer auf ihnen. Sie sind unfähig, sich zu ändern, aber sie können sich auch nicht so akzeptieren, wie sie sind, und kommen sich wegen ihrer dauernden Schuldgefühle am Ende ganz minderwertig vor. Sie verstecken sich hinter ihren Gewissensbissen, die nichts anderes als fromme Heuchelei sind, isolieren sich von den anderen Menschen und genießen insgeheim ihren Schmerz. Dieses Muster wiederholt sich ihr ganzes Leben lang und lähmt sie total.»

Saihung war verwirrt. Vorher war ihm die Sache so klar gewesen. Er begriff selber nicht, warum sie ihm nun plötzlich so kompliziert erschien. Schmetterlings Argumente klangen logisch, aber die Schlußfolgerung konnte er trotzdem nicht akzeptieren.

«Wenn man akzeptiert, daß man Unrecht getan hat, fühlt man sich schuldig. Schuldgefühle sind wie eine Krankheit», fuhr Schmetterling fort. «Die einzige Medizin besteht darin, vorwärtszuschauen und sich nicht beirren zu lassen. Wenn man ein Seil hinaufklettert, schaut man nur nach oben und kümmert sich um nichts anderes. Schuldgefühle sind etwas Überflüssiges, sie hindern uns nur am Aufstieg. Im Leben begeht man unweigerlich Unrecht. Der Durchschnittsmensch verbirgt seine Scham darüber hinter Gewissensbissen. Der höhere Mensch dagegen akzeptiert, daß seine Handlungen falsch waren, und begeht sie nie wieder. Ein solcher Mensch befreit sich nicht nur von einer Schwäche, sondern gleichzeitig auch von der Notwendigkeit, Gewissensbisse zu haben.»

«Laß doch den Unsinn!» wandte Saihung unbeholfen ein. «Warum gibst du nicht einfach zu, daß du Unrecht getan hast?»

«Jetzt verurteilst du mich. Woher nimmst du eigentlich das Recht dazu? Wer bist du denn? Hat jemand das Recht, über einen anderen den Stab zu brechen?»

«Es gibt Regeln und Gesetze.»

«Das Gesetz ist eine menschliche Erfindung, eine künstliche, willkürliche Norm. Ich sehe keinen Grund, dieses Joch zu akzeptieren. Überlaß die Gesetze den Durchschnittsmenschen!

Überlaß die Konventionen den Phantasielosen! Eine Herde will eingesperrt sein. Aber ich kann so etwas Unaufrichtiges wie Moral nicht akzeptieren.»

«Du bist ein richtiges Ungeheuer geworden. Du verkehrst alle Grundsätze eines rechtschaffenen Lebens ins Gegenteil», erboste sich Saihung.

«Und du tust nichts anderes, als dazusitzen und mir Vorwürfe ins Gesicht zu schleudern. Würdest du ein Leben wie ich führen, könntest du so etwas nicht sagen. Wer immer nur anklagt und verurteilt, sollte sich lieber fragen, ob er wirklich berechtigt ist, sich höher einzustufen als seine Mitmenschen. In Wirklichkeit sind alle Menschen gleich geboren. Du solltest nicht so vorschnell urteilen.» Mit einem Seufzer erhob Schmetterling sich. «Ich will das Leben intensiv erleben und meine Bestimmung erfüllen. Das ist das einzige, worauf es mir ankommt», erklärte er.

Saihung dachte einen Augenblick nach. Dieses Ziel erschien ihm absolut sinnvoll.

«Wir alle kommen mit einer Bestimmung auf die Welt», fuhr Schmetterling fort und blickte auf die reglose Wasseroberfläche. «Diese Bestimmung müssen wir erfüllen, das ist das einzig Wichtige. Es erfordert absolute Aufrichtigkeit. Ich habe immer versucht, aufrichtig zu sein. Deshalb verachte ich Schuldgefühle. In meinen Augen sind das die Scheuklappen der Mittelmäßigen. Sie verstecken sich vor sich selbst. Ich tue das nicht. Ich akzeptiere mich so, wie ich bin. Ich gaukle mir kein künstliches Bild von mir selbst vor. Ich will nicht nach den Idealen der Weisen oder den Prinzipien eines Buches wie den *Sieben Bambustafeln* leben. Das wäre absurd. Die Schriften wurden von Menschen verfaßt, nicht von den Göttern. Warum sollte ich ihre Worte akzeptieren? Nein, ich bin entschlossen, ein ehrliches Leben zu führen. Ich will mein Wesen nicht vergewaltigen, indem ich ihm fremde Ideen aufzwinge. Ich akzeptiere meine Bestimmung, wie sie auch aussehen mag, und ich will nur meiner eigenen Identität entsprechend leben. Das ist für mich der einzige Maßstab für richtig und falsch. Diese Bestimmung will ich erforschen, darüber nachdenken, ihr ihren Sinn entlocken. Ich möchte etwas begreifen, was kein anderer mir sagen kann. Erst dann werde ich das Gefühl haben, ein Leben ohne Illusionen zu führen.»

«Was du da sagst, hat durchaus etwas für sich, Bruder. Aber das rechtfertigt doch wohl kaum Morde, Diebstähle und die Verführung von Ehefrauen.»

«Soll ich vor meiner Bestimmung davonlaufen, nur weil andere Menschen sie nicht akzeptieren? Oder weil sie nicht ehrbar und anständig ist? Soll ich mich beklagen, weil ich in diese Rolle hineingeboren worden bin und nicht in eine andere? Ein Schauspieler darf sich nicht über seine Rolle beschweren. Es ist ja doch nur ein Theaterstück. Wenn die Oper zu Ende ist, übernimmt er eine andere Rolle.»

«Aber die vielen Morde!»

«Mir ist noch nie ein Kämpfer begegnet, der solche Skrupel wie du hatte, wenn es ums Töten geht. Nein, das muß ich zurücknehmen: Die Legenden sind voller sentimentaler Helden. Und die sterben immer sehr früh.»

«Ich akzeptiere deine Argumente, Älterer Bruder. Aber sie kommen zu spät, und sie rechtfertigen dein lasterhaftes Leben nicht.»

«Wie jung du noch bist! Ich kann dazu nur sagen, daß ich noch nie eine Frau gegen ihren Willen verführt habe. Ich habe auch noch nie einen Menschen getötet, der nicht zuerst versucht hat, mich umzubringen. Und ich habe noch niemals jemanden beraubt, der den Verlust nicht verschmerzen konnte und der nicht durch Gaunerei und Korruption zu seinem Gold gekommen ist.»

Saihung schwieg.

«Befriedigt das deine kleinliche Moral?» fragte Schmetterling sarkastisch.

Saihung mußte sich eingestehen, daß ihn dieses Argument schon irgendwie überzeugte. Aber er erwiderte nichts.

In einer plötzlichen Gefühlsaufwallung wandte Schmetterling sich ihm zu.

«Kleiner Bruder, mein Leben liegt in deiner Hand. Bitte laß mich laufen! Würde man mich auf dem Huashan einsperren, wäre ich ein gebrochener Mann.»

Ein warmes Gefühl stieg in Saihung auf. Schmetterling war

immerhin sein Bruder, sein engster Freund von Kindheit an.

«Denk doch einmal nach, Kleiner Bruder! Wie viele Entscheidungen in unserem Leben können wir tatsächlich selbst fällen? Die Jahreszeiten beeinflussen uns. Die Sterne lenken unser Schicksal. Die Umstände behindern uns. Unsere Bestimmung leitet uns. Was dir in deinem bisherigen Leben begegnet ist, hat dich zu dem Menschen gemacht, der du heute bist. Natürlich hast du Entscheidungen getroffen, aber meistens hattest du keine große Wahl. Von allen Möglichkeiten, die dir offenstanden, hast du dich für diejenige entschieden, die dir richtig erschien. Versetze dich doch einmal in mich hinein! Ich werde von einem anderen Strom des *tao* getragen als du. Die Frauen verlieben sich in mich. Der Reichtum fällt mir zu. Ich bin ein großer Kämpfer. Ich habe nicht um diese Gaben gebeten. Sie gehören zu meiner Bestimmung. Ich habe die Verantwortung dafür akzeptiert. Wir tragen beide den Namen Schmetterling. Wir müssen frei umherfliegen können, sonst sterben wir. Gib mir die Chance, frei zu sein! Laß mich meiner Bestimmung folgen!»

«Sie wird dich in den Tod führen.»

«So denkt ein unwissender Bauer. Du und ich, wir sollten versuchen, wie Helden zu leben. Wir werden alle eines Tages sterben, und ich weiß, daß ich auch künftig wieder auf die Welt kommen muß. Aber jetzt ist das hier meine Rolle, genau wie du die deine hast. Laß mich meine Rolle weiterspielen!»

Saihung schenkte sich noch eine Tasse Tee ein, um Zeit zu gewinnen. Innerlich stimmte er Schmetterling zu und war wieder einmal beeindruckt von den Einsichten seines älteren Bruders. Schmetterling ist tatsächlich ein einmaliger Mensch, dachte Saihung. Solche außergewöhnlichen Persönlichkeiten braucht diese graue, banale Welt.

Saihung stand auf und sah seinem Bruder ins Gesicht. Er genoß die Einsamkeit und die Stille dieses Augenblicks. Ihm wurde klar, wie sehr er Schmetterling liebte. Er faltete die Hände und verneigte sich leicht.

«Wirst du dein verbrecherisches Leben aufgeben?»

«Ja, ich sehe jetzt vieles anders als vorher. Ich verspreche dir, daß ich damit aufhören werde.»

«Bitte paß gut auf dich auf, Älterer Bruder! Versuch eine Weile unterzutauchen!»

«Das werde ich tun, Kleiner Schmetterling.»

«Ich muß jetzt gehen.»

«Leb wohl!»

Saihung überquerte die Brücke und ging den Pfad zurück. Hinter den wogenden Wipfeln ehrwürdiger alter Bäume sah er die blaßgrünen Gipfel eines fernen Gebirgszuges, die sich von dem lavendelblauen Himmel abhoben. Es dämmerte. Saihung dachte an den Großmeister auf seinem fernen Gipfel. Das Leben auf dem Huashan kam Saihung wie ein unwirkliches Märchen vor. Er fragte sich, wie er seinem Meister erklären sollte, was er soeben erlebt hatte. Aber er beschloß, es zu tun. Sicherlich gab es noch eine andere Lösung.

Er gelangte zu dem Gartentor an der Ecke des Pavillons. Ein Beet mit Rosen begann gerade Knospen zu treiben. Die dunkelgrünen Zweige waren mit roten und rosafarbenen Kügelchen übersät, die sich sanft im Wind hin und her wiegten. Ein heftiges Gefühl wallte in Saihung auf und verursachte ihm einen schmerzhaften Druck in der Stirn. Er widerstand dem Impuls, sich umzudrehen.

Am Bahnhof von T'aishan stieg Saihung in einen alten, zerbeulten Bus, der ihn bis zum Fuß des T'aishan brachte. Seit seiner Begegnung mit Schmetterling waren vier Tage vergangen, und er hätte die Angelegenheit gerne als erledigt betrachtet. Jetzt mußte er seine beiden Mitbrüder abholen und auf den Huashan zurückkehren. Irgendwie war er mit seiner Mission zufrieden. Er war weit herumgekommen, hatte viel gesehen, außergewöhnliche Leute kennengelernt und bei etlichen Kämpfen gesiegt. Das war das Leben, das er liebte. Er fühlte sich als Kämpfer, als Mann, der für das Abenteuer lebte, und als Ritter, der für Redlichkeit und Gerechtigkeit stritt.

Der Gipfel des T'aishan lag hinter einem Wolkenschleier verborgen. Trotzdem spürte Saihung seine sagenumwobene Gegenwart. Der T'aishan bestand aus einer Reihe gewaltiger Granitgipfel, deren höchster 1500 Meter über dem Meeresspiegel lag. Sein Ruhm als mystischer Ort reichte bis in die Ch'in-

Dynastie zurück. Damals hatte der erste Kaiser den Berg elfmal bestiegen, um dem Jadekaiser seine Ehrerbietung zu erweisen. Immer wieder waren die chinesischen Herrscher zu diesem Berg gepilgert, um Opfer darzubringen und für ihr Volk zu beten. An den zerklüfteten Abhängen standen zahlreiche Schreine und Tempel. Hier befanden sich sowohl buddhistische als auch taoistische Andachtsstätten. Die meisten Wahrzeichen des T'aishan wie die Brücke der Unsterblichkeit, die Brücke der Acht Unsterblichen, die Terrasse des Fliegenden Unsterblichen, das Sonnen- und das Mondkloster waren jedoch taoistisch, und auch die Tempel auf dem Gipfel waren dem Taoismus geweiht. Der Berg galt als irdische Wohnstatt des Jadekaisers, dessen Tempel auf der höchsten Stelle stand.

Saihung hatte sich mit Wuyung und Wuch'üan auf einem der niedrigeren Gipfel verabredet. An dem weniger begangenen östlichen Pfad zum T'aishan stand der Tempel des Dreifachen Yang. Dort traf Saihung sie und erzählte ihnen von seiner Begegnung mit Schmetterling. Sie könnten jetzt wieder heimreisen, erklärte er ihnen. Der Huashan sei in Sicherheit, und sie hätten für ihre Aufgabe nur etwas mehr als zwei Monate von der Frist gebraucht, die der Ältestenrat der *wulin* ihnen gesetzt hatte.

«Bist du verrückt?» fuhr Wuch'üan Saihung an, nachdem er seinen Bericht gehört hatte. «Du hattest diesen Schuft in deiner Gewalt und hast ihn laufen lassen!»

«Das war ein großer Fehler», meinte auch Wuyung.

«Was soll das heißen?» fragte Saihung. «Es war alles nur ein Mißverständnis. Die Anklagen, die man gegen ihn erhoben hat, waren nicht alle gerechtfertigt. Außerdem hat er mir sein Wort gegeben unterzutauchen.»

«Du Dummkopf!» schimpfte der ältere der Brüder. «Der ändert sich nie. Du hast dich von ihm umgarnen lassen.»

«Umgarnen lassen?» platzte Saihung heraus. «Unmöglich! Ich meditiere seit Jahren. Mein Geist ist stark.»

«Dann mach endlich die Augen auf, du dummer, meditierender Mönch!» sagte Wuyung sarkastisch. «Du kannst immer noch nicht zwischen Schwarz und Weiß unterscheiden. Wir hatten den Befehl, ihn zurückzubringen. Du hast alles verpfuscht. Jetzt müssen wir wieder von vorn anfangen.»

«Nein,» schrie Saihung. «Gebt ihm doch eine Chance! Er hat versprochen aufzuhören. Ich kenne ihn seit seiner Kindheit. Er lügt nicht.»

«Du bist schon ganz schön naiv», erwiderte Wuyung skeptisch. «Aber selbst wenn das stimmen sollte, müßte er trotzdem für seine früheren Vergehen bestraft werden.»

«Das ist doch jetzt alles vorbei», erklärte Saihung mit Nachdruck.

«Das ist mir gleichgültig», antwortete Wuyung. «Ich muß meine Befehle befolgen.»

«Der Meinung bin ich auch», stimmte sein Bruder zu.

«Also gut. Wir kehren auf den Huashan zurück und lassen den Großmeister entscheiden», seufzte Saihung verzweifelt.

«Was? Wir sollen mit leeren Händen zurückkommen?» schimpfte Wuyung und warf ihm einen sarkastischen Blick zu. «Dann wäre aber eine saftige Strafe fällig!»

«Und was ist mit Tu Yüeh-sheng?» fragte Wuch'üan. «Du hast doch eine Abmachung mit ihm getroffen. Jetzt haben wir auch noch ihn auf den Fersen.»

«Ich habe ihm nur drei Bände übergeben», verteidigte sich Saihung, «und da ich Schmetterling im Haus des Göttlichen Adlers nicht gefangengenommen habe, gilt die Abmachung doch gar nicht.»

«Aber er hat die drei Bücher.»

«Und ich habe die beiden anderen. Da stehen die ganzen Techniken drin. Die ersten drei Bände sind reine Theorie. Und die anderen beiden werde ich den Ältesten wieder zurückbringen. Wir haben nicht viel verloren.»

«Nicht viel, nur Zeit und Schmetterling, du Kindskopf!» wies ihn Wuyung zurecht. «Ist dir denn nicht klar, daß du alles kaputtgemacht hast?»

Saihung schwieg verlegen. Zum erstenmal fragte er sich, ob es nicht vielleicht doch ein Fehler gewesen war, Schmetterling laufenzulassen. Dort in dem Garten war ihm alles so einfach erschienen. Aber jetzt war er sich seiner Sache nicht mehr sicher.

Wuyung musterte ihn prüfend. «Laß uns folgendermaßen vorgehen: Wir werden die Aktivitäten des Grünen Zirkels weiterverfolgen und feststellen, ob Schmetterling sich gebessert hat», schlug er in etwas besänftigterem Ton vor. «Gewinnen wir den Eindruck, daß er sich geändert hat, kehren wir auf den Berg zurück und beraten uns mit dem Großmeister. Wenn nicht, können wir ihn immer noch vor Ablauf der Frist gefangennehmen.» Wuch'üan war mit dem Vorschlag einverstanden. Saihung nickte ebenfalls, sagte aber nichts. Je mehr er über die Sache nachdachte, um so deprimierter wurde er.

An den nächsten Tagen schien das Glück sie zu verlassen. Alle ihre Züge hatten Verspätung, und von Schmetterling war nirgends eine Spur zu entdecken. In ihrer Verzweiflung mutmaßten sie, daß er sicherlich dort zu finden wäre, wo der Grüne Zirkel aktiv war. Sie reisten deshalb wieder in Richtung Süden zum Yangtse, wo sie Schmetterling wieder auf die Spur kamen.

Ganz China schien voll von Spionen zu sein, etwas, was Saihung immer gehaßt hatte, aber jetzt war er dankbar dafür. Überall gab es neugierige Menschen, so daß man kaum etwas tun konnte, ohne daß es jemand mitbekam. Wenn man Informationen benötigte, war das von großem Nutzen. Man brauchte sie nur zu kaufen.

Bald wurde den drei Mönchen deutlich, daß Schmetterling weit davon entfernt war, sich zu bessern. Im Gegenteil, er ging seinen kriminellen Aktivitäten mit doppelter Energie nach. In Yangchou erhielten sie beunruhigende Neuigkeiten. Schmetterling hatte in Shanghai mehrere Politiker ermordet und flüchtete nun mit einer Ladung Opium den Yangtse hinauf.

Saihung wurde das Herz schwer, als er das hörte. Jetzt hatte die ganze Sache nichts Romantisches mehr. Er mußte sich damit abfinden, daß sein Bruder schlicht und einfach ein Gangster war. Er hatte sich etwas vorgemacht. Bis jetzt hatte er diese Angelegenheit als eine Art Kreuzzug für eine gerechte Sache betrachtet. Nun schien sie nur noch ein gefährlicher Polizistenjob zu sein, und das holte ihn auf den Boden der Tatsachen zurück. Saihung erkannte, daß er gehandelt hatte wie ein unbesonnener Jüngling, der sich durch Idealismus und Schwärmerei von seiner Pflicht hatte abbringen lassen.

Schmetterling war auf dem Weg nach Chungking, und wenn er erst einmal dort wäre, würde man ihn nicht mehr zu fassen bekommen. In Chungking hielten sich Tu Yüeh-sheng und Chiang Kai-shek auf. Die drei Mönche würden dort Kopf und Kragen riskieren. Also müßten sie Schmetterling vorher fangen. Spione verrieten ihnen, daß Schmetterling vorhatte, eine Nacht in Nanking zu verbringen. Dort wollten sie ihm auflauern.

Nanking war eine große Stadt am Südufer des Yangtse, Industrie- und Handelszentrum und gleichzeitig eine wichtige historische Hauptstadt Chinas. In der Nähe der Stadt lag das Grab des ersten Ming-Kaisers. Eine Zeitlang war Nanking der Regierungssitz Chiang Kai-sheks gewesen, bis die Japaner ihn im Dezember 1937 in einer grausamen und blutigen Schlacht vertrieben hatten. Das war das letzte Mal, daß Nanking, die Südliche Hauptstadt, versucht hatte, mit Peking, der Nördlichen Hauptstadt, zu konkurrieren.

In Nanking herrschte nicht die Atmosphäre kaiserlicher Strenge, welche die drei Mönche in Peking erlebt hatten. Das Wetter war schöner, das Essen reichlicher, und die Häuser und Läden standen weit offen, so daß Licht und frische Luft hineinströmen konnten. Hier ging das Leben einen gemächlichen Gang. Am Unterlauf des Yangtse gab es keine Staubstürme, und Wasser war reichlich vorhanden. Teiche und dichtes, üppiges Grün bestimmten das Bild der Landschaft. Selbst die Gesichter der Menschen unterschieden sich von denen im Norden. Sie waren runder, sinnlicher, weniger knochig und eckig. Ihr gelasseneres Leben hatte sogar in der Architektur seine Spuren hinterlassen. Sie war von runden, weichen Formen und geschwungenen Mauern geprägt. Doch ein großer Teil der Stadt war in einer Weise zerstört, wie Peking es nie erlebt hatte. Der Krieg hatte ganze Stadtteile verwüstet. Überall waren Trümmer und Spuren des Gemetzels zu sehen: ausgebrannte Gebäude, Häuser, von denen nur noch Schutt und Holzpfosten übrig waren, von Stacheldraht umzäunte Brücken und Eisenbahnschienen, durch Geschützfeuer zersplitterte Bäume, und überall Krüppel mit fehlenden Gliedern, schmutzverschmierten Gesichtern, eingeschlagenen Zähnen und einem gelben Film getrockneter Tränen über den Augen, die unbeachtet durch die Straßen krochen. Verkrachte Existenzen, Ausgestoßene, Bettler. An keinem Einwohner Nankings war der Krieg spurlos

vorübergegangen. Die Menschen lebten alle in einer Stadt der
Verwüstung. Nanking war Kriegsgebiet, und die Japaner hielten die Stadt immer noch besetzt. Sie patrouillierten durch die
Straßen und schikanierten die Menschen. Es gab keinen Platz
mehr für Rechtschaffenheit und heroische Tugenden. Die Helden Chinas krochen als armselige, verstümmelte Obdachlose
durch die Straßen. Die Rechtschaffenen lagen in Massengrä-
bern, und die Tugendhaften lebten in ständiger Angst.
China veränderte sich. Die ganze Welt veränderte sich. Die
Ch'ing-Dynastie war an ihrer Dekadenz zugrunde gegangen,
und ihr Niedergang hatte einen Prozeß des Verfalls und der Ver-
wesung in Gang gesetzt, dessen Gestank immer unerträglicher
wurde. Die Nation war in einen schrecklichen Zustand verfallen, wie ein von Brand, Parasiten und Krebs zerfressener Körper. Nachdenklich fragte sich Saihung, wie er das alles verkraften sollte. Hier stand er nun, von Geburt ein adeliger Krieger,
dazu erzogen, das Leben eines heiligen Mannes zu führen. Was
für eine Ironie! Der Adel war tot, und an seine Stelle trat der moderne Geschäftsmann. Die Krieger starben unter dem Kugel-
hagel von Soldaten, welche die Mentalität von Schlächtern hatten, und die heiligen Männer wurden nicht einmal mehr mit
ihren eigenen Schülern fertig.

Stundenlang mußten Saihung und die beiden Mönche in
einem stickigen Zimmer im zweiten Stock eines Gasthofs warten. Ganz zu Anfang war dies eine kriegerische Aktion gewesen.
Saihung war der vornehme, jadegeschmückte und in Seide ge-
kleidete Kämpfer gewesen, der die Welt der Krieger um Hilfe
anrief. Dabei hätten ihm schon in Ch'üfu die Augen aufgehen
müssen. Die Hälfte der Ältesten waren Geschäftsleute gewesen,
und selbst die Armee hatte mit der Geschäftswelt zu tun. Als
seine Gegner noch an dieselben Ideale glaubten wie er, hatte er
tapfer gekämpft. Doch jetzt begriff er, daß die Welt Männern
wie Tu Yüeh-sheng gehörte und daß die Krieger von früher inzwischen Söldner mit Gewehren und Kanonen waren.
Saihung schüttelte diese Gedanken ab und zwang sich, wieder
in die Gegenwart zurückzukehren. Er blickte aus dem Fenster
auf den von Balkonen eingerahmten Hof hinaus. Die Wände des

Gasthofs waren früher einmal weiß gewesen, doch inzwischen waren sie rußig, und der Regen hatte sie mit Wasserflecken übersät. Er warf Wuyung und Wuch'üan einen Blick zu. In grimmigem Schweigen saßen sie mit gezückten Säbeln da. Schmetterling hielt sich in einem Zimmer jenseits des Korridors auf. Jetzt war alles nur noch eine Frage der Zeit. In der Dämmerung brach plötzlich fieberhafte Aktivität aus. Mehrere Männer traten aus dem Zimmer. Einer davon war Schmetterling. Saihung gab seinen beiden Gefährten mit dem Kopf einen Wink. Sie schlichen sich hinaus und schoben sich leise an der Balkonmauer entlang. Saihung trat mit einem über einen Meter langen Blasrohr auf den Balkon. Er erblickte seinen Bruder und hielt inne. Dann atmete er ein, ein tiefer, langer Atemzug, wie man ihn kurz vor einem Schluchzer tut. Er spürte, wie seine Rippen sich dehnten, sein Zwerchfell sich anspannte und seine Kehle eng wurde. Dann ließ er all seinen Kummer und all seine Gefühle in das schmale Rohr strömen.

Lautlos sauste der Pfeil, dessen Spitze mit einem Betäubungsmittel präpariert war, durch die Luft und traf Schmetterling im Nacken. Seine Begleiter schrien bestürzt auf. Rasch lud Saihung sein Blasrohr wieder und schoß noch zwei Pfeile ab. Dann stürzten Wuyung und Wuch'üan vor. Hastig wurden Pistolen gezogen. Saihung warf sich auf den Boden, um den Kugeln zu entgehen. Er spähte durch eine Öffnung im Gitterwerk. Im Handumdrehen hatten die beiden Krieger die Gangster getötet. Besorgt versuchte Saihung zu erkennen, was mit seinem Bruder passiert war. Schmetterling stand am Geländer und zog den Pfeil aus seinem Nacken. Aber es war schon zu spät. Er war bereits unsicher auf den Beinen und schwankte hin und her. Als die beiden Krieger sich auf ihn stürzten, versuchte er ihnen durch einen Sprung zu entkommen. Aber da schwand ihm das Bewußtsein, und er stürzte in den Garten hinunter.

Auf der Rückreise zum Huashan diskutierte Saihung erbittert mit Schmetterling. Seine Stimme hatte den vorwurfsvollen Ton eines Menschen, den man verraten hatte. Früher hatte er seinen älteren Bruder vergöttert. Jetzt mußte er ihn mit Gewalt auf den Huashan zurückschleifen, wo seine Verurteilung auf ihn wartete.

«Sieh, was aus mir geworden ist, Kleiner Bruder!» sagte Schmetterling.

Saihung musterte ihn in dem schaukelnden Zug. Seine Hände waren hinter dem Rücken gefesselt, seine Füße einen halben Meter auseinander gebunden. «Du hast mir große Versprechungen gemacht», erwiderte Saihung, «und ich habe dir geglaubt. Dann hast du genauso weitergelebt wie vorher.»

«Jeder Mensch muß sich entscheiden», erklärte Schmetterling und blickte aus dem Fenster. «Manchmal ist es die falsche Entscheidung. Das Leben ist kein Himmelreich. Wir können nicht immer wie Unsterbliche handeln.»

«Das Leben ist eine Prüfung», entgegnete Saihung. «In den Himmel kommt man nur, wenn man richtig handelt. Letzten Endes lohnt es sich.»

«Wenn du mein Leben führtest, würdest du das vielleicht nicht sagen, aber werde lieber nicht so wie ich und lerne aus meinen Fehlern! Widme dich deinen Studien und übe Selbstdisziplin! Sei gut und rechtschaffen!»

«Das ist ja unglaublich. Du hast Unrecht getan und willst mich belehren?»

«Nur, weil du mein kleiner Bruder bist.»

«Und was willst du mir beibringen? Noch mehr solchen sentimentalen Unsinn wie die Lügen, die du mir im Haus des Göttlichen Adlers aufgetischt hast? Ich werde nie wieder auf dich hören.»

«Sei doch nicht so stur! Vielleicht kommt irgendwann der Tag, an dem du erkennst, daß auch du ein paar Fehler begangen hast. Dann solltest du kein schlechtes Gewissen haben, sondern es in Zukunft besser machen.»

«Du wirst bald Gelegenheit haben, deine Worte in die Tat umzusetzen. Den Großmeister werden deine schönen Worte nicht beeindrucken.»

«Ich habe keine Angst vor Strafe.»

«Warte ab, bis wir auf dem Huashan sind!»

Der Zug fuhr langsamer und hielt schließlich an. Grob zerrte Wuch'üan Schmetterling hoch.

«Der Bahnhof von Huayin. Wir sind da», fuhr er ihn an. «Komm, du Schurke!»

Sie erklommen die fast senkrechten Felswände des Huashan an einem einzigen Tag. Am Spätnachmittag erreichten sie den Südgipfeltempel. Wie anders es hier war! Die Luft war rein, auf der Erde lagen weder Abfälle noch Kot, noch Leichen herum. Die majestätischen Silhouetten alter Kiefern ragten in die Wolken hinein, von steilen Felswänden stürzten Wasserfälle tosend in die Tiefe, am Himmel kreisten ein paar Raubvögel und Singvögel zwitscherten ihre melodischen Lieder. Die Klöster waren zwar alt und ärmlich, aber sauber und ruhig. Saihung genoß diese Ordnung und Stille. Ein Gefühl des Friedens überkam ihn. Etwas in seinem Herzen kam zur Ruhe.

Aus dem Tempel ertönten die Gesänge, die ihn seit seiner Kindheit begleitet hatten. Wie seltsam, daß diese Klänge, die er früher manchmal gehaßt hatte, ihn nun plötzlich rührten! Er atmete die angenehme, kühle Luft ein, die leicht nach Kampfer und Sandelholz roch. Es war schön, wieder da zu sein.

Der Großmeister und die Mitschüler saßen in der Haupthalle aufgereiht wie Richter. Mit Befriedigung registrierte Saihung, daß Phönixauge und Rotkiefer nicht dabei waren.

Saihung, Wuyung und Wuch'üan fielen auf die Knie. Schmetterling blieb trotzig stehen. Aber Wuch'üan zog an dem Seil, mit dem seine Knöchel gefesselt waren, und zwang ihn ebenfalls auf die Knie. In der Halle herrschte Schweigen.

Der Großmeister winkte sie in ein kleines Zimmer an einer Seite der Halle, eine einfache Zelle mit nur einem einzigen Fenster und einem winzigen Altartisch. In diesem völlig schmucklosen Raum ruhten die Priester sich zwischen den Ritualen aus.

Nur Nebel-im-Hain und Klang-klaren-Wassers folgten dem Großmeister in das Zimmer. Schweigend stand der Meister da und blickte Schmetterling in die Augen. Schmetterling, dessen Hände fest hinter dem Rücken zusammengebunden waren, hatte den Kopf arrogant zurückgeworfen.

Saihung konnte die Spannung kaum ertragen. Er musterte Schmetterling. Das orangefarbene Licht der untergehenden Sonne fiel auf seinen Rücken und tauchte sein Gesicht in einen violetten Schatten. Der Schweiß von der Anstrengung des Anstiegs schimmerte noch auf seiner Haut. Schwarze Haarsträhnen fielen ihm ins Gesicht. Saihung fragte sich, woran Schmetterling wohl jetzt dachte, als er seinen Willen mit dem des Mannes maß, der ihn großgezogen hatte. Die Heimkehrer sahen elend und zerlumpt aus. Der Großmeister dagegen war untadelig gekleidet. Seine schwarzen Gewänder fielen in gleichmäßigen, ordentlichen Falten an ihm herab, sein Hut saß makellos. Der weiße Bart bildete einen starken Kontrast zu seiner dunklen Kleidung. Seine Frisur war tadellos, kein Haar lag am falschen Platz. Saihung fragte sich, was wohl in ihm vorgehen mochte. Tat es ihm leid, daß es mit seinem Adoptivsohn so weit gekommen war? War er traurig, zornig oder verbittert? Würde er Schmetterling verzeihen?

Ein paar quälende Sekunden lang standen die beiden sich vollkommen unbeweglich gegenüber. Ihre Gesichter verrieten keinerlei Emotionen, in ihren Augen regte sich nichts. Sie sahen aus wie zwei Statuen, die das Schicksal einander gegenübergestellt hat.

Plötzlich röteten sich die Augen des Großmeisters. Er trat einen Schritt vor und versetzte Schmetterling mit der Handfläche einen gewaltigen Schlag in die Herzgegend. In den Jahren seiner Kriegerlaufbahn hatte Saihung noch nie ein menschliches Herz zerbersten hören. Das Blut schoß Schmetterling aus Mund und Nasenlöchern, und er verdrehte die Augen, bis nur noch das Weiße zu sehen war.

«Nein! Nein!» schrie Saihung.

Sogar Wuyung und Wuch'üan waren bestürzt, als sie den zusammenbrechenden Körper auffingen.

«Warum hast du das getan?» rief Klang-klaren-Wassers.

«Ja, warum hast du das getan?» wiederholte Saihung. Voller Schmerz kniete er neben der in sich zusammengesunkenen Leiche nieder.

Der Großmeister faltete die Hände, wandte sich ab und verließ die Tempelhalle.

Neun
Trauer und Abschied

Die Weihrauchstäbchen brannten immer noch. Hell leuchteten die Kerzen, das geschmolzene rote Wachs tropfte von ihnen herab wie Blut. Die Blumen dufteten und strahlten in frischen Farben. Sie erfreuten die Sinne, aber Saihung wußte, daß sie bald verwelken und vergehen würden. Feierlich tauchte er die Hand in die Urne, die er vor sich hertrug, und spürte die grobkörnige Asche und die Knochensplitter unter seinen Fingern. Wie ein verirrter Geist wanderte er über die Abhänge des Huashan und verstreute langsam die letzten Überreste seines eingeäscherten älteren Bruders.

Es fiel Saihung schwer, sich mit Schmetterlings Tod abzufinden, obwohl alles, was er in den letzten Tagen erlebt hatte, ihm die Realität dieses Todes vor Augen führte. Saihung hatte den starren, schweren Leichnam selbst gewaschen und in ein Totengewand gekleidet. Er hatte die Kälte unter seinen Fingern gespürt, als er die Leiche mit Ölen und Sesam einsalbte. Er hatte seinen toten Freund lange betrachtet und selbst bei der Beerdigung noch das Gefühl gehabt, als rege er sich. Aber in Wirklichkeit sank der Körper immer mehr in sich zusammen und akzeptierte den endgültigen Sog der Erde.

Es war Saihung nie in den Sinn gekommen zu weinen. Er empfand keine Trauer, nur einen Schauer der Erkenntnis angesichts der unerbittlichen Herrschaft des Schicksals. Er war erschöpft, müde, ausgebrannt. Lange Zeit hatte er gekämpft und sich abgemüht. Jetzt war alles vorbei. Er hatte sich auf die Rolle des Kämpfers vorbereitet, aber nie daran gedacht, wie ihm nach der Erfüllung eines kämpferischen Auftrags zumute sein würde. Er war so völlig in Schmetterlings Verfolgung aufgegangen, daß er sich nun innerlich leer fühlte.

Auch die Auseinandersetzung mit Phönixauge hatte zu diesem Kampf gehört. Im Grunde hatte Saihung damit gerechnet, bei seiner Rückkehr auf den Huashan den alten Fehdehandschuh wieder aufnehmen zu müssen. Aber die Ältesten hatten Phönixauge, Rotkiefer und Schneidende Spur in aller Stille vom Huashan verbannt. Saihung hatte das Gefühl, daß man seine Loyalität zurückgewiesen hatte. Er hatte für seinen Meister kämpfen, seine Tapferkeit und Rechtschaffenheit beweisen wollen. Das war nicht mehr notwendig. Der Großmeister hatte auch ohne ihn gesiegt und den Aufstand niedergeschlagen.

In diesem Augenblick hörte Saihung unten am Abhang einen Tumult und raffte sich auf, um nachzusehen. Jedes Ereignis, das die heilige Ruhe des Huashan störte, war von Bedeutung. Die Urne mit Schmetterlings Asche immer noch an sich gepreßt, sah er, wie drei Männer sich von einer Schar Mönche trennten und auf ihren langen Abstieg begaben. Hämisches Gelächter, laute Rufe, Diskussionen und Bitten um Rückkehr begleiteten die drei Ausgestoßenen in den blauen Gewändern. Saihung merkte ihren zögernden Schritten an, daß ihnen die Niederlage zu schaffen machte. Phönixauge, Rotkiefer und Schneidende Spur hatten zu hoch hinausgewollt, doch ihre wächsernen Flügel hatten dem strahlenden Glanz des Großmeisters nicht standgehalten. Jetzt stürzten sie zur Erde hinab, hinunter von den Gipfeln, die als Dreifuß des Himmels galten. Sie mußten den Ruhm dieser erhabenen Gemeinschaft hinter sich lassen.

Vor kurzem noch hatte Saihung sich über sie geärgert und wollte sie für ihre Auflehnung bestrafen. Jetzt war er nur noch traurig. Konflikte und Kämpfe, selbst die bösen Streiche, die er seinen Kameraden früher gespielt hatte, fand er normal, ja seltsamerweise sogar tröstlich. Sie deuteten wenigstens darauf hin, daß noch eine Beziehung bestand. Er hatte seine beiden Mitschüler früher sehr geliebt. Der Haß, den er empfand, als sie den Großmeister herausforderten, entsprang dieser Enttäuschung. Jetzt fühlte er weder Liebe noch Haß, und noch viel trauriger stimmmte ihn die Erkenntnis, daß der einst so vollkommene Kreis des Meisters und seiner Schüler nun für immer auseinandergebrochen war. Saihung fragte nicht danach, was die abtrünnigen Mönche sich während seiner Abwesenheit noch hatten zuschulden kommen lassen. Er würde auch nie versuchen, sie wiederzufinden. Er wußte nur, daß er sich nach ihrem Abschied entsetzlich einsam fühlte.

Der Großmeister erwähnte Schmetterling und die verjagten Priester nie wieder. Saihung hätte gerne gefragt, aber sein Meister, der ihm bisher auf alle Fragen nach Himmel und Erde eine überzeugende Antwort geben konnte, zog sich in die erhabenen Höhen seiner Autorität zurück. Durch das Schweigen des alten Mannes fühlte sich Saihung ausgeschlossen.

Während der nächsten Wochen versuchte Saihung sich wieder an das Klosterleben zu gewöhnen. Aber seine Verwirrung und Enttäuschung machten es ihm schwer. Der Gedanke an das entsagungsvolle Dasein entmutigte ihn. Er sah sich die älteren Priester an. Obwohl sie gehungert, Opfer gebracht und sich ganz einem Leben der Reinheit hingegeben hatten, stand immer noch nicht fest, ob sie zum Ziel gelangen würden. Sie sahen schlecht, runzelig und gebückt aus. Trotzdem harrten sie Jahr für Jahr mit ungebrochenem Glauben aus. Soweit Saihung sehen konnte, war nichts dabei herausgekommen. Er beschloß, den Huashan zu verlassen.

Er wollte reisen und auf die Suche gehen, aber er wußte, daß er dazu ein Ziel brauchte, einen Leitstern und eine Rolle. Er zog die Kampfkunst in Erwägung, doch es gab keine Ritter mehr. Auch das Leben der Aristokratie hatte seinen Glanz verloren. Eigentlich wollte er nur unabhängig sein und durch die Welt reisen, als Kenner der Kunst und des Lebens. Er würde aus seinem Geist einen Palast machen, einen erlesenen Ort der Schönheit. In diesem Palast würde er in ruhigem Genuß umherschlendern können. Es würde Gärten zum Verweilen geben, köstliche Speisen, Sammlungen phantastischer Kunstgegenstände, herrliche Möbel, von meisterhaften Handwerkern gefertigt, und feinsinnige Menschen, mit denen er sich unterhalten konnte. Jedes Zimmer sollte einer ganz bestimmten Beschäftigung dienen; jedes sollte mit einem ausgewogenen Arrangement schöner Möbel eingerichtet sein und mit Kunstgegenständen, in deren Betrachtung man schwelgen konnte.

Für Saihung war die Schönheit ein Weg, über die Mittelmäßigkeit dieser Welt hinauszugelangen. Wenn er irgend etwas fürchtete, dann war es die Gefahr, im Sumpf jener Banalität zu versinken, die man als das normale Leben bezeichnete. Er konnte sich eine Existenz ohne die höchsten Errungenschaften der Menschheit, Kunst und Wissen, nicht vorstellen. Beides wollte er sammeln, besitzen und in seinem Palast bewahren. Kunstwerke konnte man sich kaufen. Schönes Porzellan, seltene Antiquitäten, Gemälde, alte Bücher, handgefertigte Möbel, das alles konnte er erstehen und in den wohlgeordneten Räumen seines Palastes kunstvoll arrangieren. Mit dem Wissen war es etwas anderes. Das mußte man studieren, lernen und erfahren, um es besitzen zu können. Wissen war nicht so leicht faßbar. Es konnte einem rasch zwischen den Händen zerrinnen, wenn man es nicht pflegte, während ein Kunstgegenstand lediglich Staub ansetzte. Diesen Anreiz brauchte Saihung.

Auf einmal schienen sich alle Bruchstücke seines Lebens wieder zu einem sinnvollen Ganzen zusammenzufügen. Seine verschiedenen Interessen ließen sich in ein System bringen. Alles in seinem Leben würde ein ausgewogenes Maß finden. Sein Körper würde die Landschaft sein, seine Gedanken die zinnoberroten Mauern, seine Augen das Tor des Himmlischen Friedens. In den Höfen und Pavillons konnte er Kampfkunst üben, in den hohen Türmen sogar meditieren. Diesen prunkvollen Palast seines Geistes würde er auch bevölkern mit denen, die ihm geholfen hatten oder die er unterwegs kennengelernt und eingeladen hatte. In einem Teil des Palastes sollten der Großmeister und seine Kameraden wohnen, den ganzen Huashan wollte er dort unterbringen. In einem anderen Teil würde seine Familie leben. Auch außergewöhnliche Menschen wie Tu Yüeh-sheng würden nicht fehlen. Schmetterling, die Tigerin, ja sogar die Poeten der T'ang-Dynastie könnten wieder zum Leben erwachen. Alles in seinem Palast müßte von einmaliger Schönheit sein. Das war das einzige, worauf es ankam.

Saihung schrieb dem Großmeister einen Brief, in dem er seinen Wunsch darlegte, das Kloster zu verlassen, und bat den Meister um eine offizielle Audienz.

«Ich brauche Zeit. Ich möchte fort», begann Saihung demütig. «Mir fehlt der innere Friede. Ich sollte nicht auf einem heili-

gen Berg oder bei den Göttern leben. Ich muß mehr Lebenserfahrung sammeln.»
«Es gibt viele Prüfungen im Leben eines Menschen», erwiderte der Großmeister. «Selbst wenn er eine starke Berufung in
sich spürt, können ihm trotzdem Zweifel kommen. Es ist vernünftig, auf solche Gefühle Rücksicht zu nehmen. Auch ein
Mann mit einer Berufung kann in die Welt hinausgehen, um
seine Zweifel zu zerstreuen, und dabei doch immer wissen, daß
es eine Heimat gibt, in die er jederzeit wieder zurückkehren
kann. Aber man sollte nicht ohne Prinzipien in der Welt umher-
wandern. Bewahre dir das solide Fundament, das du in deiner
Jugend gelegt hast! Bleibe zielgerichtet! Geh in dem Wissen fort,
daß du eines Tages wiederkommen wirst!»

«Vielleicht war ich noch nie ein überzeugter Priester», sagte
Saihung. «Als ich noch jung und unverständig war, fühlte ich
mich zum Priesterleben hingezogen. Aber auch wenn meine
Ausbildung kein ganzes Leben dauert, kann sie ja trotzdem ein
Teil von mir sein, der mich immer begleiten wird.»

«Laß dich nicht von den Fallen des Priestertums in die Irre
führen!» entgegnete der Großmeister. «Die Sutras zu rezitieren
ist schön und gut, aber man muß im Leben auch Gutes tun. Auf
dein Leben kommt es an, und danach beurteilen dich das Schicksal und die Götter. Du mußt immer danach streben, für das Gute
zu leben. Viele Menschen sind nur aus Angst gut. Andere tun
nur aus Prestigegründen mildtätige Werke und weil es ihnen
eine Identität verleiht. Unzählige Menschen tun aus den verschiedensten Gründen Gutes, aber letzten Endes sind sie alle
Schauspieler, die eine Rolle spielen. Hänge dein Herz nicht an
die Rolle des heiligen Mannes, sonst bist du nicht besser als die
anderen. Tue einfach Gutes aus echtem Mitgefühl!»

«Ich habe nicht das Gefühl, irgend etwas beweisen zu müssen.
Ich möchte den anderen Menschen kein Beispiel sein.»

«Das wäre auch unklug», meinte der Großmeister. «Versuche
nichts zu beweisen! Handle einfach so, wie du willst, und
heuchle nicht! Niemand ist vollkommen, nicht einmal die Unsterblichen und die Götter. Der Affenkönig war ungehorsam,
Tung Feng-shui war ein Dieb, und der Nordmeer-Unsterbliche
wurde zur Strafe für seine Missetaten sogar einmal aus dem

Himmel verbannt. Wichtig ist, daß du ein Ziel vor Augen hast. Bemühe dich einfach, gut zu sein, weil es eine Herausforderung, ein Abenteuer für dich ist! Nach und nach wird das Streben, dich dieser Herausforderung zu stellen, zu einer Gewohnheit werden. Mache die Reinheit zu deinem Ziel! Sehnst du dich wirklich danach, wirst du alles andere aufgeben, um sie zu erlangen.»

«Ich bin mir nicht sicher, *Ta Shih*. Ich fühle mich mutlos.»

Der Großmeister hielt inne. «Du bist ein Mensch, der sich niemals mit Mittelmäßigkeit zufriedengeben könnte.»

«Stimmt», gab Saihung zu.

«Dann nimm diese Herausforderung an! Setze dir die Reinheit zum Ziel! Dann wirst du ein außergewöhnlicher Mensch werden. Gewöhnlichen Menschen fehlt es an Willensstärke, Standhaftigkeit und innerer Kraft. Ein ungewöhnlicher Mensch zeichnet sich durch äußerste Entschiedenheit aus. Er kann alles schaffen, wenn er sich darauf konzentriert. Die Weisen sagen, daß sogar ein Fels zum Leben erwachen kann, wenn man ihn in vorbehaltlosem Glauben anbetet. Das ist die Kraft des Geistes. Richte diese Kraft bei deinen Reisen durch die Welt nur auf ein einziges Ziel: Reinheit!»

«Reinheit wozu?» fragte Saihung mürrisch. «Mit den guten Menschen scheint es doch genau das gleiche Ende zu nehmen wie mit den schlechten: Sie sterben und werden begraben. Die Priester hier oben auf dem Huashan versuchen ein reines Leben zu führen, aber haben sie je die Götter zu Gesicht bekommen? Sie leben seit Jahrzehnten in absolutem Glauben, und doch gibt es keinerlei Beweis dafür, daß sie je einen Lohn für ihre Mühen erhalten werden.»

«Du sollst nicht um der Götter willen versuchen, ein guter Mensch zu sein», erklärte der Großmeister geduldig, «sondern um deiner selbst willen. Dann wirst du die guten Werke für das Heilige tun, denn die Götter sind in dir. Das höchste Göttliche existiert in uns allen. Suche nicht draußen danach, sondern drinnen, und lasse dir deinen Blick nicht durch Unehrlichkeit, Habgier, Sinnenlust und die Bindung an irdische Dinge trüben. Denke daran: Alles, was wir tun, tun wir selbst. Die Götter mischen sich nicht ein, und auch unsere Freunde können uns im Grunde nicht viel helfen. Du kannst sein, was du möchtest.

Werde ein außergewöhnlicher Mensch, aber nicht um der Heiligkeit willen, sondern weil das dein persönliches Ziel ist!» «Und warum kann ich nicht bleiben, wie ich bin? Warum sollte ich versuchen, so religiös zu sein?» «Von Religion habe ich nichts gesagt. Religion würde bedeuten, daß es auf deinem Weg auch noch andere Menschen gibt, die dich zu sich hinunterziehen werden. Nein, du mußt dir selbst gehören und der Versuchung widerstehen, den Idealen anderer Menschen zu folgen. Das hemmt dich nur. Du mußt dein eigenes Wesen erkennen. Darauf kommt es an. Du wünschst dir die Freiheit, so zu sein, wie du möchtest. Aber das geht nicht. Du hast nur die Freiheit, du selbst zu sein. Du mußt verwirklichen, was in dir steckt.

Mir liegt daran, daß du deine Lebensbestimmung erfüllst. Du bist nun im Begriff, ohne den äußeren Halt des Priestertums in die Welt hinauszuziehen. Deshalb versuche ich dir einen inneren Halt zu geben, eine Methode, dich der verwirrenden Vielfalt an Einflüssen zu stellen, die es in dieser Welt gibt.»

«Ja, *Ta Shih*», sagte Saihung. Er hatte das Gefühl, jetzt aufnahmebereiter zu sein. «Bitte sprich weiter!»

«Das Leben ist ein Spiel, ein Drama, nichts weiter als ein Theaterstück. In diesem Schauspiel drängen sich erstaunlich viele verschiedene Figuren auf die Bühne. Jede hat ihre Rollen und Nebenrollen, jede watet im Morast ihrer eigenen unbedeutenden, erbärmlichen Lebensumstände umher. Welchen Weg willst du in diesem ewigen Spiel einschlagen? Willst du ein Clown sein? Ein Held? Ein tragischer Prinz? Oder ein Betrogener? Du brauchst ein Lebensprinzip und einen Glauben.»

«Ich werde ein Mensch mit Prinzipien sein», beteuerte Saihung rasch.

«Aber was ist mit deinem Glauben?» fragte der Großmeister. «Du brauchst einen Glauben, der dir hilft, die Realität des Lebens wirklich zu erkennen und das menschliche Empfinden zu begreifen. Stelle stets sorgfältige Beobachtungen an, ehe du dich auf eine neue Lebensphase einläßt! Denke nach, ehe du einen Entschluß faßt! Gebrauche deinen Verstand, dein Urteilsvermögen! Begreife, warum es Gut und Böse gibt und daß beide unzerstörbar und voneinander abhängig sind. Sei flexibel! Dein Weltbild soll sich ständig verändern und weiterentwickeln. Sei dir der Fortschritte deines Denkens und seiner Veränderungen mit voranschreitendem Alter bewußt! Behalte dein ganzes Leben im Auge, nicht nur die Gegenwart! Sieh zu, daß das, was du tust, ein Leben lang hält!»

Der Großmeister warf Saihung einen Blick zu. «Es gibt nur eines im Leben, worauf es wirklich ankommt, Kleiner Schmetterling», fuhr er dann fort. «Du mußt einen tiefen Einblick in dein wahres Wesen gewinnen.»

«Danke für deinen Rat», erwiderte Saihung gerührt. Erst jetzt kam ihm zum Bewußtsein, daß er auf unbestimmte Zeit gehen würde. Vom Verstand her war ihm seine Entscheidung vollkommen richtig erschienen, aber sein Herz hatte keine Zeit gehabt, damit Schritt zu halten. Er nahm all seine Kraft zusammen, um das Gespräch beenden zu können.

«Ich bitte um Erlaubnis, den Berg zu verlassen», sagte er.

«Ja, aber nur unter einer Bedingung.»

Verflixt, dachte Saihung, der alte Fuchs würde wohl nie aufhören, ihm Einschränkungen aufzuerlegen!

«Jeder Mensch braucht eine Aufgabe im Leben. Und jeder, der den Huashan verläßt, hat eine lebenslängliche Aufgabe zu erfüllen.»

Das klang für Saihung wie ein Auftrag. Vielleicht wurde doch noch alles gut. Wenn er seinen Gedankenpalast gebaut hätte, könnte er ihn als Festung benutzen, die er ab und zu verließ, um diesen Auftrag zu erfüllen. Das dürfte aufregend werden, überlegte er sich: ein letztes Andenken vom Huashan.

«Was ist das für ein Auftrag?» fragte Saihung.

«Ich werde dir eine Aufgabe aus den *Sieben Bambustafeln* stellen. Gelobst du mir, sie zu erfüllen?»

«Was für eine Aufgabe?»

«Ich dachte, du bist ein Ritter, jemand, der sich ohne Vorbehalte für eine Sache einsetzt. Was spielt es schon für eine Rolle, wie die Aufgabe aussieht? Bist du nicht mutig genug, sie anzunehmen?»

Das ist eine Falle, dachte Saihung. Wieder ein neuer Versuch, mich zu beherrschen. Aber andererseits war er auch neugierig.

Er beschloß, die Aufgabe anzunehmen – falls es wirklich etwas Vernünftiges war.

«Ich nehme sie an.»

«Gut», sagte der Meister und zwinkerte ihm zu. «Das ist deine Aufgabe: Immer wenn dir jemand begegnet, der leidet, und du die Möglichkeit hast, ihm zu helfen, mußt du es unbedingt tun.»

Saihung wartete. Der Großmeister schwieg und lächelte freundlich.

«Und das ist alles?» fragte Saihung beinahe unfreundlich.

«Ja», antwortete der Großmeister gelassen.

Saihung war alles andere als begeistert. Das war keine sehr glanzvolle Aufgabe, und sicherlich würde sie ihn bei der Verfolgung seines Ziels stören, ein Sammler, Kunstkenner und Meister der Kampfkunst zu werden. Wenn er allen notleidenden Menschen half, vor allem in China, wo wirklich Millionen im Elend lebten, würde er seine eigenen Ziele nie erreichen.

«Denk daran, du hast diese Aufgabe angenommen und mußt sie erfüllen bis ans Ende deiner Tage», mahnte der Großmeister und lehnte sich gemütlich in seinem Stuhl zurück. «Immer, wenn du jemandem begegnest, der leidet, mußt du ihm helfen.»

Saihung stieg vom Berg herab und tauchte in dem ruhelosen, häßlichen Wirbel der Welt unter. In den Monaten nach seinem Abschied vom Huashan ging er vielfältige, verschlungene Wege. Auf seiner Suche ließ er sich hierhin und dorthin treiben. Er schob den Rat seines Meisters weit von sich fort, entschlossen, seine eigenen Ziele zu verfolgen. Er wollte Abenteuer, wollte seine Fähigkeiten in der Arena des Lebens auf die Probe stellen. So beschloß Saihung, nach Shanghai zu reisen.

Während seiner Jagd nach Schmetterling hatte er Shanghai als Irrgarten der Gefahr, der Vergnügungen und des Bösen empfunden. Doch jetzt erkannte er in Shanghai die riesige Stadt, die es tatsächlich war: reich, geschäftig, international. Nun kamen ihm die europäischen Gebäude nicht mehr so fremdartig vor, die riesigen Bauwerke aus Granit und Stahl, gewaltiger als Stadtmauern, mit ihren rechtwinkligen Fenstern und hoch aufragenden griechischen Säulen. Ihm gefielen die Kuppeln und

Türme mit den schmalen weißen Fahnenstangen, deren Flaggen
hoch oben im Wind flatterten. Diese Gebäude hatten nichts von
der Buntheit und dem üppigen Zierat der chinesischen Architektur, doch jetzt faszinierten ihn ihre Ecken, Pfeiler, Torbögen
und Schlußsteine, die ein kontrastreiches, monumentales Schattenspiel auf die Fassaden warfen.

Aus der Ferne sahen sie aus wie hundert Festungen, die sich
vom weiten, blassen Himmel abhoben. Die chinesischen Bauten
– Läden, Wohnungen, Theater, Opiumhöhlen, Spielsalons –
füllten die Lücken dazwischen aus und ergossen sich über ein
endloses, wirres Straßennetz. Sie waren braun und rot, aus
Backstein, Lehm, Ton und Holz. Drinnen drängten sich die
Menschen, und es ging sehr laut zu: Da wurde gekocht, ge-
schrien, gelacht, geputzt und Handel getrieben. Die Gegenwart
der Europäer hatte monumentale Spuren hinterlassen. Ganze
Häuserblocks im westlichen Stil waren ins Fleisch Chinas hin-
eingedrückt. In Shanghai hatte das Aufeinandertreffen von Ost
und West legendäre Ausmaße angenommen. All die Geschichten von reichen Bankiers, Marionettenpolitikern, unbarmher-
zigen Soldaten, geldgierigen Gangstern, Opiumsüchtigen,
verführerischen Frauen, unglücklichen Arbeitern, aufrichtigen
Gelehrten, korrupten Bürokraten, rauhbeinigen Hafenarbeitern
und gewöhnlichen Leuten waren in Shanghai auf irgendeine
Weise Realität geworden. In dieser fruchtbaren Mischung aus
Geld, Macht, Aufregung, Vergnügen, Gaunereien und Drogen
gedieh die Stadt. In diesem Hexenkessel wollte Saihung leben.

Er wohnte zusammen mit sechs anderen Männern, die ständig kamen und gingen, in einem Zimmer einer billigen Pension.
Seine Habseligkeiten hatte er in einem Koffer verschlossen.
Auch seine Vergangenheit als Taoist und als Adliger schien er
darin eingeschlossen zu haben. Er enthielt sich jeden Urteils und
gab die Meditation auf. Seine Persönlichkeit befand sich im Be-
lagerungszustand, in der Gewalt eines Diktators. Dieser Tyrann
hieß Jugend.

Wie bei vielen jungen Männern begann nun eine Zeit der Ex-
perimente für ihn. Er arbeitete in den Kasinos, wo er die Spiel-
steine austeilte. Das leichtverdiente Geld lockte ihn, aber schon
bald ernüchterte ihn diese Arbeit. Als nächstes versuchte er sich

als Rausschmeißer in Spiel- und Opiumhöhlen, wo er die Aufgabe hatte, Unruhestifter und zahlungsunwillige Kunden zu verprügeln. Das war eine reizvollere Tätigkeit. Er entwickelte sich zu einem grausamen, tückischen Kämpfer, der die verschiedensten Waffen einsetzte. Am liebsten waren ihm Schlagringe. Allmählich sank er auf das Niveau seiner Gegner herab: Würge einen Mann so lange, bis du siehst, wie er blutet und ihm die Zunge aus dem Mund quillt! Boxe ihn in die Rippen und genieße das Geräusch zersplitternder Knochen! Quäle seine Muskeln mit Dreh- und Haltegriffen! Horche auf sein Stöhnen! Jeden Tag aß er an Ständen oder in Restaurants, schlief ein Weilchen neben seinem verschlossenen Koffer und verließ dann die Pension in ungeduldiger Erwartung der Kämpfe in den dunklen, rauchigen Abgründen von Shanghai.

Er war grimmig, finster und mißgestimmt, aber er gefiel sich in seinen Launen. Man fürchtete ihn, und für ihn war das fast Respekt. Er tat, was er wollte und wann er es wollte. Niemand konnte sich ihm widersetzen. Niemand konnte ihm Einschränkungen auferlegen. Alle, die ihm im Weg standen, schlug er erbarmungslos nieder. Hier war jetzt seine Einsiedelei. Seine Gebirgsketten waren die steinernen Hochhäuser, und der malerische Nebel der Berge war dem Opiumrauch gewichen. An die Stelle der plätschernden Bäche und heiligen Flüsse war der Alkohol getreten, an die Stelle der Gestirne Neon- und Glühlampen. Die Meister, Schüler und Novizen waren nun Zuhälter, Süchtige, Spieler und Huren. Sein Körper war der Tempel, seine Beine waren die karminroten Säulen, seine starken Hände die schweren Tempeltore.

So ging es Tag für Tag. Saihung wich vor keiner Herausforderung zurück. Stets erfüllte er seine Pflicht in den Etablissements, die er bewachte. Er bemühte sich nicht mehr, das Leben oder sich selbst zu begreifen. Im Kampf fand er zu sich selber. Obwohl er auch andere Empfindungen hatte und seine Lebensweise durchaus nicht ohne Vorbehalte betrachtete, gab er trotzdem niemals klein bei, wenn er zum Kampf herausgefordert wurde. Es war einfach eine Frage des Überlebens: Entweder man verletzte andere, oder man wurde selbst verletzt.

Im Winter wurde es kalt in Shanghai. Saihung waren die schäbige Pension und seine obskure Existenz verleidet. Er beschloß, einen früheren Kampfkunstlehrer zu besuchen, der von Peking nach Shanghai gezogen war. An dem Tag, als er zu Wang Tzu-p'ings Anwesen fuhr, fiel der erste Schnee. Ein Diener führte ihn in den Hof, und Saihung sah, wie der Lehrer, ein Mann mittleren Alters, mit nacktem Oberkörper mit Hanteln aus Stahl und Stein trainierte und seinen Bizeps spielen ließ. Saihung bestaunte das Spiel der Muskeln und den entschlossenen Gesichtsausdruck des Meisters, die Brust, die sich hob und senkte und in regelmäßigen Abständen weißliche Atemwolken ausstieß. Wang hatte immer noch den gleichen gestählten Körper wie früher und hatte nichts von seiner eindrucksvollen Statur eingebüßt. Mit den Jahren war nicht mehr Humor in sein strenges, bärtiges Gesicht eingekehrt.

«Ach, Kleiner Zwei, was führt dich her?» fragte Wang. Er sprach Saihung mit seiner Familienbezeichnung an. Er war gut mit der Familie befreundet gewesen und wußte, daß Saihung der zweitälteste Sohn war.

«Ich bin gekommen, um von dir zu lernen. Nimmst du mich wieder auf?»

«Warum bist du denn nicht auf dem Huashan?»

«Ich bin vom Berg herabgestiegen, um Erfahrungen zu sammeln.»

Wang lachte schallend. «Fein, fein. Ich nehme dich auf, schon deinem Großvater zuliebe. Er würde es mir nie verzeihen, wenn ich mich nicht um dich kümmerte. Geh und hol deine Sachen!»

«Danke, Meister», sagte Saihung erleichtert. Etwas in ihm dürstete nach einem Meister, sei es ein Meister der Kampfkunst oder ein spiritueller Meister. Er war durch die Lande gezogen, hatte rebelliert und nach Unabhängigkeit gestrebt. Jetzt staunte er darüber, wie wohl er sich auf einmal fühlte, als er wieder Aussicht auf einen Meister hatte.

So lebte Saihung eine Zeitlang bei Wang, lernte von den Schülern, die bei ihm wohnten, half Wang bei seiner chiropraktischen Arbeit und besuchte den Unterricht in seiner Akademie, der berühmten Chingwu Athletic Association.

Diese Akademie war im Jahr 1909 von dem berühmtem

Kämpfer Huo Yüan-chia gegründet worden, später wurde Wang Tzu-p'ing ihr Präsident. 1918 hatte sie bereits Niederlassungen in Wuhan, Nanch'ang, Kanton, Foshan, Shant'ou und Hsiamen. Als Saihung ihr beitrat, hatte sie zweiundvierzig Zweigschulen und über 400 000 Mitglieder in ganz China und Südostasien. Der Hauptvorteil und die grundlegende Neuerung der Chingwu Athletic Association bestand darin, daß sie die starre und hemmende Trennung zwischen den einzelnen Stilen aufgehoben hatte. Die traditionell ausgerichteten Lehrer hielten weiterhin ihre Kampfstile geheim und verboten ihren Schülern, Techniken anderer Systeme zu lernen. Chingwu dagegen trat für eine Kombination der besten Elemente sämtlicher chinesischer Kampfkunststile ein. In dem Gebäudekomplex aus rotem Backstein in Shanghai lehrten Dutzende von Meistern, und ihre Schüler mußten Dutzende von Stilen lernen, wie Shaolin, taoistische Kampfkunst und Adlerklauen-Stil, und mit vielen Waffen umgehen können.

Aber die Association beschränkte sich nicht auf die chinesischen Kampftechniken, obwohl sie in erster Linie eine Kampfkunstakademie war. Bald integrierten die allem Neuen aufgeschlossenen Meister auch den westlichen Box- und Ringkampf, Fußball, Gewichtheben, Schwimmen und Schach in den Lehrplan. Diese Bereitschaft, alles Nützliche und Wertvolle zu akzeptieren, gleichgültig, woher es kam, war ein charakteristisches Kennzeichen von *mi chung ch'üan,* dem ‹Stil der Verlorenen Spur›, dem Herzstück der Chingwu-Akademie. Dieser Stil war eine Spezialität ihres Begründers, eine Synthese aus vielen verschiedenen Kampfstilen und Techniken. Man mußte fünfzig Formen beherrschen. Der besondere Vorteil von *mi chung ch'üan* lag in seinen geschickten Täuschungsmanövern, die der Gegner nur schwer verfolgen konnte.

Als einer der fünf engsten Schülern Wangs lernte Saihung eine geheime Tradition des *mi chung ch'üan.* Um diese Techniken zu erlernen, die Wang Tzu-p'ing wie seinen Augapfel hütete, mußte man den Umgang mit 108 Waffen und zwei besonders komplizierte Formen beherrschen. Die erste hieß ‹Die Wolken mit tausend Schritten jagen›, eine sehr umfangreiche Form, die angeblich von tausend verschiedenen Kampfkunststilen jeweils die beste Technik übernommen hatte. Die zweite dieser Spezialformen hieß ‹Den Berg mit zehntausend Schritten erklimmen› und gehorchte einer eigentümlichen Logik. Diese Form war als derart kompliziertes, umfangreiches System ersonnen worden, daß ein einziger Mensch sie nie ganz erlernen und vorführen konnte. Jeder Schüler wählte für sich einen Abschnitt aus, auf den er sich sein ganzes Leben spezialisierte. Dieses System ging auf drei Meister der Ch'ing-Dynastie zurück, und es waren zehn Generationen nötig gewesen, um es schriftlich niederzulegen.

Saihung zog oft durch die Straßen, um die neuen Techniken auszuprobieren. Dann zog er sich den Hut verwegen in die Stirn, das überall bekannte Symbol des Unruhestifters. Manchmal verlor er seine Kämpfe. Zu Hause angekommen, beklagte er sich bei Wang, seine Techniken seien unbrauchbar. Der Gedanke, daß einer seiner Schüler einen Kampf verloren hatte, entlockte Wang stets einen lauten, obszönen Fluch, und er trainierte Saihung für die Revanche.

Saihungs gesellschaftliches Leben war ausgefüllt von einer neuen Erfindung, die man auf Chinesisch ‹elektrische Schatten› nannte: dem Kino. In feudalen Kinos mit roten Samtsesseln und schnörkeligem, vergoldetem Zierat zu sitzen und sich die neuesten Hollywoodfilme anzusehen, gehörte damals zu den beliebtesten Freizeitbeschäftigungen in Shanghai. Es schickte sich aber für einen jungen Mann nicht, allein ins Kino zu gehen. Deshalb mußte er seinen Meister dazu bringen, ihn zu begleiten. Saihung griff zu einer List. Feierlich erklärte er Wang Tzu-p'ing, das seien Lehrfilme, in denen man etwas über das Leben in den Vereinigten Staaten erfahren und sehen könne, wie amerikanische Krieger kämpfen. Also gingen Meister und Schüler jede Woche einmal ins Kino und studierten die mit chinesischen Untertiteln versehenen Filme mit Douglas Fairbanks, James Cagney, Kirk Douglas und Humphrey Bogart. Obwohl sie die neuesten Filme und vorher immer eine Wochenschau über den Zweiten Weltkrieg sahen, hielten die beiden die Vereinigten Staaten trotzdem für ein seltsames, von Gangstern, Piraten, Robin Hoods, Werwölfen, erfolgreichen Kampffliegern und Cowboys bevölkertes Land.

Cagney gehörte zu Saihungs Lieblingschauspielern. Die hartgesottenen Burschen mit den schnoddrigen Sprüchen, die er so oft spielte, unterschieden sich nicht sehr von der Persönlichkeit, die Saihung entwickelt hatte. Die Welt, die in den Filmen gezeigt wurde, erschien ihm auch gar nicht mehr so eigenartig. Das Gangstertum, das Geld, der Lebensstil, das männliche Draufgängertum, die Straßen voller komischer Gestalten, elegant gekleideter Leute und glänzender Limousinen – das alles hätte auch in Shanghai spielen können. Vielleicht ging es in Chicago und New York genauso zu wie in Shanghai, überlegte er. Saihung führte seinen Meister in ein Kino nach dem anderen. Letzten Endes spielte es keine Rolle, ob sie sich eine Wiederholung, einen Stummfilm, eine Komödie, die Wochenschau oder einen romantischen Liebesfilm ansahen. Beide gingen leidenschaftlich gern ins Kino. Manchmal überredeten sie auch andere Meister, diese erstaunliche Erfindung des Westens auszuprobieren. Bei einem dieser Kinobesuche, einer Frankenstein-Vorführung, entdeckte Saihung Meister Liu, einen dicken Shaolin-Kämpfer und Altersgenossen seines Meisters.

Friedlich wie ein Buddha saß der Mann auf seinem Sessel, als die Lichter ausgingen. Es sah aus, als sei er völlig in Kontemplation versunken, aber nur so lange, bis das Monster auf der Leinwand erschien. Da sprang er erschrocken auf, schlug wie wild um sich und traf seine Nachbarn ins Gesicht. In dem Kino brach ein Höllenspektakel aus, doch Saihung war begeistert. Den werde ich demnächst zum Kampf herausfordern, dachte er.

Liu war berühmt in der Stadt, aber er war alt, dick und vertrottelt. Wenn es Saihung gelänge, ihn zu besiegen, so wie einer dieser Revolverhelden im Wilden Westen, könnte er sich großen Ruhm erwerben. Dann wäre er ein ganz gefährlicher Bursche, wie es in den Filmen immer hieß.

Am nächsten Tag forderte Saihung Liu offiziell zum Kampf heraus. Die Antwort kam rasch, klang aber ein wenig kurz angebunden. Saihung lachte immer noch leise vor sich hin, als er einen Tag später in die Schule von Meister Liu kam.

«Aha, du bist Wangs Schüler», begrüßte ihn Meister Liu.

«Ja», antwortete Saihung ernst. «Verzeih mir die Herausforderung! Ich kämpfe manchmal noch zu hastig und unbesonnen und würde gern ein paar Tricks bei dir lernen.» Innerlich jedoch dachte er: «Achtung, Dicker, jetzt komme ich!»

«Gut. Ich überlasse dir die Art des Angriffs.»

«Du bist der Meister. Ich brauche mich nicht zurückzuhalten?»

«Ich wäre sehr enttäuscht, wenn du es tätest.»

Saihung grinste. Vor ihm stand ein Schwein, und er war der Metzger. Er zog zwei lange, scharfe Dolche hervor.

Meister Liu steckte den Saum seines Gewandes hoch und strich sich seine wenigen Haare glatt. Stolz stand er da, die dikken Lippen zusammengepreßt, und machte sich nicht die Mühe, nach einer Waffe zu greifen.

«Dein Stolz wird dir nichts nützen», dachte Saihung und griff sofort an.

Doch zu seiner Verblüffung schlug ihm der alte Mann schon beim ersten Zusammenstoß mühelos beide Dolche aus der Hand. Meister Liu lächelte breit und hieb Saihung eine Faust von der Größe eines Schweineschinkens in den Magen.

Doch mit einem einzigen Schlag kam er gegen Saihungs jahrelanges Training nicht an. Saihung wich zurück. Eifrig watschelte der Meister ihm nach, und Saihung nahm seine ganze Kraft zusammen und versetzte ihm mehrere Schläge. Aber er hätte genausogut einen Wal massieren können.

Entnervt rannte er hinter einen Tisch, um Zeit zu gewinnen. Doch zu seinem Entsetzen machte der Meister einen Satz und kam quer über den Tisch mit voller Wucht auf ihn zugerollt wie eine riesige Fettkugel. Da begriff Saihung, daß er Ringkampftechniken anwenden mußte, um zu gewinnen. Mit einem Seitenschritt wich er dem Meister aus und packte ihn von hinten. Jetzt hatte er ihn in eine Position gedrängt, in der er ihn überwältigen konnte.

Da hörte er ein lautes Geräusch: Der Meister hatte einen gewaltigen Wind fahren lassen. Noch nie war Saihung ein widerwärtigerer Gestank in die Nase gestiegen. Ihm wurde übel. Mühelos drehte der Meister sich um und schlug ihn k.o.

Als Saihung wieder zu sich kam, lag er in der Villa seines Meisters. Ein stirnrunzelnder Wang Tzu-p'ing verarztete ihn. Im Hintergrund saß ein besorgter, aber schadenfroher Meister Liu.

«Jetzt wird Meister Wang tagelang böse sein, weil einer seiner Schüler einen Kampf verloren hat», neckte Meister Liu.

«Du Dummkopf!» schimpfte Wang Saihung aus. «Meister Liu ist dir haushoch überlegen. Du hast mich blamiert.»

«Nimm es nicht so schwer, alter Freund», tröstete ihn Liu.

«Er ist gut. Ich war gezwungen, meine Geheimwaffe einzusetzen.»

«Oh, nein... nicht das!» rief Wang.

«Oh, doch», sagte Liu stolz und beugte sich über Saihung. «Ich habe jahrelang trainiert, um mich in dieser Kunst zu vervollkommnen, mein Junge. Ich esse viel Fleisch, Eier und spezielle Kräuter. Wenn du willst, bringe ich dir die Methode bei.»

«Der Meister ist zu gütig», murmelte Saihung mit schwacher Stimme. Er hatte immer noch das Gefühl, sich jeden Augenblick übergeben zu müssen.

«Ein Meister hat stets noch einen geheimen Trick in der Kiste», sagte Liu augenzwinkernd. «Merk dir das, mein Junge!»

Kichernd wie zwei kleine Jungen gingen die beiden Männer zur Tür.

«Ach ja», rief Liu im Hinausgehen noch. «Wir sehen uns sicher bald wieder im Kino.»

ZEHN
Ein Schmetterlingstraum

Fast zwei Jahre nach seinem Abschied vom Huashan stand Saihung in den Kulissen eines Shanghaier Opernhauses. Er hatte sich eine sinnvolle Tätigkeit gewünscht und sich danach gesehnt zu reisen. Die Oper bot ihm diese beiden Möglichkeiten. Und was noch wichtiger war, er hatte in diesen schweren Kriegszeiten wenigstens eine Arbeit. Es war eine vielseitige und anspruchsvolle künstlerische Aufgabe, und auf den Tourneen seiner Truppe lernte er viele wichtige und interessante Persönlichkeiten kennen. Die Kreativität in seinem neuen Beruf hatte viel Ähnlichkeit mit der Spiritualität, auch sie vermochte dem Leben Faszination und neue Impulse zu verleihen. Außerdem bot sie ihm die Möglichkeit, sich über das Mittelmaß zu erheben, jenen Zustand, den Saihung am meisten verachtete. Das Schauspielerdasein unterschied sich gar nicht so sehr vom Klosterleben oder der Welt der Kampfkunst, nur die Akzente waren ein bißchen anders gelagert. Saihung spielte Götter und Generäle, und viele Stücke hatten religiöse Themen. Auf der Bühne mußte er bestimmte Gesten und Haltungen einnehmen. In seinen Stücken ging es auch um Unsterbliche, Alchimie und Entsagung (häufig bei Beamten aus der chinesischen Geschichte, die sich aus der Gesellschaft zurückgezogen hatten), und auch die Götter im Himmel und sogar Lao Tzu kamen darin vor.

Selbst Saihungs kämpferischer Drang fand hier Befriedigung. Für seine Rollen mußte er täglich stundenlang trainieren. Er lernte viele Meister kennen, die mit ihm Schaupiel, Gesang und die besonderen Kampfkunsttechniken des Theaters übten. Er las die klassische Literatur, die den Stoff für so viele Opern lieferte, und das Hintergrundwissen für die militärischen Rollen erfuhr er aus Büchern wie *Die Romanze von den Drei Reichen, Die Räu-*

ber vom Liangshan-Moor, Die Reise nach Westen und *Die Generäle der Familie Yang.* Sogar zu echten Kämpfen bot sich hin und wieder Gelegenheit, denn unter dem Theaterpublikum waren viele Rowdys, die testen wollten, ob die Schauspieler, welche die Kriegerrollen spielten, auch wirklich kämpfen konnten. Das war genau das Leben, das Saihung sich gewünscht hatte. Es war voller Abenteuer, voller Phantasie. Er war ein Star. Immer wenn er auftrat, bekam er Applaus. Das war etwas ganz anderes als die Frustration und Enge des Klosterlebens, wo seine Meister tagtäglich etwas an ihm auszusetzen gehabt hatten. Hier wurde er immer nur gefeiert, und er konnte das Ziel verwirklichen, das er sich gesetzt hatte: Erinnerungen und Erfahrungen zu sammeln und sich neue Fähigkeiten anzueignen. Sein geistiger Palast dehnte sich zu einem riesigen Gebäudekomplex mit vielen Pavillons und Häusern aus. So wie die dreistöckige Bühne in der Verbotenen Stadt drehte sich nun sein ganzes Leben um die Oper mit ihrem Prunk, um die Faszination, die von den schönen Kostümen, der guten Musik, den hervorragenden Schauspielern und den begabten Sängern ausging. Das befriedigte ihn voll und ganz. Die Spiritualität konnte warten, bis er sich aus dem Künstlerleben zurückzog. Dann würde er wie die gelehrten Beamten und wie sein eigener Meister in die Berge gehen. Aber zuerst wollte er endlich alle Schönheit dieser Welt genießen, und hier auf der Bühne gab es genügend Schönheit, um selbst das verwöhnteste Auge zu blenden.

Mitten auf der dunklen Bühne stand eine einsame Gestalt im grellen Scheinwerferlicht. Der vom Zigarettenrauch bläulich gefärbte Lichtstrahl ließ die bunten, funkelnden Farben des bestickten Gewandes des Schauspielers im ganzen Haus erglänzen. Mit raschen kleinen Schritten trat er in die Mitte der Bühne. Aus dem unsichtbaren Orchester ertönten plötzlich wilde Streicherklänge. Aus der lärmenden Zuschauermenge erhoben sich Schreie.

Der Schauspieler stellte den bekannten taoistischen Philosophen Chuang Tzu dar. Sein Kostüm wies alle Symbole dieser Figur auf: ein kastanienbraunes Seidengewand mit den in Gold und Silber aufgestickten Symbolen der Acht Trigramme, makellos weiße ‹Wasserärmel›, einen langen, schwarzen Bart aus

Pferdehaar und grelle weiße Schminke, die einen verblüffenden Kontrast zu den mit Rouge gefärbten Wangen, den zinnoberroten Lidschatten und den geschwungenen Augenbrauen bildete. Der Schauspieler hielt einen Drachenkopfstab in der linken und einen Fliegenwedel in der rechten Hand.

«Ich erhebe den Drachenkopfstab», sagte Chuang Tzu. «Meine Worte sollen die Herzen der Menschen rühren. Solange wir leben, verspricht man uns ewige Liebe, aber sobald wir tot sind, trocknet man unser Grab schnell mit einem Fächer.»

Nachdenklich strich er sich den Bart, eine klassische Geste, welche die Bedeutung seiner Worte unterstrich.

«Die Gesichter der Menschen sieht man, aber ihre Herzen sind verborgen.»

Er wies auf sein Herz und neigte den Kopf plötzlich zum Publikum hin. Ein scharfer Schlag der Holzklappern aus dem Orchester betonte seine Geste.

«Ich bin tot, wirklich tot. Ich bin der Taoist des Südmeeres. Ich bin Chuang Tzu, der sich tot gestellt hat.» Das Orchester untermalte seine Worte, während er seinen Yakschwanzwedel durch die Dunkelheit sausen ließ wie eine Sternschnuppe.

Das Publikum kannte die Geschichte, so wie es den Inhalt aller chinesischen Opern kannte. Die Leute gingen nicht ins Theater, um etwas Originelles zu sehen, sondern schauten sich immer wieder die gleichen Stücke an. Deshalb achteten sie hauptsächlich auf das Können der Schauspieler und scheuten sich nicht, ihren Beifall oder ihre Mißbilligung durch laute Schreie kundzutun oder den Schauspieler sogar zu verbessern, wenn er sich einmal versprach.

Der Schmetterlingstraum stellte in dieser Hinsicht keine Ausnahme dar. In diesem Stück erhält Chuang Tzu, ein Gelehrter und Magier, von seinem Meister die Erlaubnis, vom Berg herabzusteigen, um sich wieder mit seiner Frau T'ien Hsi zu vereinigen. Unterwegs begegnet er einer Frau, die einem Grab Luft zufächelt. Auf seine Frage, warum sie das tue, erklärt sie ihm, sie habe ihrem Mann versprochen, erst wieder zu heiraten, wenn die Erde auf seinem Grab getrocknet sei. Chuang Tzu trocknet das Grab mit Hilfe seiner magischen Kräfte. Aus Dankbarkeit beschreibt die Frau für ihn einen Fächer mit den Worten: «Wandernder Taoist, der du Mitleid mit mir hattest, sage deiner Frau, daß sie nicht tugendhafter handeln würde als ich!» Bei seiner Rückkehr schenkt Chuang Tzu den Fächer seiner Frau T'ien Hsi, die ihm daraufhin entrüstet ewige Treue schwört. Um sie zu prüfen, stellt Chuang Tzu sich mit Hilfe yogischer Methoden tot und erschafft auf magischem Wege einen gutaussehenden, jungen Gelehrten. T'ien Hsi verliebt sich in ihn und heiratet ihn, obwohl sie noch in Trauer ist. Doch in der Hochzeitsnacht fällt ihr Geliebter ins Koma. Sein Diener, den Chuang Tzu aus einer der papiernen Begräbnisfiguren erschaffen hat, verkündet, daß nur eine Arznei aus dem noch frischen Gehirn eines Angehörigen ihren Geliebten retten könne. Chuang Tzu ist erst seit einer Woche tot. T'ien Hsi hat zunächst große Skrupel, beschließt aber dann doch, seinen Sarg aufzubrechen.

Alle kannten die Handlung dieser Oper. Am Ende der zweiten Szene sahen sie T'ien Hsi in strahlend weißen, bestickten Gewändern vor einem einfachen Altar knien. Auf dem Tisch standen zwei Kerzen, ein Räuchergefäß und eine Tafel mit Chuang Tzus Namen. Dahinter stand der Sarg.

«Aber nein!» rief T'ien Hsi mit hoher, durchdringender, näselnder Stimme. «Ich war doch mit ihm verheiratet. Wie kann ich so etwas tun? Unmöglich! So etwas Furchtbares könnte ich nie über mich bringen.»

Sie schlug die Hände vors Gesicht, schüttelte den Kopf und wich vor dem Sarg zurück.

«Was für einen grausamen Tod ich erleide!» erklang in diesem Augenblick die Stimme ihres sterbenden Geliebten hinter der Bühne.

«Ach! Ich habe meinen ersten Mann verloren. Muß ich auch noch meinen zweiten verlieren? Ich werde den Sarg aufbrechen und meinem jungen Prinzen das Leben retten!»

Als T'ien Hsi die Bühne verließ, wurde es wieder dunkel. Hinter dem eisernen Vorhang hielt ein Bühnenarbeiter einen Bambusstab in die Höhe, an dem ein Papierschmetterling hing, und ließ ihn über Chuang Tzus Sarg hin und her flattern. Der junge Diener, der aus einer Begräbnisfigur erschaffen worden war, betrat die Bühne mit einem Fächer. Mit akrobatischen, kriegerischen, aber marionettenhaften Bewegungen, die seinen

Ursprung andeuteten, jagte er dem Schmetterling hinterher. Er machte einen Satz, um ihn zu fangen, aber da wurde der Schmetterling mit einem Ruck in die Höhe gerissen. Mit einem leisen Klicken klappte der Junge seinen Fächer zu, kauerte sich auf den Boden und kroch in dieser Haltung über die Bühne. Er machte eine effektvolle Pause und versuchte dann zum zweitenmal, den Schmetterling zu fangen. Doch gleich darauf streckte er dem Publikum seine leeren Hände hin, um zu zeigen, daß er wieder kein Glück gehabt hatte. Akrobatisch tänzelte er weiter, aber schließlich verlor er die Geduld. Auf einem Bein stehend, ließ er seinen Fächer aufschnappen und schwang ihn wild durch die Luft in der Hoffnung, den Schmetterling doch noch zu erwischen. Aber wieder gelang es ihm nicht. Schließlich klappte er den Fächer ärgerlich zu und verließ die Bühne.

Diese Szene symbolisierte eine berühmte Geschichte, die das Publikum so gut kannte, daß gar kein Text dazu gesprochen wurde. Es genügte, die Geschichte im Titel des Stücks und in dem Schmetterlingsmotiv anzudeuten. Chuang Tzu hatte einst geträumt, er sei ein Schmetterling, der vergnügt umherflatterte. Als er erwachte, war er verwirrt. War er gerade eben Chuang Tzu gewesen, der träumte, er sei ein Schmetterling, oder war er jetzt ein Schmetterling, der träumte, er sei Chuang Tzu?

Mit den frustrierenden Versuchen, den Schmetterling einzufangen, spottete das Stück über die Schwäche des Menschen und seine vergeblichen Bemühungen, Traum und Wirklichkeit voneinander zu unterscheiden. Der Gipfel der Ironie bestand darin, daß nicht ein Mensch den Schmetterling verfolgte, sondern eine Papierfigur.

Saihung ging in seine Garderobe, vorbei an anderen kostümierten Schauspielern. Wenn man sie auf der Bühne sah, wirkten sie ganz überzeugend. Doch in den spärlich beleuchteten Korridoren des Theaters kamen sie Saihung wie eine bizarre, unwirkliche Parade vor: Generäle in Rüstungen und mit geschminkten Gesichtern, hübsche Frauen (die alle von männlichen Schauspielern dargestellt wurden), merkwürdige Clowns, Karikaturen von Priestern mit langen, herabhängenden Augenbrauen und Akrobaten mit den verschiedensten Waffen. Die bunten Seidengewänder leuchteten in allen Farben – kobaltblau, flammende Orangetöne, das Grün des Waldes, das Karminrot des Sonnenuntergangs und dazu funkelnde kleine Silberspiegel, goldene Stickereien und schimmernde Perlen – ein verwirrender Karneval von lebenden Bildern. Hier und da hörte Saihung geisterhafte Stimmen: Sänger, die Tonleitern übten, und dazwischen Gedichtfetzen aus verschiedenen Epochen, die von längst vergangenen Ereignissen berichteten.

Saihung setzte sich an seinen Schminktisch und betrachtete sich im Spiegel. Seine großen Augen waren auf der Bühne von Vorteil, und sein breites Gesicht mit den hohen Backenknochen prädestinierte ihn für die Rolle des Kriegers. Doch die Rollen der Gelehrten, die von zarterer, zierlicherer Statur waren, konnte er damit nicht spielen.

In der Pekingoper gab es vier Arten von Rollen: die männlichen Rollen (*sheng*), die weiblichen Rollen (*tan*), die Clowns (*ch'ou*) und die bemalten Gesichter (*ching*). Jeder dieser vier Typen war dann noch in zivile und militärische Rollen unterteilt. Ein *wu sheng* zum Beispiel war eine männliche Kriegerrolle.

Die zivilen Rollen erforderten eine perfekte Ausdrucksweise und eine gute Stimme, während es bei den Kriegern mehr auf Akrobatik und kämpferische Bewegungen ankam. Die alten Männer, meist Gelehrte, Beamte oder Generäle, trugen Bärte, agierten würdevoll und sangen hervorragend. Die jungen Männer waren stets bartlos, machten einen vornehmen, kultivierten Eindruck und sangen mit Kopfstimme, um damit ihre Jugend zu betonen.

In Saihungs Truppe wurden die *tan*-Rollen von Männern gespielt, denn einer alten Tradition zufolge gehörten Frauen nicht auf die Bühne. Doch allmählich änderte sich diese Einstellung, und es fanden auch Frauen Eingang in die Pekingoper. Die *tan*-Rollen umfaßten fünf Kategorien: die rechtschaffene Frau (Matrone, treue Ehefrau, gehorsame Tochter), die Blumenfrau (lebenslustiges junges Mädchen oder Frau von zweifelhaftem Charakter, wie beispielsweise T'ien Hsi im *Schmetterlingstraum*), die übermütige Frau, die Kämpferin und die alte Frau.

Bei den *ch'ou*-Rollen oder Clowns handelte es sich entweder um männliche oder weibliche, zivile oder militärische Charaktere. Sie hatten stets weißbemalte Gesichter mit ein paar schwarzen Linien. Mit ihren humorvollen Texten und ausgelassenen Späßen sollten sie den Ernst der Opern aufheitern.

Der vierte Typus waren die bemalten Gesichter (*ching*). Diese Rollen waren Saihung auf den Leib geschrieben. Man brauchte dazu einen Schauspieler von kräftiger Statur, der viele Kostümschichten übereinander tragen, sich würdevoll bewegen und mit voller, kräftiger Stimme singen konnte. Es gab sowohl zivile als auch militärische bemalte Gesichter, aber natürlich bevorzugte Saihung die kriegerischen Rollen.

Jeder *ching*-Schauspieler konnte die Muster, mit denen er sein Gesicht bemalte, ein wenig variieren. Jede Farbe hatte eine bestimmte Bedeutung und unterstrich so die Eigenschaften, die der Schauspieler darstellte. Rot bedeutete Mut und Tugendhaftigkeit, schwarz stand für einen ungehobelten, schlechten Charakter, blau symbolisierte Grausamkeit und Sadismus, weiß war ein Zeichen von Verrat. Gold und Silber verwendete man für die Gesichter von Göttern, eine Nachahmung der vergoldeten Tempelfiguren. Außerdem gab es auch noch Geister von Tieren und sonderbare Charaktere wie die legendären buddhistischen Heiligen, die Achtzehn Lohan.

Dieser komplizierten Bildersprache bediente Saihung sich jedesmal, wenn er sich schminkte. An diesem Abend spielte er die Rolle des Erh-lang, einer der Generäle, welche die himmlischen Heere befehligten. Als er sein Gesicht im Spiegel betrachtete, erinnerte er sich daran, daß Erh-lang der Neffe des Jadekaisers war. Als Sohn einer Göttin und eines Sterblichen durfte er nicht im Himmel wohnen. Also lebte er mit seinem Kampfhund Heulender Himmelshund am Rande des Himmels und diente den Göttern als Bote. Zwei Details hoben seine Bedeutung hervor: Das erste waren die hinten an seinem Kostüm angebrachten militärischen Fahnen, eine Anspielung auf die Signalflaggen der Generäle. Das zweite war ein auf die Stirn gemaltes drittes Auge, das Erh-langs Göttlichkeit und seine übernatürliche Wahrnehmungsgabe darstellte. Zuerst legte Saihung ein enges Stirnband an. Das zog seine Augenbrauen nach oben, was seinem Gesicht einen dramatischen Ausdruck verlieh und seine Augen noch größer erscheinen ließ. Weit aufgerissene, stechende Augen bedeuteten Zorn oder Macht.

Saihung als Schauspieler der Pekingoper

Als nächstes verteilte Saihung eine dünne weiße Creme-
schicht auf seinem Gesicht, als Grundierung für die anderen
Schminkschichten. Unter dieser ersten Schicht verschwanden
seine rötliche Hautfarbe und seine dunklen Augenbrauen. Auf
die Stirn und rund um die Augen trug er anschließend einen
weißen Puder auf, der das Weiß gleichmäßig matt erscheinen
ließ. Dann bedeckte er Stirn, Nase, Wangen und Kinn sorgfältig mit einer öligen goldenen Schicht, wobei er die Partien um
die Augen und den Mund aussparte. Nun begann er, wie ein
goldenes Götterbild auszusehen. Um seine Augen trug er
schwarze Schminke auf, malte sich riesige, außen spitz zulau-
fende Augenbrauen auf und umrahmte dann seine Augen mit
Linien, die wie Fledermausflügel aussahen. Mit seinem spitzen
Pinsel malte er noch einen stilisierten Bart, der die Oberlippe
bedeckte. Die schwarzen Formen breiteten sich auf seinem
goldenen Gesicht aus wie Schatten mit rasiermesserscharfen
Kanten.

Mit schiefem Kopf musterte Saihung sein Werk kritisch im
Spiegel. Er spürte, wie die Farbe auf seinem Gesicht trocknete
und sich so eng darüberspannte wie eine zweite Haut. Nun war
er fast fertig. Er nahm einen zweiten Pinsel zur Hand, tauchte
ihn in leuchtendrote Farbe, malte sich zwei Arabesken auf die
Stirn und färbte seine Unterlippe rot. Zusammen mit der
schwarzen Oberlippe verlieh das seinem Gesicht einen hunde-
artigen, zähnefletschenden Ausdruck.

Saihung hatte eine schwierige Ausbildung durchstehen müssen, um sich auf das Schauspielerleben vorzubereiten. Normalerweise dauerte die Schauspielerlehre sieben Jahre. Doch Saihung war den Schauspiellehrern und Regisseuren durch seine
Vorbildung aufgefallen und im Laufe eines Jahres vom Neben-
darsteller zum Star aufgestiegen, aber es war ein hartes Stück
Arbeit gewesen. Er hatte jeden Tag stundenlang Gesang üben
müssen, um seine Stimme zu verbessern, denn es stellte selbst
seine Fähigkeit der Atemkontrolle auf eine harte Probe, zwischen langen Zweikämpfen auf der Bühne auch noch laut
singen zu müssen. Auch das Akrobatik-Training war sehr
anspruchsvoll gewesen, denn ein Schauspieler mußte alle möglichen Stürze, Saltos, Sprünge und Überschläge beherrschen.

Einige bemalte Gesichter für die ching-Rollen

Das Gleichgewicht wurde auf Stelzen trainiert, mit denen man über Eis gehen mußte. Bei den Geschicklichkeitsübungen warf man sich gegenseitig Nadeln und Waffen zu. Auch das Schminken hatte er von Spezialisten lernen müssen. Saihung griff nach einem kleinen Metallkegel, bestrich den Rand mit einer Paste und drückte ihn als drittes Auge auf seine Stirn. Er dachte an seine Ausbildung auf dem Huashan. Ach, wäre es doch nur so einfach, dieses Energiezentrum zu öffnen!

Er setzte eine enge Kappe auf und legte sein Kostüm an, eine prächtige Imitation einer Rüstung in Blau- und Orangetönen. Mit den vier Flaggen am Rücken wog das kunstvolle Kleidungsstück mindestens zwanzig Pfund. Die Kopfbedeckung, eine in Blau-, Orange-, Gold- und Rottönen gehaltene Krone, mit Dutzenden großer, unechter Perlen und flauschigen Pelzquasten besetzt, die bei der leisesten Bewegung zitterten, wog mindestens zehn Pfund. In dieser beschwerlichen Ausrüstung mußte Saihung nicht nur kämpfen, singen, posieren und seine Gegner verfolgen, sondern auch noch aus dem Stand Saltos vollführen und danach wieder auf seinen schmalen Wolkenschuhen mit den hohen Plateausohlen landen.

Er hörte, wie die Orchestermusik auf einen leidenschaftlichen Höhepunkt zustrebte, dem tosender Beifall und laute Schreie folgten. Das Stück ging zu Ende. T'ien Hsi hatte Chuang Tzus Sarg aufgebrochen. Der schwarzgewandete Leichnam war wieder zum Leben erwacht und ihr gegenübergetreten. Nachdem er sie des Ehebruchs beschuldigt hatte und sie erkannte, daß ihr Geliebter nur ein Phantom gewesen war, hatte sie sich mit der Axt die Kehle durchgeschnitten.

Der Applaus wirkte anregend auf Saihung. Er spürte, wie das Blut vor Aufregung rascher durch seine Adern strömte. Er hatte selten Lampenfieber, denn für ihn hatte es etwas Befreiendes, mit bemaltem Gesicht vor das Publikum zu treten. Wie viele Mönche war er schüchtern, aber hinter der Schminke konnte er seine Verlegenheit verbergen.

Als Chuang Tzu erschöpft hereingestürmt kam, seinen Wedel einem Gehilfen zuwarf und seinen Bart abzunehmen begann, stand Saihung auf. Fünf junge Assistentinnen liefen auf ihre Plätze hinter den Kulissen. Saihung ergriff seinen Speer und trat auf die Bühne. Es wurde die Bearbeitung einer Hopei-Oper mit dem Titel *Die Zauberlampe* aufgeführt. In dieser Geschichte verliebt sich die schöne Göttin Sheng Mu – Saihung hatte sie von ihrem Schrein auf dem Huashan her ganz anders in Erinnerung – in einen Sterblichen, Liu Yen-ch'ang. Empört kommt Erh-lang zur Erde herabgeflogen, um die Verbindung zu verhindern. Aber Sheng Mu besitzt eine Zauberlampe, mit der sie ihn abwehrt. Die beiden Liebenden heiraten, und sie bringt einen Sohn zur Welt. Bei der Feier des hundertsten Tages nach der Geburt schickt Erh-lang den Heulenden Himmelhund auf die Erde, um Sheng Mu die Lampe wegzunehmen. Die wehrlose Göttin kann sich nun nicht mehr verteidigen. Erh-lang setzt sie in einem Verlies unter dem Huashan gefangen. Ihr Ehemann wird verjagt und stirbt schließlich, nachdem er seinen Sohn Ch'en Hsiang in die Obhut des Donnerkeil-Taoisten gegeben hat. Dieser bildet den Jungen in Kampfkunst und Magie aus. Eines Tages erzählt der Meister ihm von den Qualen, die seine Mutter leidet, und schenkt ihm eine verzauberte Axt. Ch'en Hsiang spaltet den Huashan und befreit seine Mutter.

Wartend stand Saihung im Dunkel der Kulissen. Er sah Sheng Mu vor dem Publikum stehen, hörte die Dissonanzen des Orchesters und spürte die kühle Luft aus dem alten Theater emporwehen. Er stand allein in der Dunkelheit; das Publikum konnte ihn nicht sehen. War er Erh-lang, der unsterbliche Ritter, der eine Ewigkeit lang außerhalb des Himmels warten mußte? War er ein Schauspieler, der Generäle, Helden und Kriegsgötter vergangener Zeiten spielte? Oder war er ein abtrünniger Mönch?

Nun erklang im Orchester ein Wirbel von Trommelschlägen und Holzklappern, gekrönt von einem Intermezzo zwitschernder Melodien. Dann ertönten mehrere Gongschläge. Das war Saihungs Einsatz. Wie Tempelglocken, dachte er versonnen. Er eilte auf die Bühne und stürzte sich in den Wirbel der Aufführung und des Applauses.

Es war geradezu paradox, wie die Kunst das Leben imitierte, als Saihung in einer unbekannten Heldenoper namens *Purpur-*

wolkenblume, einer Variation der berühmten Oper *Die Weiße Schlange,* mitspielte. Eine schöne Schwertkämpferin namens Purpurwolkenblume stellt fest, daß ihr Geliebter schwerkrank ist und sterben muß, wenn man ihm nicht eine Arznei aus einem Kraut zubereitet, das nur auf dem Gipfel des Huashan wächst. Also begibt Purpurwolkenblume sich auf den Huashan, um es zu holen. Aber die Taoisten, in deren Obhut das Kraut sich befindet, erklären ihr, daß sie es nicht mitnehmen dürfe. Es sei überaus selten und kostbar, und als Mönche, die der Welt entsagt hätten, gingen sie die Kämpfe und Nöte der irdischen Welt nichts an. Purpurwolkenblume greift die Mönche mit dem Schwert an. Obwohl diese hervorragende Kämpfer sind, erschlägt sie einige von ihnen, aber kann nicht alle besiegen. Der unentschiedene Kampf dauert drei Tage und gibt den Schauspielern reichlich Gelegenheit, ihre effektvollen Bühnenkampftechniken zur Schau zu stellen.

Auf dem Höhepunkt der Oper erklärt der oberste Mönch sich schließlich bereit, Purpurwolkenblume das Kraut zu geben. Als Gegenleistung soll sie den Mönchen ihren einzigartigen Schwertkampfstil beibringen. Dafür bekommt sie das Kraut und kann gerade noch rechtzeitig nach Hause zurückkehren, um ihren Geliebten zu retten. Diese Oper war reich an taoistischen Motiven und Anspielungen: Erstens ist die Frau die Starke und Aktive und nicht ihr Geliebter. Zweitens klingt in der Suche nach dem Kraut (als Symbol der besonderen Wirkung, die man Kräutern wie Ginseng und dem *lingchih*-Pilz zuschrieb) das Streben der Taoisten nach Unsterblichkeit durch Alchimie und die Suche nach der Insel P'eng-lai an. Drittens ist es bezeichnend, daß die Taoisten das Kraut trotz seines großen Wertes hergeben, um dafür ihr Wissen erweitern zu können. Und schließlich und endlich zeigen die Taoisten trotz ihres Desinteresses an der Welt des Staubes Mitgefühl. Viele Elemente der kriegerischen und taoistischen Welt wurden in die populären Opern übernommen, doch hatte dies kaum Auswirkungen auf das Bewußtsein und das Verhalten der Menschen. Eines Abends führte Saihungs Truppe diese Oper in der Provinz Anhui auf. Er konnte gar nicht mehr zählen, wie oft er die Rolle des obersten Mönches schon gespielt hatte: das Gesicht weiß gepudert, mit schwarzen,

geschwungenen Augenbrauen, dicker Wimperntusche, schar-
lachroten Lidschatten und Rouge auf den Wangen. In ein graues
Baumwollgewand gekleidet und ein Opernschwert schwin-
gend, kämpfte er mit Purpurwolkenblume, und ihm kam dabei
kaum zum Bewußtsein, was für eine seltsame Wendung sein Leben genommen hatte: daß er, ein ehemaliger Taoist, nun die
Rolle eines Taoisten auf der Bühne spielte.

An diesem Abend war das Publikum laut und unruhig. Das
Stück wurde am frühen Abend aufgeführt, vor den überwie-
gend literarischen Opern mit den langen Arien, welche die
reicheren Mäzene, die später kamen, besonders gern sahen. Im
ersten Stück einer Vorstellung kam in der Regel nur wenig Dialog und Gesang vor, die Handlung stand im Vordergrund.
Dementsprechend flegelhaft und ungebildet war das Publikum,
das zu diesen zeitigen Aufführungen kam. Die Leute schwatzten
und lachten, rauchten, übersäten den Boden mit Melonenker-
nen und Erdnußschalen und riefen den Schauspielern obszöne
Bemerkungen zu. Saihung ignorierte sie und trat in die Mitte
der Bühne.

Das Orchester hielt die dramatische Spannung mit den raschen Schlägen der Holzklappern aufrecht, die immer wieder
von Gongs unterbrochen wurden. Stolz stand Saihung Purpurwolkenblume mitten auf der Bühne gegenüber. Sie trug ein
schimmerndes Seidengewand, das ihrem Namen alle Ehre
machte. Das linke Bein vor das rechte geschoben und das mit
einer Quaste geschmückte Schwert hinter dem Rücken verborgen, wartete sie auf seine Antwort und richtete die Finger in der
Schwertgeste auf ihn. Sie starrten sich zornig an.

«Wir Taoisten haben der Welt entsagt. Die Nöte der Sterblichen kümmern uns nicht», sang Saihung und ließ in einer Ab-
schiedsgeste die Hand sinken. Das Orchester paßte sich seinen
Bewegungen an. Er gab mit seinen Gesten und seinem Timing
die Einsätze an. Purpurwolkenblume ging einmal im Kreis
herum und zeigte dann wieder auf Saihung.

«Ich muß das Kraut haben», antwortete sie.

Saihung trat mit weit geöffneten Augen vor, so daß das Rampenlicht sich im Weiß seiner Augen widerspiegelte. Die Augen
eines Operndarstellers mußten glitzern wie Edelsteine.

«Drei Tage lang haben wir gekämpft», sang Saihung mit voll-
tönender Stimme, «und keiner hat den anderen besiegen kön-
nen.»
Wieder brandete die Orchesterbegleitung auf.
«Wir wollen einen Tausch machen», schlug Saihung vor.
«Schenk uns das, was dir am meisten wert ist, deine Kunst, dann
geben wir dir das Kraut.»
«Ist das wahr?» sang Purpurwolkenblume.
«Ja. Wir haben der Welt entsagt und folgen dem *tao*. Die Sorgen der irdischen Welt liegen hinter uns. Doch auch Einsiedler
können von Mitgefühl erfaßt werden.»
«He, he!» ertönte da ein lauter Ruf im Publikum. Saihung
erschrak.
«Was weißt denn du schon von Entsagung?» rief jemand
herauf.
Rasch wandte Saihung sein bemaltes Gesicht dem Publikum
zu. Purpurwolkenblume setzte gerade zu ihrer Antwort an, aber
er wollte unbedingt den Zwischenrufer ausfindig machen. In
einer der vordersten Reihen saßen zwei alte Taoisten.
«Entsagung bedeutet, der irdischen Welt den Rücken zu kehren», rief einer der beiden Taoisten, «aber Erleuchtung erlangt
man nur, indem man durch die Welt wandert!»
Saihungs Neugier war geweckt. Prüfend musterte er die beiden, während er weiterspielte. Man sah nicht oft heilige Männer
in der Oper. Es schickte sich nicht für sie, an solchen Veranstal-
tungen teilzunehmen. Und doch saßen die beiden in ihren dun-
kelblauen Gewändern da, das ergraunde Haar zu einem Knoten
aufgesteckt, die langen Bärte ungestutzt, unverkennbar Taoisten.
Am Ende der Szene stürmte Saihung hastig hinter die Bühne
und gab einem der Bühnenarbeiter die Anweisung, die beiden
Taoisten in seinem Namen nach der Aufführung zum Essen einzuladen. Er war erfreut, als er hörte, daß sie die Einladung angenommen hatten.
Kurz nach Mitternacht war die Vorstellung zu Ende. Saihung
zog ein dunkelblaues Gewand an und wischte sich noch einmal
das Gesicht ab. Das war das Problem mit der Schminke: Mit der
Zeit schien sich der weiße Puder in den Poren und Falten festzu-

setzen. Alle alten Schauspieler waren leichenblaß. Es war, als hätten die farbenprächtigen Rollen, die sie spielten, ihre Persönlichkeit allmählich zu einer neutralen Leinwand ausgebleicht. Er entdeckte die beiden Taoisten im Foyer des Theaters. Höflich stellte er sich ihnen mit seinem Familiennamen vor. Die beiden alten Männer erwiderten seinen Gruß mit der vertrauten Gebetsgeste und der standesgemäßen Verneigung. Jetzt, ohne das grelle Rampenlicht, die Dunkelheit und den Tabakrauch zwischen sich und dem Publikum, konnte Saihung sie zum erstenmal klar und deutlich erkennen.

Einer der beiden wirkte etwas älter. Er war groß und sehr schlank. Das schien sein wichtigstes Merkmal zu sein, denn er stellte sich als Schlanker-Kürbis-Unsterblicher vor. Sein Gesicht war lang und oval. Er hatte eine blasse, glatte Haut, und seine großen Vogelaugen blickten ruhig und gelassen, aber stets wachsam drein. Sein weißer Bart war lang und dünn, und er hatte die Lippen leicht zusammengepreßt.

Sein Gefährte war kräftiger, aber auch nicht direkt korpulent. Im Gegensatz zum Schlanken-Kürbis-Unsterblichen hatte der Kristallquellen-Unsterbliche ein ausdrucksvolles, heiteres Gesicht. Er schien sich über alles zu amüsieren und begleitete alles, was er sagte und tat, mit einem verschmitzten Augenzwinkern. Er hatte einen dichten Bart, eine gesunde, rötliche Gesichtsfarbe und gab sich lebhaft und lustig.

Saihung plauderte zwanglos mit den beiden, während er sie zu einem nahegelegenen Restaurant führte, doch angestrengt durchforschte er sein Gedächtnis. Er hatte schon einmal von zwei Taoisten namens Schlanker-Kürbis-Unsterblicher und Kristallquellen-Unsterblicher gehört. Es hieß, daß die beiden eine hohe Stufe erreicht hätten: Der Titel Unsterbliche war ihnen verliehen worden, weil sie das *tao* verwirklicht hatten. Es hieß auch, die beiden hätten ineinander ihre wahren Seelengefährten gefunden und seien schon seit mindestens zweihundert Jahren zusammen. Das Benehmen und das weiße Haar der beiden Männer ließen sie alt erscheinen, aber in jeder anderen Hinsicht wirkten sie jugendlich und energiegeladen. Sie sahen nicht älter aus als Mitte Siebzig.

Nachdem man ihnen einen Tisch in einem ruhigen Zim-

Der Schlanke-Kürbis-Unsterbliche

mer im ersten Stock zugewiesen hatte, musterten die beiden Taoisten Saihung prüfend.

«Du sagst, du interessierst dich für den Taoismus?» fragte Schlanker Kürbis.

«Ja», antwortete Saihung bescheiden. «Aber ich studiere schon seit einiger Zeit nicht mehr.»

«Na ja, das Leben selber ist auch ein Studium, nicht wahr?» fragte Kristallquelle.

«Wie du sagst, Meister», antwortete Saihung ehrerbietig. «Ich bin unwissend. Aber meine beiden verehrten Gäste scheinen eine hohe Stufe erreicht zu haben.»

«O ja!» rief Kristallquelle. Seine Stimme war von befremdender Unbescheidenheit, und er grinste Saihung breit an. «Wir haben es schon in vielen Dingen zur Meisterschaft gebracht. Wir wandern kreuz und quer durch China und suchen die Geheimnisvolle Pforte. Wir haben uns mit der Kunst befaßt, zu fliegen und sich unsichtbar zu machen, und wir steigen auch regelmäßig in den Himmel empor. Nicht schlecht, was?»

Saihung sah Schlanken Kürbis an. Der schwieg und erwiderte seinen Blick unverwandt und mit strahlendem Lächeln.

Sie wollen mich auf die Probe stellen, dachte er.

«Hast du je gelernt, ohne Flügel zu fliegen, junger Mann?» fuhr Kristallquelle fort.

«Ja. Wie könnte man denn in den Himmel emporsteigen, wenn man nicht fliegen kann?»

«Ganz recht, ganz recht», kicherte Kristallquelle.

Schlanker Kürbis beugte sich vor.

«Und wie macht man das?» fragte er.

«Ohne Flügel fliegen ist natürlich bildlich gemeint», erwiderte Saihung ruhig. Kristallquelles gespieltes Kichern verstummte. «Es bedeutet, daß man seine Essenz in der Wirbelsäule hochsteigen läßt.»

«Und worin besteht das Geheimnis der Unsichtbarkeit?» fragte Kristallquelle weiter.

«Das Geheimnis besteht darin, so still und regungslos dazusitzen wie eine Eidechse auf einem Zweig. Man bemerkt sie nicht, weil sie sich nicht bewegt.»

«Zeige mir den Weg zum Himmel!» befahl Schlanker Kürbis.

Der Kristallquellen-Unsterbliche

Saihung berührte seine Stirn. «Mit Himmel sind die Energiezentren in unserem Schädel gemeint.»

«Dann befindet sich also auch Lao Tzu in deinem Kopf?»
fragte Kristallquelle.

«Genau so ist es», erwiderte Saihung ruhig. «Selbst der Heilige ist ein Symbol des Energiezentrums, das der Hypophyse
zugeordnet ist.»

«Hast du von Lao Tzus Elixier der Unsterblichkeit gekostet?»
setzte Schlanker Kürbis das Verhör fort.

«Leider nicht. Ich habe in der letzten Zeit nicht so große Fortschritte gemacht.»

Schlanker Kürbis lehnte sich zurück und strich sich nachdenklich den Bart. Kristallquelle musterte Saihung und stieß
einen Laut der Befriedigung aus.

«Du bist tatsächlich das, was du zu sein vorgibst», sagte Kristallquelle.

«Es ist immer eine Ehre für uns, jemandem zu begegnen, der
wie wir dem Weg folgt», fügte Schlanker Kürbis hinzu.

«Aber nein», lächelte Saihung, «ich fühle mich geehrt.»

Dann wurde das Essen aufgetragen, und es herrschte eine Minute lang Schweigen am Tisch. Erlesene vegetarische Lecker-
bissen regten ihren Appetit an.

«Du bist viel zu großzügig!» protestierte Kristallquelle.

«Bitte seid doch nicht so förmlich», widersprach Saihung.
«Es ist mir eine Ehre, daß ihr meine Einladung angenommen
habt.»

Sie aßen schweigend.

«Darf ich euch nach eurer Herkunft fragen?» erkundigte Saihung sich nach einer Weile.

«Wir haben keine», erwiderte Kristallquelle kurz angebunden.

Saihung hätte wissen müssen, daß Meister nie über ihre persönliche Vergangenheit sprechen. Ihm war klar, daß es keinen
Zweck hatte weiterzufragen. Weisen auf ihrer Stufe brauchte
man keine Fragen zu stellen. Saihung erfaßte den Grad ihrer
Verwirklichung mit Hilfe der präzisesten Methode, die es gibt:
rein intuitiv.

Er war schon so lange nicht mehr mit spirituellen Menschen

zusammengewesen, daß er ihre Nähe nun besonders intensiv empfand. Sie versetzte ihn in eine Stimmung wunderbaren inneren Friedens. Er fühlte sich in einem menschlichen Energiefeld aufgehoben, in einer schwer faßbaren Welle der Ruhe, die von den beiden ausging. In den vielen Monaten fern von heiligen Orten hatte er die Kraft jener anderen Menschen vergessen, denen er in früheren Zeiten begegnet war – Menschen, deren bloßes Vorübergehen eine spontane Freude in ihm weckte, ihm sofort Energie einflößte oder plötzliche Freudentränen in die Augen steigen ließ. Nun erinnerte er sich daran und empfand wieder das gleiche wie damals. Er wußte, daß ihm zwei wahre Meister gegenübersaßen.

Mit großem Genuß beendeten die beiden Unsterblichen ihr Mahl. Eine lange Zeit verstrich. Saihung war zufrieden, er fühlte sich zu Hause. Er fragte sich, ob das wohl nur daran lag, daß er sich in Gesellschaft von Taoisten befand. Schließlich hatte er seit seinem neunten Lebensjahr mit Taoisten zusammengelebt. Er kam zu dem Schluß, daß es doch mehr als reine Sentimentalität sein mußte. Vielleicht war diese Begegnung eine kleine Mahnung, daß er etwas zu weit von seinem Weg abgekommen war.

«Ich würde gern von euch lernen», sagte Saihung. Die beiden Taoisten wechselten einen ernsten Blick.

«Wir leben nicht in einem Tempel. Wir sind Wanderer», erwiderte Schlanker Kürbis.

«Dazu bin ich bereit.»

«Aber wir führen ein sehr armseliges Leben, ganz anders als ein erfolgreicher Schauspieler», beharrte der Taoist.

«Ich habe die Weihebühne vor der Opernbühne kennengelernt.»

«Wir wandern heute abend weiter», gab Kristallquelle zu bedenken.

Aber Saihung ließ sich nicht beirren. «Gut. Bitte gebt mir nur etwas Zeit, meine Sachen zu holen und meiner Truppe Bescheid zu sagen.»

Die beiden erhoben sich.

«Wir warten am Osttor auf dich.»

«Ich werde in einer Stunde da sein.»

Saihung eilte in das Theater zurück, das völlig verlassen war.
Die meisten seiner Kollegen waren im Anschluß an die Vorführung noch ausgegangen, denn Schauspieler liebten das
Nachtleben. Einige schliefen auch schon. Nach kurzem Überlegen schrieb er einen Abschiedsbrief, packte seine Sachen zusammen und schickte sich zum Gehen an. Das war die Chance
seines Lebens. Vor seinem Schminktisch blieb er noch ein paar Augenblicke stehen. In dem indigoblauen Licht nahm sich sein eigenes Spiegelbild gespenstisch aus. Die Schminkschälchen waren
unordentlich zur Seite geschoben. Ihre Ränder waren mit getrockneter roter, goldener, schwarzer, violetter und grüner
Farbe beschmiert. Nachdenklich betrachtete Saihung seinen
Brief, das durchscheinende Blatt Papier mit den schwarzen
Wellenlinien, das den Wendepunkt in seinem Leben bedeutete.
Neben dem Tisch lag die Kopfbedeckung für eine Generals-
rolle. Die Spiegelplättchen wirkten blind, und die leuchtend
fuchsien- und orangerot gefärbten Pelzquasten regten sich
nicht. Ein letztes Mal berührte Saihung die langen Fasanenfe-
dern. Er zog an ihnen und spürte, wie sie sich elastisch unter
seinen Fingern bogen. Schwach stieg die Erinnerung an den
Applaus des Publikums in ihm auf. Er ließ die Federn los, und
sie schnellten in die Dunkelheit zurück. Noch ehe sie zu zittern
aufhörten, hatte er den Raum verlassen.

Die Nacht war kalt, und er fröstelte. Saihung war froh über
den Schein des zunehmenden Mondes, denn er hatte keine Laterne. Der funkelnde Sprühregen der Sterne weckte auch in
ihm einen Hoffnungsschimmer.

Er entdeckte die beiden Taoisten sofort, und sie hießen ihn
willkommen. Sie brachen gleich auf. Nach einer Weile kamen
sie über einen langen hölzernen Steg. Ein treffendes Symbol,
dachte Saihung. Er würde nie wieder zurückkehren.

Noch ehe sie am anderen Ufer angelangt waren, bekam Kristallquelle einen Lachanfall. Schlanker Kürbis, der anscheinend
niemals lachte, wandte sich um und musterte Saihung mit seinem unverwandten Sphinxblick und seinem kaum merklichen
Lächeln. «Hör mal!» lachte Kristallquelle.

«Ich höre nichts außer unseren eigenen Schritten», sagte Saihung verständnislos.

«Unseren?» wiederholte Kristallquelle. «Hör noch einmal genau hin!»

Da merkte Saihung, daß man nur seine Schritte hörte. Sie waren von grotesker Lautstärke. Als die beiden Taoisten weitergingen, blieb er stehen und lauschte. Ihre Schritte waren lautlos.

Mit schweren, hallenden Schritten holte Saihung seine beiden neuen Meister ein. Sie waren immer noch erheitert.

«Du hast noch viel zu lernen», schmunzelte Kristallquelle und gab ihm einen freundschaftlichen Schlag auf die Schulter.

Sie verbrachten den Rest der Nacht in einem halbverfallenen Tempel, einem Lieblingsplatz der beiden Taoisten. Hier kam niemand her, weil es nichts zu holen gab und der Aberglauben die Menschen fernhielt. Verlassene Tempel bildeten so einen idealen Unterschlupf.

Beflissen diente Saihung den beiden Unsterblichen. Er stand im Morgengrauen auf, füllte die Flaschenkürbisse mit Wasser und sammelte Holz, um ein Feuer anzumachen. Er bespritzte seine verwöhnten Schauspielerhände mit dem kalten morgendlichen Quellwasser. Die gepflegte Haut mußte splitternden Zweigen standhalten. Wie paradox, dachte er, daß die Pflichten, die er auf dem Huashan gehaßt hatte, ihm nun so viel Freude machten. Als er in die Stadt geschickt wurde, um Proviant zu kaufen, fügte er sich bereitwillig in die Rolle des Schülers. Es war ein angenehmes Gefühl. Erst jetzt sah er ein, wie eng Dienst und Hingabe zuammengehören.

Obwohl es gerade erst hell wurde, waren bereits viele Leute unterwegs. Saihung kam an Kindern und Erwachsenen vorbei, die ihren frühmorgendlichen Aufgaben nachgingen: Bauern mit Waren auf Eselskarren, Holzfäller mit riesigen Holzladungen auf dem Rücken. Saihung holte tief Luft. Jetzt hatte er wieder Meister. Plötzlich kam er sich töricht vor. Er fragte sich, wieviel Zeit er wohl damit vergeudet hatte, die Weisheit der Ältesten zu ignorieren und seinen eigenen Weg zu gehen. Seit seinem Abschied vom Huashan waren drei Jahre vergangen, drei Jahre, in denen er wenig spirituellen Rat erhalten hatte,

außer der Stimme seines Gewissens, vor der er viel zu oft die
Ohren verschlossen hatte. Er war ein Schläger gewesen, der
sich die blauen Flecken und schmerzenden Knochenbrüche seiner Gegner als Heldentaten anrechnete. Er war ein Schauspieler
gewesen, der ganz im Ruhm seiner Kunst und in seiner Befriedigung über den Applaus aufging. Er war ein junger, reicher
Herr geworden und hatte sich das Traumschloß seiner Wunsch-
vorstellungen geschaffen. Wie leer das alles gewesen war!

Er verwünschte seine Verblendung. Ungestüm und Un-
überlegtheit sind meine größten Fehler, dachte er. Er erinnerte
sich, wie seine Aufmerksamkeit während des Unterrichts auf
dem Huashan manchmal stundenlang abgeschweift war. Die
Priester hatten ihre Lektionen nicht wiederholt, und so mußte
er eben darauf verzichten. Diese kostbaren Geheimnisse waren
für immer dahin. In den Jahren seit seinem Abschied vom
Huashan hatte er es versäumt, sich seiner Aufgabe zu widmen.

Er erinnerte sich der Aufgabe, die der Großmeister ihm
gestellt hatte. Abgesehen von ein paar Münzen, die er den
Bettlern hingeworfen hatte, hatte er nichts getan, um die Leiden anderer Menschen zu lindern. Von Ruhm und Heldentaten
besessen, war er nur seinen eigenen Launen gefolgt. Entschlossen, nicht zu versagen, sondern seinen Verwandten, Mitschülern und Meistern auf seine Art das Wasser zu reichen, hatte er
auch noch dieses letzte Geschenk des Großmeisters geopfert.

Vielleicht stand ihm hier noch eine Chance offen, mit der
Möglichkeit, wieder zu lernen, Schüler zu sein und Befreiung
zu finden. Weder Vergebung noch Entschuldigung würden
seine Fehler ungeschehen machen. Die Vergangenheit war unwiederbringlich dahin. Nun hieß es, vorwärts zu schauen und
Gutes zu tun.

Schmetterling hatte recht gehabt, dachte Saihung. Zwar
hatte sein älterer Bruder sein Leben verpfuscht, aber, was er damals in der Villa des Göttlichen Adlers gesagt hatte, stimmte
trotzdem. Das einzige Heilmittel gegen ein schlechtes Gewissen bestand darin, unbeirrt nach vorn zu schauen und seiner
spirituellen Bestimmung zu folgen. Er erledigte die Einkäufe
für die beiden Meister, und machte sich auf den Rückweg. Bis
zum Tempel waren es zwei Stunden. Und jeden Schritt konnte

er zu einem Akt der Buße, jeden Atemzug zu einer Perle im Rosenkranz seines Lebens machen.

Am Nachmittag führte Schlanker Kürbis Saihung in eine schattige Ecke des halbverfallenen, von Unkraut überwucherten Innenhofs. «Mein Bruder und ich werden dich unterweisen», sagte er. «Zuerst will ich dir in groben Zügen beschreiben, wie man den Weg beschreitet. Laß mich meine Ausführungen von gestern abend zu Ende führen. Du mußt die Geheimnisvolle Pforte suchen. Aber sie ist bewacht. Deshalb brauchst du ein Geschenk, um die Wachen zu bestechen. Als nächstes mußt du dich unsichtbar machen, um unbemerkt hindurchschlüpfen zu können. Danach mußt du lernen, zum Himmel zu fliegen; dort mußt du Lao Tzu in seinen Gemächern überrumpeln, das Fläschchen mit dem Goldenen Elixier an dich reißen, seine Bewacher erschlagen und die Mauern des Palastes niederreißen. Dann kehrst du als Unsterblicher zur Erde zurück!»

«Das erinnert mich an die Oper ‹Der Affenkönig verwüstet den Himmel›», meinte Saihung. «Die Rolle habe ich gespielt.»

«Ja, aber das hier ist keine Oper», erklärte der Meister ernst. «Setze dich hin und hör zu! Das erste, worauf es ankommt, ist die Bestechung der Wachen.»

«Und wie macht man das?»

«Gold und Edelsteine interessieren die Dämonengeneräle nicht. Ihnen kommt es auf den menschlichen Geist an. Du mußt sie mit einem Gelübde bestechen: Solltest du das Goldene Elixier erlangen, das dich von dieser irdischen Ebene befreit, wirst du dein Wissen im Rahmen der Tradition weitergeben und erst danach in die Unendlichkeit eingehen.»

«Ich verspreche alles zu tun, um den heiligen Weg zu gehen», gelobte Saihung. «Ich werde alles tun, damit es mir gelingt, Meister.»

«Nicht so voreilig», warnte Schlanker Kürbis. «Du bist offensichtlich ein schnell entschlossener Mensch, aber du solltest Schritt für Schritt vorgehen. Denn jetzt erhebt sich die Frage nach dem Fliegen. Fliegen bedeutet Schwerelosigkeit. Um so leicht sein zu können, mußt du dein Gewicht abschütteln. Du bist zu übereifrig. Du willst unbedingt Erfolg haben und hast Angst zu versagen. Das ist die Bürde deiner Emotionen. Du darfst dir Gewinn und Verlust nicht zu Herzen nehmen. Diese Einstellung mußt du hinter dir lassen. Verstehst du das?» «Ja, Meister.» «Wie du gestern abend gesagt hast, bedeutet Unsichtbarkeit stille, regungslose Meditation. In diesem Zustand kannst du durch die Geheimnisvolle Pforte schlüpfen. Dieser Eingang befindet sich in einer Region namens Kostbares Geviert mitten im Kopf in Höhe der Augenbrauen. Durch diese Pforte wirst du eines Tages das göttliche Licht erblicken, das dort ewig leuchtet. Wenn du die Drei Schätze, *ching, ch'i* und *shen* (Vitalkraft, Energie und Geist) miteinander vereinigen kannst, dann wirst du zum Himmel emporschweben. Das bedeutet, daß du diese Essenz zur Geheimnisvollen Pforte hochsteigen läßt. Das Fläschchen mit dem Goldenen Elixier an dich zu reißen bedeutet, daß deine Kanäle geöffnet sind und die Energie die Geheimnisvolle Pforte durchbricht. In der letzten Phase treten dann die Wächter in Erscheinung. Die mußt du erschlagen.»

«Wer sind denn diese Wächter?»

«Das sind die Kräfte, die aus deiner Verstrickung in die Illusion erwachsen. Dein Ich wird nicht wollen, daß du zur Erleuchtung gelangst, denn die Erleuchtung wird dein Ichgefühl zunichte machen. Deshalb wird es dich bekämpfen und versuchen, dich an der Erreichung des Zieles zu hindern.»

«Aber ist dieses Ich denn nicht mein eigentliches Selbst?» fragte Saihung.

«Das Ich kommt und geht, wird geboren und stirbt wieder. Das Selbst dagegen ist ewig. Es verändert sich nie und hat keine Substanz.»

«Wenn du sagst, ich muß mein Ich erschlagen, meinst du damit also wohl, daß mein wahres Selbst dieses Ich besiegen wird.»

Schlanker Kürbis lächelte. «In Wirklichkeit existiert das Ich gar nicht.»

«Aber wenn es nicht existiert, wie kann es dann solche Schwierigkeiten machen?»

«Eine wichtige Frage! Überleg doch einmal: Wer hat die Schwierigkeiten damit? Die Probleme existieren nur in unserer

Einbildung. Auch das Ich existiert nur in unserer Vorstellung. Aber wir verleihen ihm Substanz, und so wird es zum Werkzeug, durch das wir Schmerz und Vergnügen empfinden. Wir sind Sklaven. Wenn wir das Wesen unseres Ichs erforschen, wenn wir uns vor Augen führen, daß wir es selbst erschaffen haben, dann verschwindet das Ich und mit ihm auch der Schmerz und das Vergnügen.»

«Also bilden wir uns auch unsere Leiden nur ein?»

«Ja. Du leidest, weil du glaubst, etwas anderes zu sein, als du in Wirklichkeit bist. In Wahrheit bist du nichts anderes als dein Selbst. Du bist *ich,* ohne alle Eigenschaften, namen- und formlos. Aber weil du das nicht begreifst, klammerst du dich an Formen, Emotionen und Gedanken, und es entsteht ein Ich, das dir Form verleiht. Der Weise hingegen *ist* einfach. Er klammert sich nicht an Gedanken. Er ist still und weiß, daß er Gott ist.»

«Aber ich verstehe immer noch nicht, wie ich mein Ich erschlagen soll.»

«Glaubst du, es gibt zwei von dir? Wach auf! Das Ich existiert nur in deiner Vorstellung. Es gibt nichts außerhalb von dir. Du brauchst nur die Illusion abzuschütteln, deine imaginären Formen abzustreifen.»

«Und wer ist es dann, der die Illusion abschüttelt?»

«*Ich* schüttle die Illusion meines Ich ab. Und doch bleibe ich *ich.*»

«Also muß mein Selbst sich von dem imaginären Ich befreien, das mich an die Illusion fesselt.»

«Ja. Wir stolpern alle im Labyrinth unserer Illusionen umher. Du selbst bist das beste Beispiel dafür. Wir haben dich auf der Bühne entdeckt. Könnte es ein besseres Beispiel geben? Du warst Schauspieler, hast eine Rolle gespielt, die für die Zuschauer wirklich war, und dabei waren Schauspieler und Publikum die ganze Zeit über gleichzeitig auch noch Opfer ihres Trugbildes von der Wirklichkeit. Ein Spiel im Spiel innerhalb einer kosmischen Farce – das war dein früheres Leben. Klammere dich während des Meditierens nicht an deine Individualität! Dieses erbärmliche Schauspiel, das wir als Leben bezeichnen, ist nicht die Wirklichkeit. Wir spielen alle nur Rollen. Wir sind aus irgendeinem Grund hierhin gestellt worden, und ist das

Stück vorbei, werden wir wieder abberufen. Aber wer steckt hinter dem bemalten Gesicht? Verwechsle dein Ichgefühl nicht mit deinem wahren Wesen! Töte die Wächter! Dann bleibt nur noch eine Aufgabe übrig: die Mauern deines geistigen Palastes niederzureißen.»

Saihung erschrak plötzlich. Ihm wurde unbehaglich zumute. «Die Palastmauern müssen eingerissen werden, denn sie sind die letzte Barriere zwischen dir und der Quelle. Nur wenn wir die Mauern zerschlagen, können wir zur Quelle zurückkehren. Wenn wir mit der Quelle verschmelzen, zumindest vorübergehend während der Meditation, geben wir unser Bewußtsein von der Welt und unserer eigenen Individualität auf.»

«Aufgeben?»

«Ja, ich weiß, das ist für einen Kämpfer wie dich fast unmöglich, aber du mußt es trotzdem tun. Du mußt ganz bewußt auf alle Aktionen, Motivationen und Entscheidungen verzichten. Selbst über die äußere Form der Meditation wirst du eines Tages hinauswachsen. Die Palastmauern, das ist die Welt der Formen.»

«Und wie kann ich sie zerschlagen, indem ich etwas aufgebe? Wie kann man die Illusion auf diese Weise überwinden?»

«Illusion ist nicht gleichbedeutend mit Unwahrheit. Illusion ist die aktive Seite der Realität. Diese Aktivität erschafft Formen. Aus dieser Vielfalt erwächst die Illusion. Und doch existiert diese ganze Vielfalt mit all ihren Veränderungen nur in unserem Geist. Du schaust mich an, schaust dir den Tempel, die Berge an und vergißt, daß du eigentlich mit diesen Dingen identisch bist. Blicke auf das Bewußtsein, nicht auf die Form, dann wird die Illusion der Vielfalt und der Trennung sich auflösen! Ziehe dich vom Wechselspiel deiner Gedanken in die Stille zurück! Gib das Tun auf und verharre im Nicht-Tun! Ziehe dich an die Quelle zurück, dann werden alle Illusionen aufhören! Dann wirst du erkennen, daß Lao Tzu, das Goldene Elixier, die Wächter und die Palastmauern nur in deinem Geist existierten. Die einzige Wahrheit liegt in der Erkenntnis, daß du das formlose Eine bist. Reden allein bewirkt überhaupt nichts. Nur Anstrengung führt zum Ziel.»

Schlanker Kürbis zeigte Saihung, wie er meditieren sollte,

und erklärte die einzelnen Meditationsschritte noch einmal. Dann ließ er ihn allein.

Der Tempelraum war eine einfache Zelle. Die weiße Tünche war abgeblättert, die Wände so von Sand und Staub zerkratzt und von milchigen Schichten überlagert, daß sie nicht schäbig wirkten, sondern alt und ehrwürdig. In der Ferne erklang eine Glocke, und in der Luft hing ein schwacher Sandelholzduft wie eine uralte Erinnerung. Es herrschte eine intensive Atmosphäre der Ruhe. Man konnte die tiefe Stille beinahe spüren. Heiterer Friede hatte sich im Tempelbereich ausgebreitet. Saihung tauchte darin ein. Er ließ sich tief hineinsinken und verharrte in perfekter Haltung.

So war es vielleicht, wenn man ertrank, wenn einem innerhalb von Sekunden Flüssigkeit in Mund, Nase und alle Körperöffnungen drang, bis in alle Poren hinein, bis zu den Knochen. Doch Saihung atmete kein Wasser, sondern die Tempelluft ein, die allerdings so drückend war, daß sie beinahe flüssig wirkte. Er wurde zu Fels, zu einer steinernen Statue im Frieden des Meeresgrundes.

Außen wurde innen und nicht mehr zu unterscheiden. Nichts existierte mehr außer der Welt seiner Meditation. War Zeit der Kreislauf des Universums oder nur der gleichmäßige Rhythmus seiner Energie, die in seiner Wirbelsäule emporstieg? Jetzt spürte er, daß seine Meister recht hatten, daß der Körper ein Abbild des Universums ist. War er jetzt nicht das Universum?

Das Dunkel vor der Entstehung der Welt hüllte ihn ein, und sein Gedanke erschuf tausend Sonnen, hundert Galaxien. Sein Atem brachte den Kosmos zum Kreisen. Sein Universum entfaltete sich zu den Fünf Elementen, den Zehntausend Dingen. Er vernahm die Geräusche seiner Körperfunktionen, hörte, wie seine Nerven auf jeden Reiz reagierten, und erspürte sogar die feinen elektrischen Ströme. Er nahm unterschiedliche Gerüche wahr, die aus der komplexen Welt seiner Organe aufstiegen: einige duftend, andere faulig und widerwärtig. Er schmeckte den Strom der Flüssigkeiten und Gase. Das Universum war kein Mechanismus. Es ließ sich nicht mit den jämmerlichen Erfindungen unbedeutender Menschen vergleichen. Und es war auch

kein Organismus. Es war ewig. Es war kein göttliches Wesen.
Es umfaßte Denken und Nichtdenken, Sein und Nichtsein. All
diese Definitionen und Metaphern mußte man umkehren. Das
Universum war von unendlicher Größe, und er war ein Mikrokosmos in der Ewigkeit.

Die Meister sagten, die Welt sei eine Illusion. Und wenn der
Mensch ebenfalls ein Mikrokosmos der äußeren Welt war, dann
folgte daraus, daß auch er nur eine Illusion und ein Phantom
war, das sich einbildete, in einer nicht existierenden Realität zu
existieren. Saihung begriff, daß Meditation nicht nur ein Zustand war, sondern auch ein Weg der Erkenntnis. Doch ob er
nun existierte oder nicht, er beherrschte die Kräfte in seinem Inneren, sammelte sie, richtete sie auf einen Punkt. Die Illusion
hatte Substanz. Saihung würde den Schleier durchdringen und
die Antwort finden.

Der Strom seines Atems stieg in ihm auf, und ein Gefühl der
Wärme breitete sich in seinem Körper aus. Saihung konzentrierte sich ganz und atmete tief ein. Sein Geist schien in seinen
Körper hinabzutauchen, bis auf den Grund, und seine Lebens-
säfte zum Steigen zu bringen. Lebenslange Enthaltsamkeit und
Meditationspraxis machten es ihm leicht, Sexualenergie, Atem
und Geist zu vereinen und diese Essenz wie einen Strom flüssi-
gen Lichts nach oben zu lenken.

Die Meditation gelang. Das Aufsteigen der Energie bedeutete, daß auch er sich in spirituelle Höhen erhob. Die Energie bewegte sich mit perfekter Präzision. Seine Energiezentren öffneten sich und begannen sich zu drehen. Er spürte eine große Kraft
in sich.

Die Fähigkeiten seiner Meister, die ihm früher so unerreich-
bar vorgekommen waren, schienen nun in greifbare Nähe
gerückt. Ja, sie erschienen ihm sogar lächerlich einfach. Über-
schwengliche Freude überkam Saihung, doch in diesem Augenblick regten sich Stolz und Selbstsucht. An dem Triumph über
seine neugewonnenen Kräfte merkte er, daß jetzt nur um so größere Versuchungen auf ihn lauerten. Auf dem Gipfel höchster
Energie erkannte er, wie leicht man wieder herunterstürzen
konnte.

Der Glanz wurde immer strahlender, wie eine Kraft, die lange

Zeit zurückgehalten worden war und sich immer mehr verdichtet hatte, aber nun durchbrach und hell brannte, loderte, glühte. Das war das Goldene Licht, das durch die Geheimnisvolle Pforte strömte, der blendende Strom der Unendlichkeit. Saihung verspürte ein Zögern, eine große innere Spannung. Das waren die Wächter, sein Ich, das sich gegen die drohende Auslöschung wehrte. Er wollte weiter, aber etwas hielt ihn zurück. Das Licht begann zu flackern.

Dann sah Saihung das Licht wieder durch die Pforte strömen. Es wurde immer stärker. Er brauchte nur nachzugeben und zuzulassen, daß das Licht sein ganzes Sein in Besitz nahm. Diesmal zögerte er nur einen Augenblick, dann tauchte er in das strahlende, emporsteigende Licht ein.

Ein intensives Gefühl, als werde er von einer großen Explosion zerrissen, dann gar nichts mehr. Es gab kein Ich mehr. Es gab nur noch das Goldene Licht und die Spur seiner Hingabe.

Erst nach Stunden kam er wieder zum Bewußtsein. Irgendwie war alles aus den Fugen. Vielleicht muß ich nun sterben? fuhr es ihm durch den Kopf. Je länger er darüber nachdachte, desto näher fühlte er sich dem Tode. Sein ganzes Wesen, sein ganzes Bewußtsein war in diesem Lichtstrom aufgegangen. Doch sein Körper war in Dunkel getaucht. In seinem Inneren hatte er einen lebendigen Tag geschaffen, aber für die Hülle war nur noch eine kalte, einsame Nacht übriggeblieben. Sein Geist, so lange Zeit gefangen, war nun wie ein schöner weißer Schwan erschienen: atmend, zum Leben erwacht, voller Freude. Er zog eine Spur strahlenden Lichtes hinter sich her, ein langes, himmlisches Banner. Doch sein übriger Körper begann langsam zu verkümmern.

Saihung machte auflösende Bewegungen, die ihn in die Gegenwart zurückholten und das kleine Universum seines Körpers wieder richtig zum Funktionieren brachten. Er kannte Taoisten, die nach neunundvierzigtägiger Meditation eines spirituellen Todes gestorben waren. Was er erlebt hatte, zeigte ihm, daß er sich in ein reines Geistwesen verwandelt hätte, wenn die Meditation neunundvierzig Tage gedauert hätte. Dann hätte sein Körper jetzt sterben müssen, denn einen so langen Entzug der Lebenskraft hätte er nicht überdauert.

Aus diesem Grund übten Mönche Enthaltsamkeit, hielten sich an eine spezielle Diät, folgten einem ausgewogenen Maß von Training und Ruhe und bemühten sich um rechtes Denken: Sie taten dies, um ihre Energien zu erhalten. Das alles war nicht nur frommes Getue, sondern eine Vorsichtsmaßnahme, um beim Streben nach Erleuchtung nicht vorzeitig zu sterben. Auch er würde als Ausgleich zu seinen Meditationen eine spezielle Ernährung mit vielen Kräutern brauchen und körperliche Übungen, damit seine Verbindung zur irdischen Ebene nicht abriß. Jetzt verstand er den Sinn seines Gelübdes, anderen weiterzuhelfen: Wenn die Erleuchteten einfach in die Unendlichkeit eingingen, blieb niemand mehr übrig, um den Suchenden den Weg zu zeigen.

Saihung ruhte sich eine Weile aus, fühlte sich danach aber immer noch schwach. Seine beiden Meister saßen in ungezwungener Haltung am Feuer. Als er ihnen über seine Erfahrungen berichtete, meinten sie lächelnd, er werde sein inneres Gleichgewicht bald wiederfinden. Dann werde die Meditation sanfter verlaufen, und sein Körper werde gekräftigt sein und die starken Energieströme leichter verkraften können. Saihungs Gefühl, dem Tode nahe zu sein, schien Schlanken Kürbis gar nicht zu beunruhigen, aber es veranlaßte den Meister weiterzusprechen.

«Bevor wir das höchste Ziel verstehen können, müssen wir erst einmal den Tod begreifen. Daß wir sterben werden, ist die einzige Gewißheit, die wir im Leben haben. Einerseits befaßt sich ein Taoist intensiv mit dem Tod, denn sein wichtigstes Ziel ist es ja, über die sterbliche Ebene hinauszugelangen und dem Zyklus der Wiedergeburt zu entrinnen. Andererseits braucht er sich um den Tod nicht zu kümmern, denn er ist nur eine Stufe im Zyklus der Wandlungen.

Kennst du das Gleichnis vom Straßenräuber und seinem Opfer? Ein Reisender hat entsetzliche Angst davor, ausgeraubt zu werden, weil er glaubt, ein Vermögen in seinem Beutel zu haben. Wenn er nur wüßte, daß sein Beutel leer ist! Dann würde er ihn unbesorgt hergeben. In Wirklichkeit ist damit gemeint: Der Geldbeutel entspricht dem menschlichen Körper. Statt des Goldes enthält er nur Herbstlaub. Die Blätter sind unsere Illusion von Individualität. Doch findet sich auch etwas Wirkliches im Menschen, das viel wertvoller ist als Gold, aber es gehört ihm nicht. Es hat nicht mit unserer Geburt begonnen, ist nicht mit uns gewachsen und wird auch nicht mit unserem Tod enden. Für den Taoisten bedeutet der Tod nichts.»

«Ich fürchte, da komme ich nicht mit», seufzte Saihung.

«Schmetterlingstaoist! Schmetterlingstaoist!» lachte Kristallquelle. «Kennst du das Gleichnis vom Schmetterling nicht? Und dabei hat deine Truppe diese Oper sogar aufgeführt!»

«Ja, ich kenne das Gleichnis», erwiderte Saihung. «Aber ich sehe da keinen Zusammenhang.»

«Dann will ich dir das Gleichnis noch einmal erzählen», sagte Kristallquelle. «Ich, Chuang Tzu, träumte, ich sei ein Schmetterling. Da wachte ich auf und wußte nicht, ob ich gerade eben Chuang Tzu gewesen bin, der träumte, er sei ein Schmetterling, oder ob ich jetzt ein Schmetterling bin, der träumt, er sei ein Mensch.»

«Ja, diese Geschichte kenne ich.»

«Dann will ich dir eine Frage stellen», meinte Kristallquelle mit einem verschmitzten Augenzwinkern. «Was hätte denn ein Zuschauer gesehen?»

Saihung war verwirrt. Er hatte nur an das Paradox von Chuang Tzu und dem Schmetterling gedacht.

«Ich weiß es nicht», stotterte er.

«Ein Zuschauer hätte keinen Unterschied bemerkt», verkündete der Meister triumphierend.

Jetzt wußte Saihung gar nicht mehr weiter.

«In der Natur ist alles in ständigem Wandel begriffen», erklärte Schlanker Kürbis. «Aber es gibt ein unveränderliches Prinzip, das all diesen Veränderungen zugrunde liegt. Nehmen wir zum Beispiel das Wasser. Wasser verdunstet und wird zur Wolke. Wolken werden zu Regen, Hagel oder Schnee. Seen frieren zu und werden zu Eis. Doch bei all diesen Veränderungen behält das Wasser immer sein eigentliches Wesen bei. Manche Leute behaupten vielleicht, daß das Wasser stirbt, wenn es zu Eis gefriert oder verdunstet. Aber das ist absurd. Auch der Tod ist kein Ende, sondern nur eine Wandlung. Wir brauchen keine Angst zu haben. Sentimentale Gefühle sind völlig fehl am Platz.»

«Du siehst», fügte Kristallquelle hinzu, «Chuang Tzu ist entweder völlig durcheinander, oder er will uns ein Rätsel aufgeben. In Wirklichkeit ist er weder Chuang Tzu noch der Schmetterling. Er ist beides zugleich. Man darf sich nicht von der dualistischen Frage täuschen lassen, ob er das eine oder das andere ist, sondern muß erkennen, daß es etwas Wesentliches gibt, was allem zugrunde liegt.»

«Fürchte dich nicht vor deinen Empfindungen bei der Meditation», sagte Schlanker Kürbis abschließend. «Laß die Erscheinungen kommen und gehen! Selbst der Tod gehört zu diesen Illusionen. Identifiziere dich nicht mit den Erscheinungen, sondern schaue tief in das *tao* und in die Quelle hinein! Vergiß das Trugbild einer individuellen Existenz! Schüttle diese imaginären Fesseln ab, sie trennen dich nur von dem Weg! Laß deine Endlichkeit mit dem Unendlichen verschmelzen! Du verlierst dadurch nichts, im Gegenteil, du wirst selbst unendlich. Dann wirst du das wahre Geheimnis der Weisen begreifen: Der Geist eines Menschen, der zur Quelle zurückkehrt, wird selbst zur Quelle.»

ELF
Der Goldene Embryo

Monatelang wanderten die beiden Taoisten und Saihung kreuz und quer durch China. Alles, was ihnen auf ihrem Weg begegnete, inspirierte sie, ob es nun die nebelverhüllten, ätherischen Berggipfel waren, die ausgedörrten Wüstenflächen im Norden oder sogar die Großstädte mit ihrem hektischen Leben und Treiben. Für die beiden Taoisten gehörte alles zum Weg. Identifizierte man sich mit dem Universum, dann war es real, lehrten sie ihn. Empfand man es dagegen als etwas Außenstehendes, dann war es nicht real. Illusion und Wirklichkeit waren *yin* und *yang* und somit ein und dasselbe. Sich vom Strom des Universums mittragen zu lassen war genauso wichtig wie stille Kontemplation. Man mußte das Leben erfahren, mußte sein Wissen und seine Erkenntnisse an Menschen erproben, die sich nicht darum scherten, und auf diese Weise eine Bestätigung für die Meditationserfahrungen suchen. Lebenserfahrung, so sagten seine beiden Lehrer, wäre stets mehr wert als Bücherwissen und die Künstlichkeit der Klosterwelt.

Ihre unkonventionelle Haltung und ihre Erkenntnisse verliehen ihren Lehren einen ungewöhnlichen Charakter. Zwar untermauerten sie ihre Lektionen mit taoistischen Sprüchen, die Saihung schon seit vielen Jahren kannte, aber sie interpretierten sie häufig auf verblüffend neue Art und Weise. Ihr Wanderleben begründeten sie mit dem Satz: «Ich kenne alle Dinge des Himmels und der Erde, ohne jemals mein Haus zu verlassen.» Das war doch sicherlich ein Argument für strenge, entsagungsvolle Kontemplation, dachte Saihung. Aber nein, hatten die beiden vergnügt erwidert. Sie interpretierten diesen Satz aus einer viel weiteren Perspektive. ‹Ohne mein Haus zu verlassen› bedeutete: ohne vorzeitig zu sterben. ‹Alle Dinge des Himmels und der

Erde zu kennen› hieß, seine Lebensaufgabe zu erfüllen und sich von allen Folgen früherer Leben zu reinigen. Deshalb sahen die beiden einen ganz anderen Sinn in diesem Spruch: nämlich, daß man seine irdische Bestimmung in einem einzigen Leben erfüllen sollte. Ein solches Ziel ließ sich durch bloßes Klosterleben nicht erreichen, denn um ‹alle Dinge des Himmels und der Erde zu kennen›, mußte man persönliche Nachforschungen anstellen.

Sie verachteten traditionelles Bücherwissen und lachten über die Bemühungen der Gelehrten, obwohl sie selbst gebildet, intelligent und sehr belesen waren. Theorien betrachteten sie als müßige Spekulationen, Geschichten konnten niemals ein Ersatz für echte Abenteuer sein, und Manuskripte und Schriften waren längst nicht so viel wert wie persönliche Belehrungen durch einen Meister. Die Zersplitterung des Taoismus in Richtungen und Schulen hielten sie für Unsinn. Intellektuelles Wissen hatte nur dann einen Wert, wenn man es an sich selbst überprüfen konnte.

Büchergelehrsamkeit war ein Verstoß gegen die menschliche Natur, Etikette ein ermüdendes Joch, das die Menschen ihrem spontanen Willen aufzwangen, soziale Verpflichtungen stumpften fröhliche Gemüter nur ab, Moral bedeutete Unterdrückung. Auf ihren Wanderungen kamen sie manchmal in entlegene Dörfer oder zu kleinen Stämmen von Minderheiten, die sich ihre ursprüngliche Lebensweise bewahrt hatten. In diesen ungebildeten Menschen, frei von der strengen Gesellschaftsordnung des konfuzianischen China, entdeckten sie ihr Ideal von einem reineren, unschuldigeren Menschen. Ehrlichkeit, Zufriedenheit ohne Erfolgsstreben und ein einfaches Leben im Einklang mit der Erde und den Jahreszeiten: Das waren die wunderbaren Tugenden dieser Menschen, die nichts aus Büchern gelernt hatten und doch weise waren.

Trotzdem sollte der Mensch nach Weisheit streben, nicht nur, weil es der Natur seines Geistes entsprach, sondern auch, weil man durch Erkenntnis zur Befreiung gelangen konnte. Der Taoismus stellte hohe Anforderungen. Einerseits verlangte er, daß der Adept sich Fähigkeiten und Erkenntnisse erwerben sollte, andererseits galt der unbehauene Klotz als Ideal. Bei dem frustrierenden Streben nach Vollkommenheit war es tröstlich

zu wissen, daß man dem idealen Zustand nicht nachzujagen
brauchte – man mußte ihn nur ans Tageslicht fördern, da er bereits im Menschen angelegt war.

Die beiden Unsterblichen hatten eine widersprüchliche Einstellung zum Lernen. Einerseits verachteten sie jede Art von Erziehung, andererseits bestanden sie darauf, daß Saihung seine
Ausbildung fortsetzte.

Sie mieden das Klosterleben, und doch zogen sie sich täglich
zurück, um zu meditieren. Sie waren für Einfachheit und Un-
verdorbenheit und übten sich doch in komplizierten Techniken.
Sie wanderten kreuz und quer durch das Land und mischten sich
unter alle Bevölkerungsschichten, und doch waren sie äußerst
diszipliniert in ihrer Ernährung, ihren Gedanken, ihrem Verhalten und ihrem Tun.

«Dem Paradoxen begegnet man nur an den äußersten Grenzen des Wissens», erklärte Kristallquelle. «Und doch muß man
das Paradoxe akzeptieren, wenn man nach umfassendem Wissen strebt.

Normalerweise denken die Menschen, daß die Dinge stets
entweder so oder so sein müßten: Man ist entweder Mönch oder
Laie, entweder ungelehrt und unverdorben oder gebildet und
zynisch. Dieses dualistische Denken ist auch schuld am Dogma-
tismus der Konfuzianer und Buddhisten.

Und deshalb ist der Taoismus auch unbeliebt. Die Menschen
fürchten den Nonkonformismus. Aber in Wirklichkeit liegt es
nur an ihrer unflexiblen Einstellung, daß sie das wahre Wesen
und die kreativen Möglichkeiten unserer Methoden nicht erkennen.»

«Im Grunde», setzte Schlanker Kürbis hinzu, «besteht das Paradox des Lernens darin, daß man gebildet und einfach zugleich
sein muß.»

«Genau», bekräftigte Kristallquelle. «Man muß beides sein,
yin und *yang*. *Yin* und *yang* sind Gegensätze; sie begrenzen, er-
gänzen, zerstören sich gegenseitig. Wenn du gelehrt sein möchtest, mußt du auch so sein. Akzeptiere das Paradoxe und mache
es zu einem Teil deines Wesens, mein Junge! Tust du das nicht,
bist du dazu verdammt, mit lauter Widersprüchen zu leben.»

«Wie bitte?» fragte Saihung.

«Widersprüche!» schnauzte Kristallquelle ihn scharf an. «Verwechsle widersprüchlich nur ja nicht mit paradox, sonst werden wir nie mit diesem Geschwätz fertig.»

«Tut mir leid», entschuldigte sich Saihung. «Könntest du mir das alles nicht doch noch ein bißchen genauer erklären?»

«Ich meine damit nur», sagte Kristallquelle, «daß Menschen, die das Paradoxe nicht in ihr Wissen aufnehmen, ihr Leben lang über die Widersprüche stolpern werden, die sich zwangsläufig aus ihren rationalen Überlegungen ergeben. Innerhalb des starren Rahmens ihrer Dogmen finden sie keine Erklärung für diese Widersprüche. Deshalb machen diese Dogmen ihr Denken unfruchtbar.»

Das Wissen und seine Geschichte bildeten die Tradition, und die Tradition war sinnvoll, selbst für diejenigen Taoisten, die alle überkommenen Werte in Frage stellten. Das tradierte Wissen bedeutete eine große Hilfe für den Anfänger, denn es gab seinen ersten Schritten Halt. Die Tradition lieferte den Nährboden für seine Bemühungen: Sie lud zu spontanen Exkursionen innerhalb ihrer Grenzen ein und gestattete gleichzeitig auch vernünftige Versuche, ihre Grenzen zu erweitern.

Da das traditionelle Wissen mehr umfaßte, als ein einzelner Mensch erlernen konnte, bot es dem Suchenden viele Auswahlmöglichkeiten. Es war vernünftig, so viel zu lernen, wie man brauchte, um an die Grenzen zu gelangen. Man machte sich das Wissen zunutze, das bereits vorhanden war, und konnte sich seine kreativen Bemühungen für den Sprung ins Unbekannte aufsparen.

Ein einziger Mensch konnte sich niemals das ganze Wissen der Menschheit aneignen. Es waren zwölftausend Kräuter bekannt, doch nicht einmal der begabteste Arzt verwendete sie alle. Das chinesische Wörterbuch enthielt weit über zehntausend Schriftzeichen, aber selbst der größte Gelehrte konnte sie nicht alle erklären. Wer nach Wissen strebte, der erforschte ein unendliches Universum, das sich an seinen äußersten Rändern zu Paradoxen und Widersprüchen ausfranste. Es kam nur darauf an, daß Saihung weiterlernte und Erfahrungen sammelte, um sich vor der geistigen Erstarrung des Selbstzufriedenen zu schützen und auf dem Weg zu bleiben.

Die beiden Unsterblichen lebten nach der Maxime: «Magie kennen, Magie meiden.» Man sollte Magie erlernen, aber nicht, um sie einzusetzen, sondern um ihr aus dem Weg gehen zu können. Nur mit dem Wissen um Magie konnte man sichergehen, von ihrem Einfluß frei zu sein. Magie stand stellvertretend für alle möglichen anderen Begriffe: Wissen, Tradition, Kampfkunst, Politik und vieles andere mehr. Saihung hatte genug Gelegenheit, die Wirksamkeit dieser Weisheit zu erfahren: In der Zeit, die er mit den beiden Taoisten verbrachte, gerieten sie nie in Gefahr. Sie wurden weder von Räubern angegriffen noch von wilden Tieren bedroht, noch von Soldaten angehalten. Saihung mußte erstaunt zugeben, daß er nie zu kämpfen brauchte, wenn er mit den beiden zusammen war. Seine Meister waren über alle Künste erhaben. So wie sie eine Brücke lautlos überqueren konnten, folgten sie auch dem Weg. Sie kannten keine Furcht. Sie hatten das Paradoxe zu einem Teil ihres Wesens gemacht. Als Saihung das Gespräch darauf brachte, wiesen sie auf einen Tempel in der Ferne.

«Magie ist für Dummköpfe, Götter sind für Hirnlose», sagte Kristallquelle. «Die Wahrheit ist subtil und schwer faßbar. Was dir an uns aufgefallen ist, ist nicht die Frucht unseres Wissens, sondern ein Zeichen von etwas viel Größerem. Es stimmt schon, Wissen ist wichtig, aber nicht das Entscheidende.»

«Was ist Wahrheit?» fragte Schlanker Kürbis rhetorisch. «Worauf können wir vertrauen? Sicherlich nicht auf die Welt, die doch nur eine Illusion ist, ein Theaterstück mit kunstvollen Kostümen, blendenden Bühnenbildern, berauschender Musik und faszinierenden Figuren, voller Pathos, Tragik, Glück und Sehnsucht. Aber sie ist nicht realer als die Opern, in denen du früher mitgespielt hast. Alles, was du erlebst, alles, was du siehst, ist nur ein Spiel unsichtbarer Elemente. Wir sehen die fünf Farben, schmecken die fünf Geschmacksrichtungen und hören die fünf Töne. Das halten wir für Realität, aber ich sage dir, diese Welt ist nichts weiter als eine Farce, ein kaleidoskopisches Spiel von Schatten, Farben und Spiegelbildern.»

«Alles Wissen ist unendlich», fuhr Kristallquelle fort, «und doch ist es nur eine ungefähre Annäherung an die höchste Wahrheit. Man sollte das Wissen kennen, um ihm aus dem Weg gehen zu können. Man kann sich auf nichts verlassen außer auf seine eigene innere Wahrnehmung. Sollen wir unsere Wahrheit auf den Göttern aufbauen? Wir wissen nur wenig über sie. Die Tempel und Schriften sind nur ein religiöses Spektakel für die gewöhnlichen Menschen. In Wirklichkeit sind die Götter ganz anders. Nein, man soll seine Wahrheit nicht auf irgendeinem Ideal aufbauen, so göttlich es auch sein mag.»

«Aber die Schriften sind doch heilig», protestierte Saihung. «Enthalten sie denn nicht die Wahrheit?»

«Die Schriften wurden von Menschen verfaßt», erklärte Schlanker Kürbis geduldig. «Als ungefähre Richtlinie sind sie durchaus zu gebrauchen. Im Vergleich zum getrübten Geisteszustand des Durchschnittsmenschen enthalten sie immer noch außerordentlich viel Wahrheit. Aber für den Erleuchteten sind die Schriften nur Totengeld und die Götter nur Strohhunde.»

«Auf dem Huashan hieß es, man müsse den Inhalt der *Sieben Bambustafeln* beherrschen. Ich habe diese Bücher noch nie gesehen. Ich habe keine Ahnung, wie weit der Weg ist, der noch vor mir liegt. Und jetzt behauptet ihr, daß all meine Bemühungen nur eine Illusion waren?»

«Der Legende nach wurden die *Sieben Bambustafeln* vom Gott der Langlebigkeit zur Erde gebracht», erklärte Kristallquelle. «Selbst im Altertum waren die Menschen unvollkommen, und die Götter sandten Boten herab, um ihnen zu helfen. Manchmal brachten diese Boten auch Schriften auf die Erde, die der Unterweisung dienten. Ein solches Geschenk waren die *Sieben Bambustafeln*.

Aber die Götter versteckten die Tafeln in einer Höhle auf einem hohen Gipfel im Kunlun-Gebirge. Die Menschen sollten sich dieses Geschenks erst einmal als würdig erweisen. Nur ein Held konnte die Tafeln erringen. Die Weisen wählten ein Kind aus, das sie mit dem Ziel aufzogen, daß es sich eines Tages auf die Suche begeben sollte. Dieses Kind war recht ungewöhnlich. Der Legende nach wurde es aus einem Ei geboren, das ein kinderloser Bauer beim Holzsammeln fand. Er nahm es mit nach Hause, und bald schlüpfte ein hübscher Junge aus. Dieser Junge wurde für die Suche nach den *Sieben Bambustafeln* ausgebildet.

Das geschah vor vielen Jahrhunderten. Das Original existiert

immer noch, aber während der Opiumkriege hat man es auf
dem heiligen Berg Maoshan versteckt. Es gibt auch Kopien davon mit vielen Kommentaren, die Generationen von Meistern
hinzugefügt haben. Außerdem besitzt jede taoistische Schule
eine andere Fassung dieses Werks.

Im wesentlichen sind in den *Sieben Bambustafeln* 360 Pfade zur
Erleuchtung beschrieben. Diese Zahl entspricht der Gradeintei-
lung des Kreises. Dieses Werk deckt alle Methoden ab, vom rein
asketischen und meditativen Weg bis hin zu den umstritte-
nen sexuellen Praktiken. Philosophie, Atemtechniken, Alchimie,
Drogen, Rituale, Zeremonien und fromme Hingabe: Alle möglichen Wege, einen höheren Zustand zu erlangen, sind in dem
Buch erörtert, analysiert und für spätere Generationen festge-
halten. Selbst der Kampfkunst ist ein Teil dieses heiligen Werkes
gewidmet, aber nicht dem Kampf als kriegerischer Kunst, sondern als Weg des Studiums, der Disziplin und der körperlichen
Übung.

In den *Sieben Bambustafeln* steht alles, was du meistern mußt,
das stimmt. Doch durch bloßes Lesen und Verstehen be-
herrschst du das Wissen noch lange nicht. Wichtig ist, daß du
deine spirituelle Aufgabe voll und ganz erfüllst.»

«Du mußt über das bloße Buch hinausschauen», ergänzte
Schlanker Kürbis. «So wie dieses Buch den vollen Kreis der 360
Methoden beschreibt, mußt auch du dich zu einer vollständigen,
abgerundeten Persönlichkeit entwickeln. Klammere dich nicht
an engstirnige Lehren! Betrachte das Buch nur als Rahmen, als
Gerüst! In dem Maße, wie wir uns auf die Tradition besinnen,
können wir uns auch wieder in die Lüfte emporschwingen.»

«Es spielt keine Rolle», meinte Kristallquelle, «ob du die *Sieben Bambustafeln* liest oder nicht. Vielleicht wirst du sie so langweilig finden wie ein Wörterbuch, und so sehen sie auch aus.
Aber nimm die einzelnen Elemente des Buches in dich auf und
nutze sie, lasse sie in den Schmelztiegel des Lebens einfließen
und mit deiner eigenen, einmaligen Persönlichkeit verschmelzen! Halte dich nicht dogmatisch an ein bestimmtes Buch, nicht
einmal an die heiligste Schrift! Es wäre dumm, ein Buch für das
Wort der Götter zu halten.»

«Letzten Endes liegt die Wahrheit nicht in der Gelehrsamkeit, denn irgendwann stößt man unweigerlich an die Grenzen seiner Fähigkeiten», fuhr Schlanker Kürbis fort. «Deshalb kann man die Wahrheit nur erlangen, indem man das Ich überwindet. Das Ich ist nur ein Teil dieser großen Komödie. Das Spirituelle ist die Kraft, die das Spiel mit Leben erfüllt. Durch Meditation kann man mit dem Spirituellen eins werden. In den höchsten Stufen geht das Ich in einem umfassenderen Bewußtsein auf. Die Individualität geht verloren, alle Leistungen und erlernten Fähigkeiten werden irrelevant. Wissenserwerb ist wichtig für geistiges Wachstum und Gesundheit, und man kann damit auch anderen helfen. Doch letztlich sollten wir nur nach der kunstlosen Kunst der Meditation streben, in der wir über alle Fähigkeiten und Kenntnisse hinauswachsen.»

Die Wahrheit, klang es in Saihung. Jahrelang hatte er Wissen angehäuft, Methoden erlernt, alte Schriften gesammelt und war bei vielen großen Lehrern in die Schule gegangen. Aber trotz allem stand er nun mit leeren Händen da. Er dachte wieder an das Gleichnis vom Straßenräuber und dem Geldbeutel und an die *Sieben Bambustafeln aus dem Wolkenbeutel*. Die beiden Unsterblichen hatten ihm gezeigt, daß sein Beutel nur Herbstlaub enthielt. Und der Wolkenbeutel – was für ein Witz! Das Wissen der Weisen war nichts als eine sanfte Methode, den Schüler zu der Erkenntnis zu führen, daß es etwas gab, was über alles Wissen hinausging. Zivilisation und Kultur waren nur ein Schattenspiel, eine trübe Projektion des Lichts der Wahrheit auf der Leinwand des Lebens. Was für ein Dummkopf er gewesen war! Aber, so tröstete er sich, ein Augenblick der Scham war immer noch besser als ein verfehltes Leben. Er schlenderte an den Rand des Abgrundes, ließ seine Blicke schweifen und dachte voller Dankbarkeit an seinen Meister auf dem Huashan . Er war es, der Saihung auf den Weg gebracht, jahrelang geduldig darauf hingearbeitet und damit auf diesen Augenblick vorbereitet hatte.

Berge wirkten stets beruhigend auf Saihung. Inmitten ihrer Erhabenheit sah er das Leben aus einer anderen Warte als unten in der Ebene. Ihre Herrlichkeit ließ die großen Städte klein und unbedeutend erscheinen. Hier kamen ihm seine eigenen Sorgen und Empfindungen überflüssig vor. Hoch oben auf dem hohen, unberührten Granitgipfel hatte er das Gefühl, am Rande der Welt zu stehen, nur einen Atemzug von den Grenzen des Himmels entfernt. Wo er auch hinschaute, beim Ausblick auf den weiten Horizont fielen alle Enttäuschungen und Probleme von ihm ab. Seine Seele sehnte sich danach zu fliegen, sich in die Lüfte zu erheben, ganz im Raum zwischen Gebirge und Himmel aufzugehen. Es war ein warmer, sonniger Tag. Saihung lehnte sich im Schatten einer ehrwürdigen alten Kiefer zurück, um weiter den Ausführungen von Schlankem Kürbis zu lauschen.

«Unser Körper, unsere Vorstellung und unser Atem sind die einzigen Werkzeuge, die uns unmittelbar zur Verfügung stehen, wenn wir mit unseren spirituellen Übungen beginnen. Wir können nicht gleich mit tieferen Seinszuständen und Kräften in Verbindung treten. Erst müssen wir jene Teile einsetzen, die sich am leichtesten unter unsere bewußte Kontrolle bringen lassen, um dann später mit ihrer Hilfe speziellere Fähigkeiten zu erwerben.

Das Paradoxe daran ist, daß diese Aspekte unseres Ichs uns auch behindern können, wenn wir sie nicht unter Kontrolle haben. Der Körper kann durch Krankheit so sehr verfallen, daß wir unsere Übungen nicht mehr ausführen können. Die Vorstellungskraft kann mit uns durchgehen und unsere wahre Seele hinter wilden Phantasien verschleiern. Wenn wir unsere Atmung nur ihrem automatischen Ablauf überlassen, kann sie nie mehr sein als ein Werkzeug, mit dem wir unsere physische Hülle mit Sauerstoff versorgen.

Aber das erste Stadium der spirituellen Übungen beginnt beim Greifbaren, Materiellen. Wir trainieren unseren Körper durch Dehnungsübungen, bestimmte Haltungen, Kampfkunst und bewußtes Atmen. Der Körper und seine Gesundheit bilden die Grundlage für unsere weiteren Fortschritte.

Die Vorstellungskraft setzt uns Ziele und leitet jene Energien, die sich normalerweise nicht unter unserer bewußten Kontrolle befinden. Ihre mächtigen Botschaften können nicht nur unseren Geist, sondern auch unseren Körper überwältigen. Der Atem ist nicht nur die erste Funktion, die wir unter die Kontrolle des Bewußtseins bringen können, sondern auch das Bindeglied zwischen Körper und Geist. Auf seinen Rhythmus und seine Frequenz reagiert unser Geist mit entsprechend veränderten Bewußtseinszuständen.

Nur durch Disziplin können wir etwas erreichen. Zügel lenken das wilde Pferd, Regeln unseren Geist. In dem Augenblick des Zielens ist ein Bogen der höchsten Spannung ausgesetzt. Wenn wir die Spannung freisetzen, trifft der Pfeil mit aller Kraft ins Ziel. Heute möchte ich dir eine neue Technik beibringen, die für deine Entwicklung wichtig ist: die Erschaffung des Goldenen Embryos. Goldener Embryo ist unsere Bezeichnung für ein sehr mächtiges Kraftfeld, das wir in unserem Unterleib erschaffen. Er stärkt den Körper und schützt die Organe. Wenn die Haare ausfallen, unsere Haut faltig wird, die Glieder steif werden, Sehkraft, Gehör und Gedächtnis nachlassen, Muskeln und Wille schwach werden und die Vitalität dahinschwindet, so sind das alles Zeichen des allmählichen Verfalls. Der Goldene Embryo versorgt uns wieder mit Energie, er läßt Lebenskraft in alle Teile unseres Körpers strömen und verjüngt ihn.»

«Wird man dadurch unsterblich?» fragte Saihung.

«Ja, aber nicht im Sinn eines ewigen Lebens in dieser sterblichen Gestalt», antwortete der Meister. «Doch dein Atem und deine Lebensdauer werden sich verlängern, so daß du lange genug lebst, um zur Erleuchtung zu gelangen. Der Goldene Embryo hängt auch mit einem anderen wichtigen Aspekt zusammen: dem spirituellen Tod.»

«Nicht nur die Taoisten kennen den spirituellen Tod», erklärte Kristallquelle ernst. «Die Buddhisten nennen ihn *nirwana,* die Hindus *mahasamadhi* und die Taoisten ‹Einswerden mit der Leerheit›. Ist das nicht merkwürdig? Sobald wir vom Embryo sprechen, müssen wir uns auch mit dem Tod auseinandersetzen.»

Sie belehrten Saihung, daß jeder Mensch drei Ichs hat: das animalische, das astrale und das spirituelle. Das animalische Ich besteht aus den menschlichen Instinkten, Trieben und Begierden. Es entsteht bei der Geburt, bleibt bis zum Tod im Körper gefangen und verfällt zusammen mit ihm. Das astrale Ich ist das ererbte Ich. Es verkörpert das Erbgut unserer Ahnen, nicht nur das physische, sondern auch das geistige und emotionale.

Diese ererbte Persönlichkeit bestimmt weitgehend unser Schicksal, denn sie bildet die Grundlage für unsere möglichen Fortschritte und umfaßt auch die spirituellen Eigenschaften der Vorfahren. Die übrigen Faktoren, die das Geschick eines Menschen bestimmen, sind seine Erziehung, seine Ausbildung und seine eigenen Handlungen. Außerdem lenkt das astrale Ich die Verstandestätigkeit.

Das spirituelle Ich ist jenes Element des Menschen, das sich auf der Reise befindet: der unsterbliche Geist, den keine physische Kraft zerstören kann. Sein einziges Ziel besteht darin, zur kosmischen Quelle zurückzukehren. Dazu muß er lernen und sich von allem Negativen reinigen, um mit dem großen Einen zu verschmelzen.

Diese drei Ichs wirken im täglichen Leben. Bei allem, was wir tun, fungieren die drei Ichs gleichberechtigt als leitende Instanz. Doch kann es vorkommen, daß bei Entscheidungen eines der drei Ichs dominiert und damit der Handlung eine bestimmte Richtung gibt.

Die beiden Unsterblichen erinnerten Saihung daran, wie wichtig es war, eines spirituellen Todes zu sterben, um mit der Leerheit zu verschmelzen und sich so vom Zyklus der Wiedergeburt zu befreien. Das setzte voraus, daß man völlig frei von irdischen Bindungen sein mußte. Familie und Kinder fesselten einen an den Kreislauf der Wiedergeburt. Indem man sein physisches und geistiges Erbe weitergab, setzte man sein Karma fort. Deshalb hatten die Weisen im biologischen Sinn keine Kinder.

Wer alle Anforderungen erfüllte, der konnte durch ein asketisches Leben seine drei Ichs zu der Goldenen Perle verschmelzen. Dieser aus den drei Ichs gebildete Geistkörper war in der Lage, im richtigen Augenblick den Körper zu verlassen. Er stieg so hoch empor, wie er konnte, und erreichte eine neue Ebene. Doch selbst unter den Weisen gab es nur wenige, die direkt zur Quelle zurückkehren konnten. Meistens ging der Geistkörper erst einmal in eine höhere Astralebene über, wo es keine Geburt und keinen Tod mehr gab und alles nur durch die Kraft der Gedanken geschah. Dort machte der Geist weitere Wandlungen durch, bis er schließlich mit der Leerheit verschmolz.

Es bedurfte gewaltiger Anstrengungen, um seine drei Ichs

miteinander zu verschmelzen und über die irdische Ebene hinauszuwachsen. Doch das genügte noch nicht, denn nach taoistischer Auffassung mußte man neununddreißig Existenzebenen durchlaufen, ehe man zur Quelle zurückkehren konnte. Das irdische Leben war die unterste Ebene.

Alles begann mit der Erschaffung des Goldenen Embryos. Der Goldene Embryo unterstützte die Energie, die den Adepten am Leben erhielt und ihm die Kraft zu seinem endgültigen Aufstieg gab. Die Taoisten waren davon überzeugt, daß ein Meister kurz vor seinem Tod seinen Goldenen Embryo in den Körper seines Schülers hineinprojizieren konnte. Dadurch wurde der Schüler sein Kind und empfing die Kraft des Meisters, doch gleichzeitig übernahm er damit auch das Karma seines Meisters. Diese besondere Technik der Übertragung wurde nur selten angewandt.

Um den Goldenen Embryo zu erschaffen, mußte man sich ein komplexes System des *ch'ikung* aneignen. Es gab verschiedene Möglichkeiten, beispielsweise den Kleinen Energiekreislauf, die Meditation auf die Zwölf Meridiane oder den Einsatz des *ch'i* zur Öffnung der Acht Wunderbaren Gefäße. Diese Techniken hatte Saihung schon auf dem Huashan gelernt. Sie dienten alle dazu, die zwölf Hauptmeridiane und die acht Sondermeridiane zu öffnen.

War das erreicht, mußte man sich das Licht der Geheimnisvollen Pforte nicht nur vorstellen, sondern es tatsächlich wahrnehmen. Dieses Licht war reine Lebenskraft. Als nächstes sollte man es zum tant'ien , dem Zinnoberfeld, hinunterlenken. Anschließend mußte man dieses Licht mehrmals von seinem *tant'ien* zum Roten Palast direkt unter dem Herzen auf- und absteigen lassen. Dadurch entstand der Goldene Embryo.

In einer dunklen, stillen Nacht praktizierte Saihung diese neue Meditation zum erstenmal. Er setzte sich in eine leere Zelle in dem verfallenen Kloster, in dem sie nun schon eine Zeitlang wohnten.

Mit gekreuzten Beinen saß er auf einer Grasmatte, ohne die schönen Gebetsteppiche und Hirschfelle, die er auf dem Huashan benutzt hatte. Er brachte die Beine in die richtige Position und legte die Hände ineinander. Er brachte seinen Körper in eine ideale Ausrichtung. Sein Körper und sein Geist kamen schnell zur Ruhe. Er atmete bis an die Wurzel des Lebens hinab. Die freigesetzte Energie konnte nur in den Kanal aufsteigen, der dafür vorgesehen war.

Seine Meditation folgte dem vorgegebenen Ablauf. Die Energiezentren lagen auf einer geraden Linie in der Körpermitte. Jedes hatte seine Farben und Muster. Seine Energie strömte durch seine Meridiane. Das Netz der Bahnen und Punkte pulsierte vor intensiver Energie. Allmählich sammelte sich die Energie und der Aufstieg begann.

Saihung spürte eine große Kraft in sich. Er empfand Selbstvertrauen, Zuversicht, aber auch eine Ahnung von Gefahr. Nur wenn es ihm gelang, die Energie aufsteigen zu lassen, würde er ans Ziel gelangen. Aber die innere Struktur, an der er sich ausgerichtet hatte, kannte keine Moral. Die Meditation schenkte ihm zwar Kraft und Erfüllung, nahm ihm aber die Entscheidung zwischen Gut und Böse nicht ab. Allein durch Meditation wurde der Mensch nicht gut, sie gab ihm vielmehr eine Macht in die Hand, die jeden in Versuchung führen konnte. Das war die Falle, in der die Unwürdigen sich verfingen.

Er ließ die Energie höher steigen, und wurde sich dabei der Gefahr bewußt, in Sphären zu verweilen, die ihm magische Fähigkeiten schenken konnten. Er führte die Energie noch höher hinauf, in die Zentren oberhalb des Herzens, dorthin wo er das Reich der Sinne hinter sich lassen würde.

Alles war still. Jede noch so geringe Regung hätte den empfindlichen Lauf der Energie gestört, den leuchtenden Faden zum Zerreißen gebracht. Saihung durchbrach das Tor zu seinem Schädel, den Jade-Angelpunkt, betrat Lao Tzus Grotte, und seine Seele tauchte in ein goldenes Licht ein. Das Licht erfüllte ihn wie das lebenspendende Strahlen der Sonne, das göttliche Feuer von tausend Sternen. Er wurde eins damit. Das war Glückseligkeit. Hier herrschte das Gute, die göttliche heilige Kraft, vollkommener Friede und die Gewißheit der Unsterblichkeit.

Wie einfach das alles war! Göttlichkeit und Unsterblichkeit existierten in uns allen. Das konnte man wirklich erfahren, ohne sein Haus zu verlassen.

Wie aufreibend mußte es für seinen Meister gewesen sein, ihm immer wieder Dinge zu erklären, die für ihn so selbstverständlich waren wie die Nase in seinem Gesicht. Jetzt begriff Saihung, daß es nichts in der Sinnenwelt gab, was sich damit vergleichen ließ: keine Kampfkunst, kein erlesenes Porzellan, keine große Literatur, weder Ruhm noch Vermögen. Nichts kam diesem strahlenden Licht der Lebenskraft gleich.

Diese reine Energie, die Essenz der Männlichkeit, konnte Leben schenken. Sie war die Inspiration, die das Universum in Bewegung gesetzt hatte. Dieser Lichtstrahl hatte das dunkle Chaos erhellt und die Welt erschaffen. Jetzt drang dieser Lichtstrahl durch seinen Körper hindurch zum Zinnoberfeld, dem Ort der Fruchtbarkeit. Der funkelnde Strahl pflügte den fruchtbaren Boden des Feldes, der von seinen Lebenssäften bewässert wurde. Er erwärmte das Tal, und Saihung spürte, daß nun der Zeitpunkt der Schöpfung gekommen war. Der Goldene Embryo würde entstehen.

Worte können die Herrlichkeit der spirituellen Erfüllung nicht beschreiben. Nichts kann die Tiefe der spirituellen Geburt erfassen. Die Taoisten haben das menschliche Potential entdeckt, seine Kraft, seine Fruchtbarkeit. Sie haben eine Methode gefunden, die Lebensenergie so zu verwandeln und zu lenken, daß man das Unsterbliche von der physischen Schale befreien kann. Das war das Ziel bei der Meditation des Goldenen Embryos: den physischen Körper so zu verwandeln und zu beherrschen, daß die unsterbliche Seele bewußt daraus aufsteigen konnte.

Er war wiedergeboren worden, hatte Geburt und Schöpfung erlebt. Aber Leben und Tod gehören zusammen. Als Saihung zum wahren Leben erwachte, begegnete ihm auch der Große Tod. Gegen Ende des Jahres kurz nach Herbstanfang wanderten die drei in der Provinz Chiangsu in Richtung Maoshan. In den Bergen entdeckten sie eine stille, abgeschiedene Höhle. Am Morgen und am Abend wälzten sich Nebelschwaden durch die Pässe und Abgründe wie eine Flut, die sich zwischen die Felsen ergießt. Sie waren ganz allein hier. Vögel zwitscherten, der kleine Bach in der Nähe plätscherte munter dahin, und der Wind raschelte mit den Herbstblättern. Saihung warf den beiden Unsterblichen einen Blick zu. Sie wirkten friedlich und gelassen.

«Bald», sagte Schlanker Kürbis, «werden wir diese Welt verlassen.»

«Wer weiß, wie lange wir schon in diesem staubigen Tal umhergewandert sind», setzte Kristallquelle hinzu. «Schade, daß seine Reize so vergänglich sind!»

«Geh in die Stadt und kaufe Vorräte ein!» forderte Schlanker Kürbis ihn auf. «Und dann mußt du einen Scheiterhaufen für uns errichten.»

Saihung verneigte sich und wandte sich gehorsam zum Gehen. Doch innerlich war er aufgewühlt. Er hatte früher auf dem Huashan erlebt, wie Meister den Körper verließen, eine der größten Leistungen, die ein Taoist vollbringen konnte. Doch da es sich nie um einen seiner eigenen Lehrer gehandelt hatte, hatten ihn diese Erfahrungen nicht besonders tief berührt. Doch angesichts des bevorstehenden Todes von Schlankem Kürbis und Kristallquelle geriet er in Panik.

Sie würden sterben. Obwohl er schon seit seiner Kindheit wußte, daß ein normaler Tod nur eine Verwandlung ist und daß der spirituelle Tod einen Aufstieg in eine höhere Dimension bedeutet, fühlte er sich plötzlich einsam. Die beiden verließen ihn, überließen ihn sich selbst und seinen eigenen Bemühungen, entzogen ihm ihre Anleitung und damit jene beruhigende Gewißheit, daß jede Handlung, die sie guthießen, richtig war. Saihung hatte sich daran gewöhnt, wieder Meister zu haben. Im Grunde war er nie ganz von diesem Muster frei gewesen. Selbst seine Rebellion war immer noch an jene Autorität geknüpft gewesen, gegen die sie sich angeblich auflehnte. Er fragte sich, was er ohne die beiden anfangen würde. Sollte er auf den Huashan, in die Oper oder zu Wang Tzu-p'ing zurückkehren? Keine dieser Alternativen reizte ihn, außer einer einzigen, die er instinktiv als richtig erkannte: daß sein Leben immer in irgendeiner Form der Spiritualität geweiht sein würde. Alles andere war vergänglich und unsicher. Selbst jetzt, während er Holz spaltete und Tage damit zubrachte, einen Scheiterhaufen zu errichten, war ihm klar, daß jedes Werk von Menschenhand unweigerlich früher oder später vergeht.

Am Morgen des Tages, den die beiden Taoisten festgesetzt
hatten, war es kalt und neblig. Die zwei saßen in der Höhle und
meditierten. Als der Tag sich dem Ende zuneigte, betrachtete
Saihung sie im roten Licht des Feuers. Schlanker Kürbis, fein-
gliedrig, kerzengerade wie eine Säule, wirkte älter und ein bißchen runzeliger als sein Bruder. Im Licht des Feuers loderten
seine feinen weißen Haare wie Blitze. Seine Augen waren immer noch dieselben durchsichtigen, rätselhaften Edelsteine, die
sie immer gewesen waren. Kristallquelle machte einen statt-
licheren Eindruck. Den Blick leidenschaftslos durch den Höh-
leneingang ins Freie gerichtet, saß er unbeweglich da. Sein sanf-
tes Gesicht wirkte gelassen und entschlossen. Der Gedanke, daß
diese beiden Männer in ein paar Stunden nicht mehr da sein
würden, verblüffte Saihung. Er fragte sich, ob sie wohl Sehnsucht empfanden oder ob sich andere Gefühle in ihnen regten,
wenn sie an ihre Reise ins Unbekannte dachten.

«Ein Weiser weiß, wie man seine Seele ins große Jenseits
schickt», flüsterte Schlanker Kürbis. «Er hat bereits höhere Existenzebenen gesehen. Deshalb richtet er seinen Geist bei seinem
Tod fest auf den Ort, an den er sich begeben möchte. Und sobald er stirbt, geht seine Seele dorthin.»

«Bei einem gewöhnlichen Menschen dagegen werden die drei
Ichs in alle Winde verstreut», ergänzte Kristallquelle. «Sie verstricken sich wieder in die Umdrehungen des Lebensrades und
kehren in neuer Gestalt zurück, aber leider kommen sie wieder
in die gleiche irdische Hölle. Übe weiter, damit du dich von dieser sterblichen Ebene befreien kannst!»

«Du bist noch so jung», sagte Schlanker Kürbis mitfühlend.
«Schade, daß wir uns nicht eher begegnet sind! Aber unsere
Stunde ist gekommen. Bleibe auf dem Weg, und kehre zu deinem Meister auf den Huashan zurück! Er wird dich mit Sorgfalt
und Güte leiten.»

«Sei nicht traurig, wenn wir scheiden», tröstete Kristallquelle,
als er sah, wie Saihungs Augen sich röteten. «Das hier ist nur
unsere Hülle. Es sind nichts weiter als ein paar Kleidungsstücke,
die wir ablegen. Unser wahres Selbst wird strahlend und rein
daraus hervorgehen. Sei nicht traurig! Freu dich über unseren
Sieg!»

«Lebewohl», sagte Schlanker Kürbis und schloß langsam die Augen.

«Bis bald am anderen Ufer, mein Junge!» sagte Kristallquelle und lächelte beruhigend. Dann schlossen sich auch seine Augen.

Saihung betrachtete die beiden reglosen Körper. Aber er wußte, daß in ihrer unbewegten äußeren Schale eine ungeheure Dynamik in Gang kam. Ein Energiestrom, mächtiger als jeder andere, den sie je erlebt hatten, schoß in ihre Schädel empor. Langsam gingen ihre Körper in die Nacht ein. Ihre Arterien zogen sich zusammen. Ihre Organe hörten auf zu arbeiten und trockneten aus. Ihre Nerven wurden stumpf und empfindungslos. Jede Spur von Lebenskraft wurde nach oben gezogen und von ihrem Körper abgeschnitten. Ihr Körper befand sich nun in einem Zustand der Sonnenfinsternis. Die Sonne war in ihrem Kopf eingeschlossen. Ihre drei Ichs verschmolzen zu einem einzigen, bis der Geist der beiden Meister sich schließlich emporschwingen würde.

Doch von all dem sah Saihung nichts. Er wußte, daß dieser Prozeß ungefähr zwanzig Minuten dauerte, aber er wartete doppelt so lange und betrachtete seine beiden Meister gespannt. Waren sie schon fort? Oder saßen sie nur regungslos da? In Gedanken wiederholte er immer wieder, was er als nächstes tun sollte, als könne ihn das beruhigen.

Schließlich erhob er sich, um nach den beiden zu sehen. Weder Atem noch Puls waren zu spüren. Sie waren tot. Sie hatten Leben und Tod überwunden und vielleicht sogar den kosmischen Zyklus selbst überlistet. Allein auf der Erde zurückgelassen, blieb ihm nichts weiter als die Erinnerung an sie. Nun war er wieder anfällig für Verletzungen, Unfälle, Krankheiten, seine Charakterschwächen und die Schläge des Schicksals. Ihm war zumute wie einem kleinen Jungen, den die Eltern allein zurückgelassen hatten in einem Haus voller Gegenstände, deren Sinn ihm nie völlig klargeworden war. Der Mythos der Unverletzlichkeit schien tief in der menschlichen Psyche verankert zu sein. Alle träumten davon, daß Helden unbesiegbar und die Weisen unsterblich seien. Alle lechzten nach einem Beweis, daß man den Tod überlisten könnte. In Legenden, Religionen, ja sogar in Kindermärchen spiegelte sich diese unreife Angst vor dem Tod wider und ebenso die kindliche Bewunderung für jene, denen es gelang, dieses letzte Gesetz zu überwinden. Kuan Kung wurde als Unsterblicher vergöttert, obwohl er in Wirklichkeit von seinen Feinden enthauptet worden war. Tausende von Taoisten waren angeblich auf dem Rücken eines Drachen in den Himmel emporgeritten. Generationen von Alchimisten, darunter vielleicht sogar der erste Kaiser selbst, waren an Substanzen gestorben, die sie für das Elixier der Unsterblichkeit gehalten hatten. Die törichten Menschen verdrehten das Bild ihrer Helden so lange, bis es ihren Wünschen entsprach. Sie brauchten Bodhisattvas, Erlöser, Unsterbliche, Ausnahmegestalten, die bereit waren, die überwältigenden Sünden der ganzen Menschheit auf sich zu nehmen. Sie brauchten jemanden, der ihnen die Strafe des Todes ersparte.

Da war er nun. Allein. Seine Meister waren fort. Nun mußte er wieder selbst mit sich fertig werden und auch die Verantwortung für sein Leben und für seinen spirituellen Fortschritt selbst übernehmen.

Er setzte sich hin und versuchte diesen ehrwürdigen Augenblick in sich aufzunehmen, sein Zeuge zu sein. Das Gefühl seiner eigenen Sterblichkeit ließ ihn unwillkürlich erschauern. Wieder betrachtete er die beiden Taoisten. Sie wirkten nun schon ein bißchen kleiner, weniger menschlich. Die Kerzen und der Weihrauch ließen die Höhle wie einen kleinen Schrein im Gebirge erscheinen. Die beiden waren wie Statuen, reglos und unnachgiebig. Nach den zwei Jahren, die er mit ihnen verbracht hatte, wußte er immer noch nicht mehr über sie als an dem Abend, an dem er sie kennengelernt hatte. Sie waren nach wie vor ein Rätsel für ihn. Selbst im Augenblick ihres Todes hatten sie sich nicht offenbart, hatten ihn mit seinen Fragen zurückgelassen.

Der Schleier, der sich zwischen ihn und sie gesenkt hatte, ließ sich nicht beiseite ziehen. Er war undurchsichtig. Wenn sie doch durch den Vorhang des Todes hindurch zu ihm sprechen könnten! Sie sollten ihm sagen, wie es dort drüben war. Was lag auf der anderen Seite? Saihung seufzte. Der Tod sollte wohl ein Geheimnis für die Lebenden bleiben.

Allmählich wurde es heller in der Höhle. Saihung erinnerte sich, daß er seine Pflicht noch nicht getan hatte. Ein Glück, daß die Lebenden wenigstens ihre Pflichten haben, dachte er. Denn sonst würden sie in einen Zustand völliger Lähmung verfallen, wenn der Tod kommt und ihre Mitmenschen unwiederbringlich in seine Abgründe reißt. Behutsam und liebevoll trug Saihung seine beiden Meister aus der Höhle und legte sie auf den Scheiterhaufen.

Er bestreute ihre Leichen mit Sesamsamen, damit sie besser brannten, und überlegte, ob er noch warten sollte. Vielleicht kehrten sie doch noch zurück. Es sah aus, als schliefen sie nur. Das war reine Sentimentalität. Die beiden Unsterblichen waren für immer gegangen.

Er ging in die Höhle, ergriff eine Fackel und zündete den Holzhaufen an. Anfangs war die Flamme klein und flackerte zaghaft vor sich hin. Doch bald kletterte sie an den kreuzweise aufgeschichteten Holzscheiten hoch, und die Fontäne der Flammen begann die beiden Leichname zu liebkosen. Panik stieg in Saihung auf, als er die immer höher emporzüngelnden Flammen sah. Beim Anblick der brennenden Körper mußte er an sich halten, um nicht hinüberzulaufen und das Feuer zu löschen. Es fiel ihm schwer, tatenlos zuzusehen. Bald begannen die beiden Leichen zu glühen. Ihre Kleider fielen von ihnen ab und gingen in dem immer heller lodernden Flammenmeer auf. Immer höher brannte das Feuer. Das Holz knackte und zersplitterte unter den Flammen. Funken explodierten. Rauch stieg auf. Saihung wich vor der Hitze zurück. Immer noch hing dichter Nebel in der Luft. Die Sonne war nur eine blaßgelbe Scheibe am Himmel. Er setzte sich hin und starrte ins Feuer. Die lodernden Flammen hüllten den Morgen ein, an dem kein Vogel sang.

Zwei Tage später sammelte Saihung die Asche, zerkleinerte die Knochensplitter und verstreute die Überreste seiner beiden Meister im Wald. Dann kehrte er zu der Höhle zurück und tilgte sorgfältig alle Spuren ihrer Anwesenheit. Er verteilte frische Erde über dem versengten Boden und wusch den Felsen sauber.

Der Weg schien ohne Spur. Zwei Männer waren vom Erdboden verschwunden, als hätten sie ihn niemals betreten. Saihung stand auf dem zerklüfteten Felsen und ließ seine Blicke über die silbernen Nebelschwaden schweifen. Es schien ihm, als sei sein ganzes Leben nur ein Traum gewesen. Er fragte sich, ob der Großmeister, die beiden Gefährten, Schmetterling oder er selbst als Krieger, Schauspieler und Mönch je existiert hatten. Aber wer stellte dann überhaupt diese Frage?

Da war er, Saihung, der vom Weg abgekommen war, ihn aber wieder gefunden hatte. Dem *tao* zu folgen bedeutete, mit dem Weg eins zu werden und alle Verwirrungen, Emotionen und Störungen von sich fernzuhalten, die dieser Einheit im Weg standen. Sein Leben lang hatte Saihung mit den Schwierigkeiten zu kämpfen gehabt, die seine Herkunft, sein Mutwille und Wankelmut, seine Kampfeslust, sein Hunger nach Schönheit und sein Mangel an Disziplin ihm bereiteten. Hatte er diesen Schwächen nachgegeben, war seine Verbindung zum *tao* abgerissen, und als er den Huashan verlassen hatte, um sich in den Straßen von Shanghai herumzutreiben, war er ebenso in Ungnade gefallen wie Schmetterling.

Schlanker Kürbis und Kristallquelle hatten ihm geholfen, den Blick über seine Emotionen hinauszurichten. Mit Hilfe ihrer Belehrungen hatte er seine jähen Stimmungsumschwünge zwischen Enthusiasmus und Auflehnung begriffen und seine Gefühle hinter sich gelassen, so daß er nun wirklich ohne Flügel fliegen konnte.

Die beiden Taoisten hatten ihm beigebracht, über bloßes technisches Wissen, trockene Gelehrsamkeit, ja sogar die heiligen Schriften hinauszuschauen. Sein Körper war der Tempel. Das Göttliche wohnte in ihm. Hatte man das einmal begriffen, war alle Gelehrsamkeit nur noch eine überflüssige Last. Hatte Kristallquelle ihm nicht einen Hinweis auf diesen Widerspruch geben wollen, als er bemerkte, die *Sieben Bambustafeln* stammten *«aus dem Wolkenbeutel»*?

All seine Irrungen und Wirrungen, seine Rückschläge und Neuanfänge waren unvermeidliche Stationen seines Weges gewesen. Er hatte sich bemüht, war gestrauchelt, wieder aufgestanden und weiter gestiegen. Er hatte den Weg verloren und wiedergefunden, und nun, nach seinem tiefen Sturz, war er besser darauf vorbereitet, ihn weiter zu verfolgen. Er spürte tatsächlich, wie etwas in ihm wuchs, nicht nur das physische Energiefeld, das die Übung versprach, sondern ein neues, strahlendes

Wesen, das nun endlich aus ihm hervorbrach. Er bekam den ersten flüchtigen Eindruck davon, was es bedeutete, ein unbehauener Klotz zu sein: rein, frei von emotionalen Turbulenzen, falschen Vorstellungen oder sozialer Verbildung. Durch die Kraft des *tao* würde ein Goldener Embryo des Lichtes und der Unschuld in ihm wachsen, für immer und ewig mit der Wahrheit verbunden.

Im Morgengrauen machte sich Saihung auf den Weg den Berg hinunter. Die Blätter färbten sich rot und gelb, und der Waldboden war von kleinen Ahornblättern übersät, die ihre winzigen Stiele in die Luft reckten. Saihung atmete tief ein, spürte den Geruch der fruchtbaren, feuchten Erde und des herbstlichen Waldes. Strahlend brach die Sonne durch die Wolken, und er lächelte. Die Reise ging weiter.

Epilog

Heute leben der Großmeister und seine beiden Schüler, Nebel-im-Hain und Klang-klaren-Wassers, zurückgezogen auf einer Insel in einem See in Nordwestchina. Nur fünf der ursprünglich dreizehn Schüler des Großmeisters sind noch am Leben. Rotkiefer und Schneidende Spur verschwanden nach ihrer Vertreibung vom Huashan; man vermutet, daß sie inzwischen tot sind. Phönixauge spielt immer noch eine aktive Rolle im taoistischen Klerus.

Tu Yüeh-sheng, der nach Ansicht einiger Gelehrter bereits nach der ersten japanischen Invasion Shanghai 1938 (und nicht erst 1941 wie in diesem Buch) verlassen haben soll, kehrte 1945 aus Chungking nach Shanghai zurück, um bis zur Machtübernahme der Kommunisten im Jahr 1949 das alte Shanghai wieder aufleben zu lassen. Dann mußte er nach Hongkong fliehen, wo er am 16. August 1951 starb. Er wurde in Taiwan beigesetzt.

Während der Kulturrevolution erfuhr die gesamte Tradition des Taoismus eine tragische Unterbrechung. Die Roten Garden fielen über den Huashan her. Mönche wurden ermordet, Tempel verbrannt, heiliger Boden entweiht. Schriften und Reliquien wurden zerstört, darunter auch eine der ältesten erhaltenen Kopien der *Sieben Bambustafeln*. Das Original soll sich immer noch auf dem Maoshan befinden, jenem heiligen Berg, den die Menschen fürchten und meiden. Denn seine Priester waren mächtige Magier, die sich wenig um die Welt und die Menschen kümmerten. Die anderen Fassungen gelten als Fragmente, die mit späteren Kommentaren überfrachtet sind.

Saihung reiste noch eine Zeitlang durch die Welt, besuchte Europa, Indien und andere asiatische Länder. Dann kehrte er nach China zurück, studierte an der Universität von Peking und fand schließlich zu seinem Meister zurück.

Im Jahr 1963 schickte der Großmeister Saihung fort: Er sollte seine Suche außerhalb Chinas fortsetzen. Saihung reiste durch Hongkong, Japan, Europa und die Vereinigten Staaten und ließ sich zuletzt in Kalifornien nieder. Zur Zeit führt er ein zurückgezogenes Leben in der Bucht von San Franzisco.

Dank

Unter den vielen Menschen, die mir beim Schreiben dieses Buches geholfen haben, gebührt Jade Snow Wong und Elizabeth Kalashnikoff besonderer Dank. Sie haben mir mit ihrem Rat den Weg gewiesen. Auch Clayton Carlson hat mich mit kritischen Anmerkungen unterstützt.

Lien Fung aus Singapur, Su Yung-li und Li Hsi-chih aus Kanton haben mir mit ihren Erinnerungen an Shanghai und Tu Yüeh-sheng sehr geholfen. John Service und Professor Frederick Wakeman haben diese Erinnerungen freundlicherweise mit historischen Kommentaren angereichert.

Yvonne Eastman hat mit großem Fleiß die vielen Fassungen meines Manuskripts abgetippt.

Den eigentlichen Inhalt dieses Buches verdanke ich Kwan Saihung; er hat mir das Vermächtnis seiner taoistischen Lehrer mit großer Klarheit und Lebendigkeit vermittelt. Seinen Geist verdankt dieses Buch ihm und seinen Meistern, seine Fehler und Ungenauigkeiten dagegen sind einzig und allein mein Werk.

Geschichte Chinas und des Taoismus im Überblick

Epochen / Dynastien	Entwicklung des Taoismus
legendäre Frühzeit	‹Weise Herrscher›: Fu-hsi, Shen-nung, Huang-ti Schamanismus
Shang (1520–1030 v. Chr.)	ursprüngliche Formen von Naturlehre und -verehrung, Ahnenverehrung, Magie und Kult
Chou (1030–221 v. Chr.)	*I Ching* (Buch der Wandlungen)
Kämpfende Reiche (481–221 v. Chr.)	*fang shih* (Drogenkundige); philosophischer Taoismus: Lao Tzu, Chuang Tzu, Lieh Tzu; Aufkommen des P'eng-lai-Kults; Entstehung der Unsterblichkeits-Schule
Ch'in (221–207 v. Chr.)	Ausgestaltung der *yin-yang*-Lehre und der Lehre von den Fünf Elementen
Han (206 v. Chr. – 220 n. Chr.)	äußere und innere Alchimie / Gesundheitslehren; Schule der Himmelsmeister
Drei Reiche (221–280 n. Chr.)	Hygiene-Schule der Inneren Götter

Epochen / Dynastien	*Entwicklung des Taoismus*
Chin und Sechs Dynastien (265–588 n. Chr.)	philosophischer Neo-Taoismus; Ausgestaltung und Reform der taoistischen Religion (Schulen und Sekten)
Sui und T'ang (589–906 n. Chr.)	Blüte der taoistischen Religion, besonders unter Kaiser Hsüan-tsung (8. Jh.), unter starkem buddhistischem Einfluß
Sung (960–1279 n. Chr.)	Nördliche und Südliche Schule(n); Kompilation des *tao-tsang* (taoistischer Kanon) in 5485 Bänden, Kompilation der *Sieben Bambustafeln*
Yüan (1260–1368 n. Chr.)	
Ming (1369–1644 n. Chr.)	
Ch'ing (1644–1911 n. Chr.)	
Republik (1911–1949 n. Chr.)	

Literaturempfehlung

Anders, Frieder (Hrsg.): Taichi – Chinas lebendige Weisheit, München 1992[4]

Blofeld, John: Der Taoismus oder Die Suche nach Unsterblichkeit, München 1991[3]

Blofeld, John: I Ging. Das Buch der Wandlung, Bern und München 1983

Chang Chung-Yuan: Tao, Zen und schöpferische Kraft, Köln 1980

Chia Mantak: Tao Yoga (Reihe von sieben Büchern über verschiedene taoistische Praktiken im Ansata-Verlag), Interlaken 1985–1993

Cooper, J. C.: Was ist Taoismus? Der Weg des Tao, München 1993

Dschuang Dsi (Chuang Tzu): Das wahre Buch vom südlichen Blütenland, Köln 1979

Eberhard, Wolfram: Lexikon chinesischer Symbole, Köln 1983

Jung, C. G. und Wilhelm R.: Das Geheimnis der Goldenen Blüte, Freiburg 1971

Kaptchuk, Ted J.: Das große Buch der chinesischen Medizin, München 1992[3]

Lao Tse: Tao-Te-King – Das Heilige Buch vom Tao und der wahren Tugend, Interlaken 1988

Lexikon der östlichen Weisheitslehren, München 1986

Liä Dsi (Lich Tzu): Das wahre Buch vom quellenden Urgrund, Köln 1981[2]

Lin Yutang: Weisheit des lächelnden Lebens, Hamburg 1984

Luk, Charles: Geheimnisse der chinesischen Meditation, Freiburg 1984

Miyuki Mokusen: Die Erfahrung der Goldenen Blüte, München 1984

Palos, Stephan: Chinesische Heilkunst, München 1975

Rawson P. und Legeza L.: Tao – Die Philosophie von Sein und Werden, München 1979

Schmidt, Wolfgang G. A.: Die alte Heilkunst der Chinesen, Freiburg 1992

Schmidt, Wolfgang G. A.: Der Klassiker des Gelben Kaisers zur Inneren Medizin, Freiburg 1993

Skinner Stephen: Chinesische Geomantie, München 1983

Watts, Alan: Der Lauf des Wassers, Frankfurt 1981

Wilhelm, Richard: I Ging – Das Buch der Wandlungen, Köln 1986

Wilhelm, Richard: Lao-Tse und der Taoismus, München 1987

Wing R. C.: Der Weg und die Kraft, München 1987

Die heiligen Berge der Taoisten

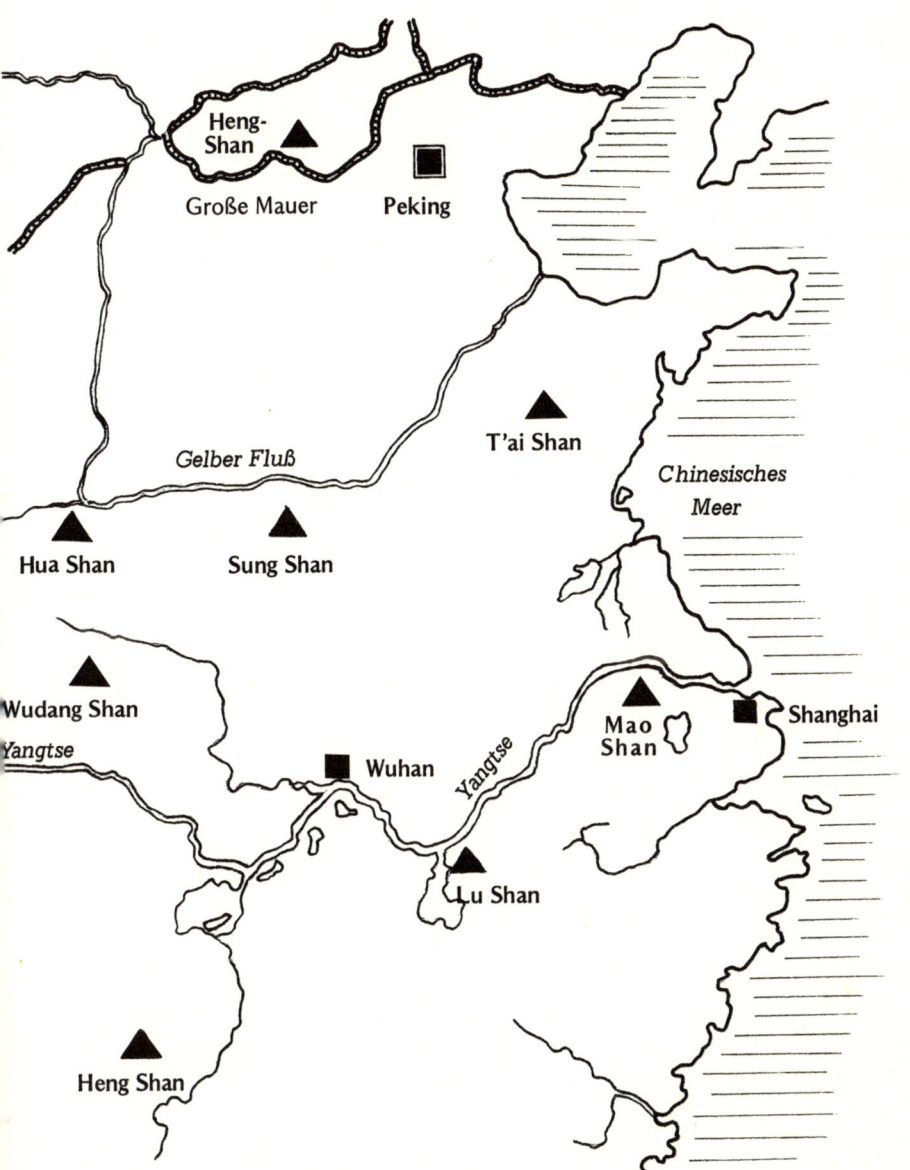

Heng-Shan

Große Mauer

Peking

Gelber Fluß

T'ai Shan

Chinesisches Meer

Hua Shan

Sung Shan

Wudang Shan

Yangtse

Mao Shan

Shanghai

Wuhan

Yangtse

Lu Shan

Heng Shan

Die authentische Chronik
einer traditionellen taoistischen Schulung

Deng Ming-Dao
DER TAOIST VON HUASHAN
In der Schulung beim Großmeister des Heiligen Berges

288 Seiten, mit schönen Zeichnungen, Paperback
ISBN 3-7157-0175-7

Dies ist der erste Band einer außergewöhnlichen spirituellen Trilogie und zugleich die einzige authentische, detaillierte Beschreibung einer klassischen taoistischen Ausbildung, die es gibt, eingebettet in eine facettenreiche Schilderung des Lebens im vorkommunistischen China der zwanziger und dreißiger Jahre dieses Jahrhunderts, von politischen Wirren und – damit kontrastierend – von der faszinierenden Atmosphäre klösterlicher Abgeschiedenheit auf dem heiligen Berg der Taoisten, dem Huashan.

Bereits im Alter von neun Jahren wird der eigenwillige und verspielte Kwan Saihung, Sohn einer berühmten Kriegerfamilie, auf den heiligen Berg geschickt, um unter Anleitung von Ta Shih, dem Großmeister der heiligen Bergregion, eine taoistische Ausbildung zu erhalten. Saihung, dieses ungeschliffene Juwel, in dem sich ungestüme Jugend, Aristokratie, Krieger und Asket vereinen, wird dort von den bekanntesten Meistern in den jahrtausendealten, geheimen Tao-Praktiken unterwiesen: Innere Alchemie, Mystik, Kräuterheilkunst, Musik und Malerei. Er lernt die wichtigsten Kampfkunsttechniken und gewinnt viele Turniere. Er begegnet auch jenen erleuchteten Unsterblichen, die im chinesischen Pantheon eine so wichtige Rolle spielen.

Als im Jahre 1937 der Krieg zwischen Japan und China ausbricht, stürzt er sich zunächst in den Kampf, kehrt aber auf den Huashan zurück, um die nächsten, schwierigsten Stufen seiner Ausbildung zu meistern. Zwei Jahre lebt er allein in einem unterirdischen Labyrinth, führt ein Leben einsamer Studien und Meditationen, erforscht sein Innerstes und erlangt das höchste Ziel der Taoisten: die Einheit mit dem Tao – dem Weg.